Melissa Chakars

·

The Socialist Way of Life in Siberia

Transformation in Buryatia

Central European University Press

Budapest–New York

2014

Мелисса Чакарс

•

Социалистический образ жизни в Сибири

Преобразования в Бурятии

Academic Studies Press
Библиороссика
Бостон / Санкт-Петербург
2022

УДК 394
ББК 63.5
Ч16

Перевод с английского Елены Нестеровой

Серийное оформление и оформление обложки Ивана Граве

Чакарс М.
Ч16 Социалистический образ жизни в Сибири: Преобразования в Бурятии / Мелисса Чакарс ; [пер. с англ. Е. Нестеровой]. — Санкт-Петербург : Academic Studies Press / Библиороссика, 2022. — 327 с. : ил. — (Серия «Современная западная русистика» = «Contemporary Western Rusistika»).

ISBN 978-1-6446974-5-0 (Academic Studies Press)
ISBN 978-1-644698-52-5 (электронное издание)

Мелисса Чакарс рассматривает, как буряты, самый многочисленный из коренных народов Сибири, участвовали в жизни Советского Союза и как изменился их привычный уклад под воздействием поощряемой государством политики культурного прогресса. В поисках объяснения тому обстоятельству, что буряты массово перенимали и высоко оценивали «социалистический образ жизни», автор обращается к истории народа досоветского периода, исследует доступность и привлекательность образовательных и профессиональных возможностей в Советской Бурятии и институты, стимулировавшие следовать предписанной модели советского успеха.

УДК 394
ББК 63.5

© Melissa Chakars, text, 2014
© Central European University Press, 2014
© Е. Нестерова, перевод с английского, 2021
© Academic Studies Press, 2021
© Оформление и макет,
ООО «Библиороссика», 2022

ISBN 978-1-6446974-5-0
ISBN 978-1-644698-52-5

Янису, Вилнису и Лайле

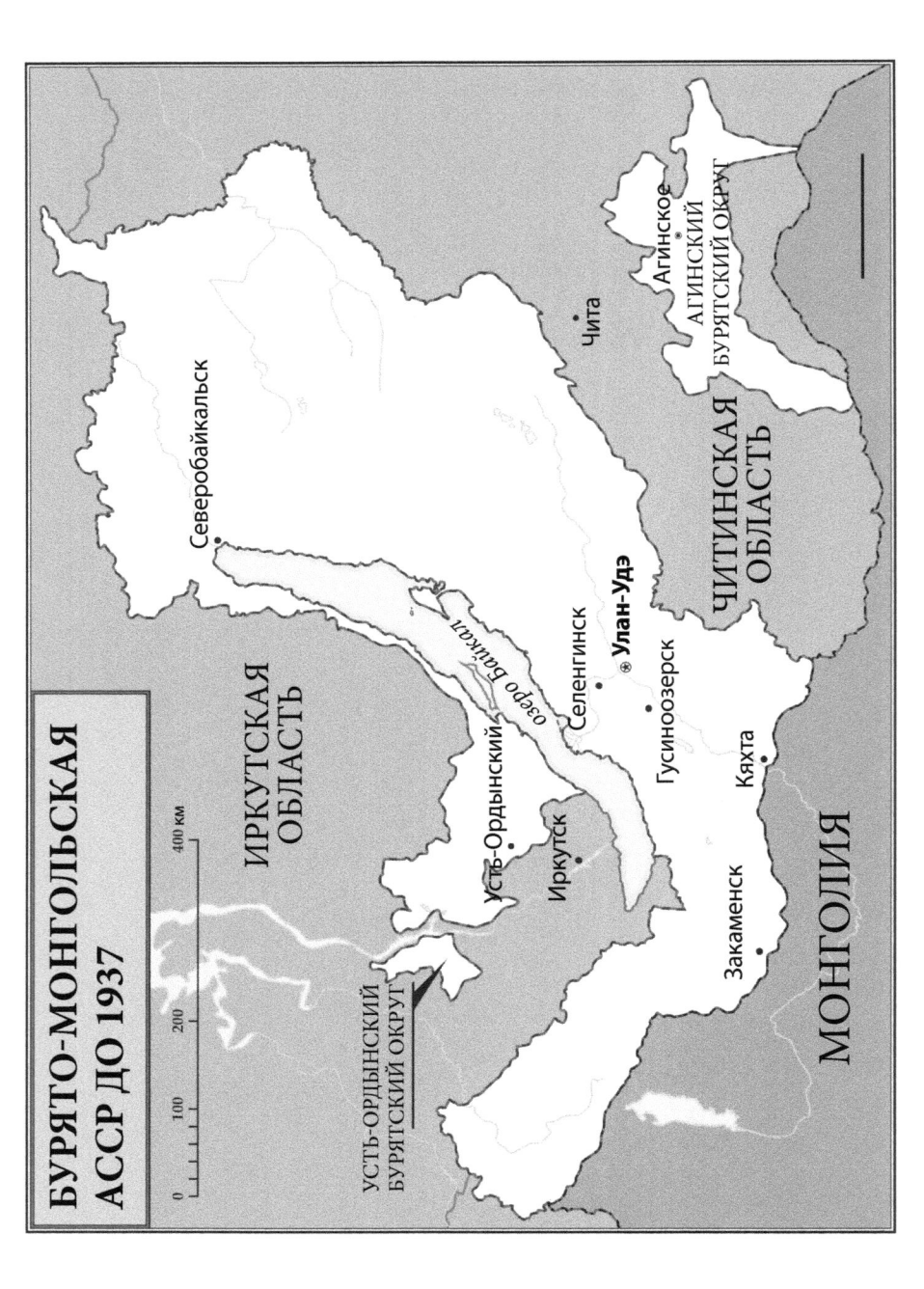

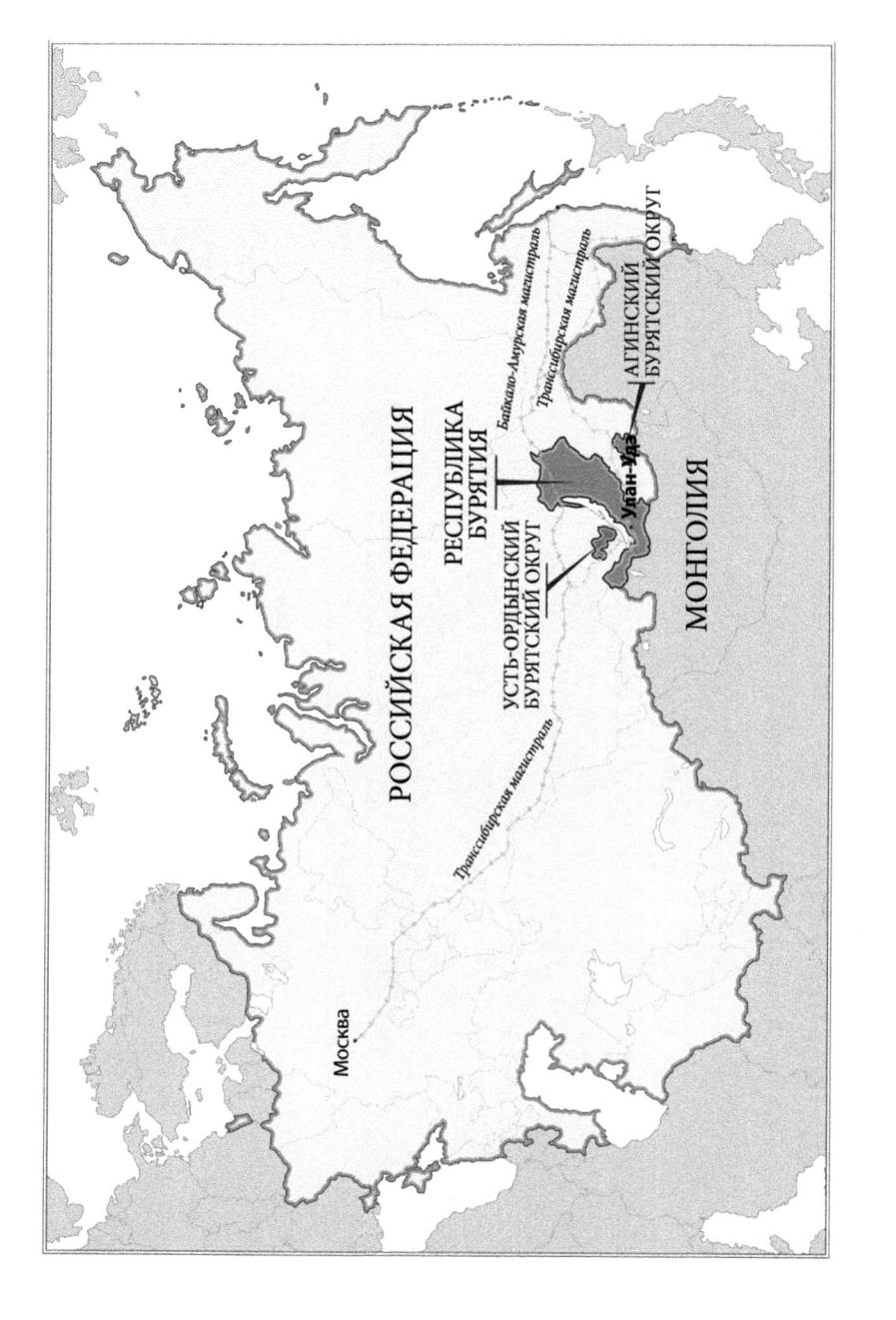

Введение

Выступая в 1978 году на местном радио в Улан-Удэ в программе «Социалистический образ жизни», бурятка Дарижап Жамьянова рассказала о том, как сильно ее жизнь отличается от жизни ее матери. Та осиротела в возрасте семи лет, была вынуждена работать на кулаков — так называли скотоводов, считавшихся богаче других. Когда мать родила сына, ее бабушка «забрала его и отдала в дацан» — буддийский монастырь, — и мать «так [его] и не вернула»[1]. Мать жила в сибирской деревне, была очень бедна и боролась за выживание. Жамьянова смогла избежать этой судьбы, потому что выросла после Второй мировой войны. Она смогла получить хорошее образование, стать успешным ученым, поселиться в современном доме в Улан-Удэ и работать в лаборатории. Она получила возможность заниматься умственным трудом, а не бороться изо дня в день за выживание, как ее мать.

Можно воспринимать этот рассказ как пропаганду, которую передавали по государственному радио, традиционно и неоднократно показывавшему положительные стороны Советского Союза. В каком-то отношении так оно и есть, но в то же время это слишком упрощенное видение. Опыт Жамьяновой отражает настоящие глубокие изменения в бурятском и советском обществе. Он показывает, что большинство людей в Советском Союзе стремились к лучшей жизни — это свойственно людям везде и во все времена. Решения, которые они принимали, истории, которые они рассказывали, то, чем они занимались, зависели от

---

[1] «Социалистический образ жизни». Текст этой передачи можно найти в Государственном архиве Республики Бурятия [ГАРБ. Ф. Р-1051. Оп. 1. Д. 1617. Л. 17–26].

ситуации. Жамьянова, как и многие другие буряты ее поколения, воспользовалась преимуществами, появившимися благодаря советской политике модернизации и ее институтам. Нет никаких причин считать, что ее профессиональная гордость была неискренней или что она была недовольна городской жизнью. «Социалистический образ жизни» вполне мог быть пропагандой, но это не означает, что Жамьяновой просто «промыли мозги». В интервью на местной радиостанции она просто описывала то, как она живет.

Эта книга о таких людях, как Жамьянова — бурятская женщина из Восточной Сибири второй половины XX века. В ней рассматривается, как буряты, монгольский народ, самый многочисленный из коренных народов Сибири, участвовали в жизни Советского Союза и в активно поощряемом им культурном прогрессе[2]. В ней говорится о том, как история бурят досоветского периода, доступность и привлекательность образовательных и профессиональных возможностей в Советской Бурятии и институты, стимулировавшие следовать предписанной модели советского успеха, привели к тому, что буряты массово принимали участие и высоко оценивали то, что в одной из программ местного радио называли «социалистическим образом жизни». История бурят в поздний советский период доказательно подтверждает, что большинство из них не считали себя притесняемым народом и не находились в оппозиции. Наоборот, буряты поднимались вверх по социальной лестнице не за счет коллаборационизма, а просто извлекая выгоду из своего положения.

История Жамьяновой наглядно показывает быструю трансформацию, в ходе которой буряты с 1950-х годов и до распада Советского Союза достигли стремительного и поразительного прогресса в уровне образования и социальной мобильности. К 1991 году буряты представляли большинство практически в любой профессиональной сфере своей автономной республики, несмотря на то что составляли всего около 25 процентов ее на-

---

[2] В 2010 году в России, Монголии и Китае было примерно 500 000 бурят. Большинство из них (450 000) проживало в Российской Федерации.

селения[3]. Буряты преобладали на ведущих политических постах и в местной администрации. Очень многие из них создавали, руководили и участвовали в деятельности культурных и образовательных учреждений. У них были хорошо развиты книгоиздание, литература, пресса, радио и телевидение. Кроме того, у бурят был очень высок уровень образования — они занимали третье место в Советском Союзе в 1979 году, — что намного выше, чем у этнических русских[4]. Ученые, изучавшие советскую национальную политику, — такие, как Герхард Симон, — называли «удивительным» то, что процент бурят, учившихся в вузах Советского Союза в 1980-х годах, был выше, чем у грузин (ранее лидировавших в этой категории) [Simon 1991: 269]. Благодаря этому «удивительному» прогрессу сложились судьбы женщин и мужчин, которые, как Жамьянова, приняли современный, социалистический образ жизни, описанный в радиопередаче.

Модернизация и советский успех

Проще говоря, радикальные изменения, произошедшие в Бурятии, можно отнести к процессу модернизации: быстрые социальные изменения во время индустриализации, включавшей и урбанизацию, распространение образования и социальную мобильность. Хотя термин «модернизация» в прошлом среди прочего использовался для измерения научно-производственного прогресса стран в сравнении с Западом, здесь я употребляю его в ином смысле[5]. Вместо этого термин «модернизация» при-

---

[3] Эти цифры взяты из анализа статистических данных ГАРБ за 1940–1980-е годы. См. главу 3. В начале 2000-х годов буряты составляли почти 30 процентов населения Республики Бурятия.

[4] Данные об уровне образования различных национальностей Советского Союза см. в [Kaiser 1994: 228].

[5] Употребление термина «модернизация» как меры прогресса в развитии Советского Союза или любой другой страны в сравнении с Западом было очень популярно в США сразу после войны, а после этого подвергалось повсеместной критике. По истории теории модернизации, включая ее критику, см., в частности, [Latham 2000].

меняется для того, чтобы описать, как советское правительство в крайне сжатые сроки интенсивно реализовывало план по превращению преимущественно деревенской сельскохозяйственной страны в образованное урбанистическое, промышленно развитое государство. Эти попытки сильно изменили культурный уклад и жизнь обычных людей. В начале XX века более 80 процентов Российской империи составляли крестьяне, только четверть населения была грамотна, и культура богатого меньшинства — высшего класса общества — имела мало общего с массовой культурой деревенской бедноты. Более того, обыденная жизнь бурят принципиально отличалась от жизни большей части населения России. В последние годы существования Советского Союза ситуация полностью изменилась. Население страны перестало в массе своей быть неграмотным и сельским, обрело большую однородность в культурном и экономическом плане. Традиционный состоятельный высший класс российского общества давно уничтожили, а его низшие классы превратились в грамотных колхозников, рабочих и специалистов[6].

Советские руководители проводили модернизацию посредством различных политических мер и институтов, используя централизованное планирование для достижения быстрых и наиболее полных результатов. Сами они обычно не употребляли термин «модернизация» применительно к своей политике — они «строили социализм». Но для этого им пришлось приступить к осуществлению проекта, в который входил ряд политических мер по модернизации. Их самой главной целью было создание современного государства. Поэтому я решила обычно использовать термины «советская модернизация» или «советская политика модернизации» при описании процесса модернизации, проводимого советскими руководителями. Разница между «строительством социализма» и осуществлением «советской

---

[6] См., например, у Александра Чубарова, который доказывает, что модернизация — это основной метод понимания советской истории. «Истинной сущностью советского периода русской истории была модернизация в широком смысле этого слова, включая индустриализацию, урбанизацию и секуляризацию массового сознания» [Chubarov 2001: 9].

модернизации» заключается в том, что последняя подчеркивает более универсальное качество политики. Когда распался Советский Союз, социализма, может, и не стало, но люди и страна действительно модернизировались. Советский народ стал образованнее, профессиональнее, выросло количество городского населения. Сама страна была промышленной, технологически развитой, с большим количеством городских территорий.

Несмотря на несправедливости, сопровождавшие советскую модернизацию, сам процесс также привел к прогрессу в материальном, технологическом и экономическом развитии — ему сопутствовали широкое распространение образования и государственных сетей сообщения. Советские власти рассматривали их как важные цели для прогресса страны, но они были не одиноки в своих взглядах. Во всем мире почти все сходились во мнении, что этот тип развития необходим, прогрессивен и позитивен. Например, ООН видела в движении к экономическому, технологическому, образовательному и коммуникационному развитию в годы после Второй мировой войны залог повышения благосостояния всего человечества — так считали и многие буряты[7]. Вопрос о том, как осуществлять модернизацию, вызывал споры, но вопроса, нужно ли это делать, по сути, не существовало. Модернизация была символом веры в истории XX века. Движение к современности проходило не без потерь, но и не без приобретений и по праву может рассматриваться как великая трансформация, которую многие народы, в том числе и буряты, воспринимали (и продолжают воспринимать) с разной степенью одобрения, безразличия или недоумения.

Советские власти старались провести модернизацию, своеобразным образом подражая Западу и удовлетворяя собственные специфические потребности. Для большевиков и более поздних советских политических деятелей этот процесс также означал превращение культуры «отсталой», «нецивилизованной» и «ази-

---

[7] Больше про ООН и ее политику стимулирования экономического и социального развития во второй половине XX века см., например, [Delusions 1997: 204–210; Weiss, Forsythe, Coate 2004].

атской» России в культуру «современную» и в конечном счете «более европейскую» [Kangaspuro 2006: 41, 49–50; Hoffmann, Laird 1982]. Следуя идеям Просвещения и марксистско-ленинской идеологии, советская модернизация должна была улучшить общество, внеся рациональность, научные методы и веру в прогресс вместе с отказом от религии и традиции [Hoffmann 2000: 246]. Также предполагалось дать советскому народу «культуру» того типа, когда, как объясняет Катерина Кларк, «крестьянин переходит из деревянной избы в более модернизированное жилье и меняет свой традиционный наряд на городское/западное платье» [Кларк 2002: 170]. Модернизация поэтому касается и изменений быта отдельных людей.

В 1920-е годы советские вожди с особенным вниманием разрабатывали этот проект для неевропейских народов советской империи, которым, как им казалось, не хватает необходимых западных традиций. Власти затеяли кампанию по *коренизации* (этнизации) для популяризации национальных институтов и языков, а также для продвижения представителей местной элиты по социальной лестнице. Коренизация сопровождалась появлением новых национально-территориальных образований. Эта политика проводилась для того, чтобы получить поддержку многочисленных этнических групп Советского Союза, помочь руководителям в управлении большим мультиэтническим пространством и способствовать экономическому росту и социальному развитию. Этот проект также хорошо укладывался в большевистские представления о том, что национальное сознание является частью исторического этапа, который должны пройти все народы на пути к интернационализму (универсализму — противоположности национализма), характерному для коммунизма. Власти утверждали, что при коренизации национализм возникнет, просуществует некоторое время, а затем исчезнет, а его место займет развитый социализм. Однако, недовольный медленными темпами развития в конце 1920-х годов, И. В. Сталин остановил коренизацию ради внедрения и выдвижения на первый план быстрой индустриализации и коллективизации сельского хозяйства — эти меры должны были быстро модернизировать Советский Союз и дать ему ресурсы для противостояния с капиталистическим Западом[8].

Кочевые и полукочевые народы Сибири и Центральной Азии не были исключены из новых планов Сталина по развитию страны. Им тоже пришлось принять участие в коллективизации сельского хозяйства и в 1930-е годы переселиться в колхозы. Однако на дороге к экономическому и культурному прогрессу, которую проложили для страны советские лидеры, многие чиновники считали, что жители Сибири и Центральной Азии намного отстают от среднего европейского крестьянина в начале своего пути[9]. И царские, и советские чиновники обычно полагали, что кочевые и скотоводческие экономики менее продуктивны, чем экономики оседлых аграрных культур, и поэтому соответствующие им общества также являются менее цивилизованными и более отсталыми[10]. В частности, некоторые чиновники считали жителей Сибири «примитивными», как чистая доска, и полагали, что из них проще сформировать совершенно новую идентичность — западную, советскую и русскую — в различных вариациях [Grant 1995; Слезкин 2008]. Процесс коллективизации считался особенно полезным для таких новых возможностей культурного строительства. Например, советский этнограф Ольга Сухарева объясняла в 1950-х годах, что конец кочевничества (обусловленный коллективизацией) показал, что многие жители Центральной Азии теперь стали более развитыми, потому что они переняли «общие формы» культуры, такие как «городская одежда, городского типа жилище, полифоническая му-

---

[8] Среди работ, посвященных анализу коренизации и ранней советской национальной политике, см., в частности, [d'Encausse 1992; Hirsch 2005; Мартин 2011].

[9] Подробнее об отношении большевистских и советских политических деятелей к уровню «отсталости» у жителей Центральной Азии и Сибири и очевидной потребности ее искоренения см., например, [Edgar 2004; Слезкин 2008].

[10] Политика и идеи царизма по поводу номадизма в Сибири рассматриваются в главе 1. Доводы советских чиновники против номадизма и некоторых животноводческих обычаев приводятся в главе 2.

зыка, станковая живопись и скульптура». Она полагала, что эти достижения могут «считаться проявлением их национальной культуры на новом ее этапе»[11]. Для нее и для множества других советских специалистов подобные достижения были частью процесса подъема на следующую ступень более европейской и советской культуры.

В Бурятии в политику модернизации входило создание культурных организаций, всеобщего образования, возможностей для социальной мобильности и распространение средств массовой информации. Власти использовали многочисленные институты, возникшие в ходе этого процесса, для широкой популяризации идеала успешного, культурного и образованного советского гражданина, с которого население республики могло бы брать пример. Предполагалось, что этот образцовый человек читает газеты и книги, хороший родитель и усердно трудится. Он или она также должны принимать участие в деятельности клубов и Домов культуры (центров общественной жизни), а еще — регулярно посещать высококультурные мероприятия в таких местах, как театр и опера. Вовлекая население в подобного рода деятельность, советская модернизация становилась не просто централизованной политикой, но и включала бы активное участие граждан страны[12].

Власти начали разрабатывать эту модель совершенного советского гражданина одновременно с проведением коренизации в Бурятии в 1920-х годах. Однако недостаточное финансирование, волнения из-за коллективизации, сталинские чистки конца 1930-х годов, уничтожившие значительную часть бурятской элиты, и Вторая мировая война помешали осуществить обширные планы по созданию культурных и образовательных институтов, продвижению местной элиты и проведению советской модерни-

---

[11] Автор цитирует по: [Dunn 1962], здесь цит. по первоисточнику: Сухарева О. А. Этнографическое изучение колхозного крестьянства Средней Азии // Советская этнография. 1955. № 3. С. 39. — *Примеч. пер.*

[12] Анн Уайт объясняет, что чиновники считали, что могут изменить поведение и отношение людей определенным образом, если те будут принимать участие в деятельности культурных институтов. См. [White 1990].

зации в Бурятии. Действительно, до того как власти в течение 1930-х годов стали осуществлять сталинскую политику, почти 85 процентов бурят все еще в той или иной мере вели кочевой образ жизни; очень небольшое количество бурят жило в городах, и уровень грамотности оставался низким[13]. Например, накануне Великой Отечественной войны только 9 процентов бурят жили в городах и около 40 процентов бурятских женщин, проживающих в сельской местности, по имеющимся данным, не умели читать [Затеев 1975: 98].

Поэтому только в послевоенные годы местные власти начали проводить политику советской модернизации в полном масштабе. В Бурятии в основном послевоенные поколения, люди вроде Жамьяновой, могли усвоить характерные черты типичного современного человека. Эти поколения в массовом порядке ходили в советские школы, участвовали в официальной культурной деятельности, говорили на русском языке, получали информацию из советских СМИ, жили в городах и занимали различные профессиональные и политические посты. В поздний советский период в Бурятии существовала институциональная инфраструктура, обеспечивавшая большинству бурят более удобную, стабильную и предсказуемую жизнь. Единообразие и доступность образовательных и профессиональных возможностей позволяли многим бурятам легко находить пути социального и политического прогресса и следовать им.

Невозможно узнать точно, как каждый конкретный человек в Бурятии воспринимал понятие личного успеха, но советская политика и институты модернизации широко распространяли государственный образец успешного советского гражданина, образованного, трудолюбивого и преданного целям страны. Хотя какие-то критерии успеха для некоторых могли и совпадать с критериями досоветского периода (получение высшего образования или хорошей профессии, например), варианты выбора

---

[13] У многих бурят-кочевников зимой было постоянное место жительства, а кочевым скотоводством они занимались только в теплое время года. Также многие западные буряты жили постоянно на одном месте и уже давно занимались оседлым земледелием.

официально приемлемого пути к успеху после 1930-х годов сократились. В Бурятии, например, желание стать буддистским ламой — до 1930-х годов весьма возможный выбор профессии — явно не соответствовало официальным стандартам состоявшегося человека в понимании институтов советской модернизации. Хотя некоторые буряты по-прежнему положительно относились к такой карьере, официально она не поощрялась. Наоборот, лама в советском обществе был обречен на маргинальную жизнь, притеснения и репрессии. Советское правительство проложило пути к успеху, которые само признавало подобающими, и широко пропагандировало эти пути. Благодаря тому что после войны экономическая и политическая ситуация в Бурятии была спокойнее, становилось все проще пользоваться возможностями, которые предлагало правительство. В условиях послевоенной стабильности у людей появилось больше шансов извлечь из системы личную и коллективную выгоду. Многие буряты активно этим воспользовались.

Большое количество бурят достигло успеха в плане продвижения по социальной и политической лестнице, добиваясь более престижных, влиятельных и материально выгодных постов. Они состоялись — в рамках модели, разработанной советскими властями, в соответствии с которой они достигали более высокого уровня образования, осваивали разнообразные профессии, являлись политически стабильными членами своих сообществ и приобретали прочие единообразные черты советского общества. Но в последние десятилетия XX века этот маршрут к советскому успеху оставлял все меньше места для бурятского языка или для сохранения элементов дореволюционного бурятского общества. Так что история советского успеха бурят не обошлась без потерь. К распаду Советского Союза только в очень небольшом количестве школ Бурятии преподавался бурятский язык, и многие буряты жаловались на отсутствие традиционной бурятской культуры в местах их проживания.

Изучение результатов проекта советской модернизации среди бурят в поздний советский период говорит о том, что, хотя за XX век многие советские народы радикально изменились, отмечались важные различия. Буряты, в сравнении с другими советскими этническими группами, включая русских, показали исключительный, поразительно быстрый рост социальной мобильности, урбанизации и уровня образования[14]. Кроме того, после неспокойных 1930-х годов в Бурятии практически не наблюдалось этнических противоречий или конфликтов. По большей части бурятские чиновники находились в хороших отношениях с советской центральной властью. Также способствовало политической стабильности то, что в последние десятилетия советской власти большинство бурят участвовало в проекте советской модернизации. Многие буряты крайне ценили эту стабильность, а также возможность заставить систему работать на себя. Вместо того чтобы дистанцироваться от советской модернизации, они активно в ней участвовали и пользовались преимуществами, которые предлагала советская система.

Бурят можно было бы назвать «образцовым меньшинством», но советское правительство никогда не выделяло их и не стремилось к формированию вокруг них такого стереотипа[15]. Наоборот, власти постоянно продвигали идею того, что буряты делают успехи с помощью других советских национальностей, особенно русских, вместе с другими этническими группами по всей стране. Например, местные статистики собирали данные об уровне образования, занятости и урбанизации в Республике Бурятия с учетом

---

[14] Сравнение уровней образования и урбанизации у бурят и других советских национальностей см. [Keiser 1994; Schroeder 1990]. Сравнение бурят с русскими — см. главу 2.

[15] Этот термин был введен в обращение в США в 1960-х годах применительно к американцам азиатского происхождения, чтобы подчеркнуть их «успешность» в плане высокого уровня образованности и социально-экономической стабильности. С 1960-х до 1980-х годов средства массовой информации и органы государственной власти выделяли американцев азиатского происхождения и пропагандировали их в качестве положительного примера интеграции и достижения успеха в США. Предполагалось, что другие американские меньшинства, такие как испано-американцы и чернокожие американцы, могут извлечь полезный урок из их опыта. Но американское правительство никогда не давало никакого официального определения американцам азиатского происхождения. Кроме того, ярлык «образцовое меньшинство» подвергался повсеместной критике. Это стереотип. См. [Osajima 2005; Palumbo-Liu 1999: 174–181; Tuan 1998: 30–31; Wu 2002: 40–49].

этнической принадлежности, но эти данные так и не были сопоставлены, проанализированы или опубликованы так, чтобы подчеркнуть хоть какую-то уникальность достижений бурят. Наоборот, в публикациях делался упор на всестороннее развитие советского населения Бурятии в целом, не показывая разницу между бурятами и другими этническими группами[16]. С другими предположительно «успешными» меньшинствами где бы то ни было еще дело обстояло совсем иначе. Например, в Китае правительство с 1950-х годов активно рекламировало в качестве идеальной группы этнического меньшинства китайцев корейского происхождения. Как и буряты, этнические корейцы в Китае добились высокого уровня образованности, быстрой социальной мобильности и вели себя мирно, в отличие от других меньшинств — таких, как тибетцы и уйгуры, которые оказывали сопротивление государственной политике, даже прибегая к насильственным действиям. Китайское правительство побуждало этнические меньшинства Китая учиться и брать пример с корейцев, которые, по их мнению, достигли высокой степени успеха в стране [Gao 2010; Yu 2008]. Определяя «образцовое меньшинство», китайское правительство приводило доказательства прогресса в обществе.

Как и в Китае, советские власти уделяли много внимания показательным моделям прогресса. Но вместо того, чтобы явно выделить успешное «образцовое меньшинство» как пример для подражания другим, советское правительство обычно старалось не заострять внимание на разнице в развитии или прогрессе между народами. В позднюю советскую эпоху — при Н. С. Хрущеве, Л. И. Брежневе и М. С. Горбачеве — руководство страны, например, утверждало, что советская политика модернизации способствовала установлению равенства между народами Советского Союза [Kaiser 1994: 194–195; Schroeder 1990: 59–64; Simon 1991: 312–314]. Если руководство считало, что повсеместная

---

[16] Большое количество статистических данных, показывающих разницу между этническими группами Бурятии, можно найти в ГАРБ и других архивах, но крайне мало было опубликовано в советское время. Ученые постсоветского периода сейчас начали более интенсивно работать с этой статистикой. См., например, [Ламаханов 2006].

модернизация выступает в роли уравнивающего фактора, то публиковать информацию о неравенстве ее результатов было нежелательно. Государственные деятели, скорее всего, боялись, что обнародование данных, свидетельствующих об этом неравенстве, с большей вероятностью приведет к национальным трениям, а не единству. По этой причине, видимо, в Бурятии о различиях между бурятами и русскими и не сообщалось в СМИ; их даже не изучали и не публиковали в научных исследованиях.

Конечно, многие жители Бурятии могли увидеть эти различия, просто оглядевшись по сторонам. Несложно было заметить, как сказались урбанизация и социальная мобильность на жизни бурят в республике. Эти факторы также привели к большей однородности в целом, что позволило рассматривать достижения бурят в процессе советской модернизации как всеобщий успех, а не как успех одного меньшинства. На бурят политика советской модернизации влияла наравне с другими нациями Советского Союза. Несмотря на различия, они переживали тот же опыт, что и многие другие этнические группы в СССР.

Институты и культура прогресса

Власти проводили советскую модернизацию, создавая новые институты, которые рано или поздно, так или иначе затрагивали жизни всех советских граждан. Они отводили этим институтам основополагающую роль в создании их идеального, современного, успешного гражданина, а также в достижении большего равенства и однородности среди народов СССР. В этой книге для понимания советской модернизации в Бурятии главным образом уделяется внимание трем типам институтов. В ней рассматриваются институты, связанные с образованием, культурой и средствами массовой информации в Бурятии, и вовлеченность большого количества бурят в их строительство и создание, а также в проведение в жизнь политики и участие в деятельности, которой занимались и которую пропагандировали эти институты.

Образовательные и культурные институты и средства массовой информации в Бурятии ничем не отличались от своих аналогов в Советском Союзе в целом и обладали теми же воспитательными функциями. Продукты этих институтов, такие как дома культуры, лекции по истории, радиопрограммы, газетные статьи и произведения художественной литературы, предназначались для того, чтобы привить высокую культуру, идеологию, общие ценности и чувство гордости, преданности и сопричастности. Чиновники также считали их важным инструментом формирования политической социализации и культурной однородности[17]. У этих институтов были как общегосударственные цели, так и региональные. Например, библиотеки, литературные фестивали и стихотворения в местных газетах Бурятии показывают то значение, которое придавалось чтению в Советском Союзе. Другие институты, такие как «Бурятское книжное издательство», способствовавшие созданию новой советской бурятской литературы, отражали особый статус бурят как титульной национальности автономной республики в составе Советского Союза. И центральные, и местные власти хотели, чтобы буряты читали, как и все советские граждане, и среди прочего читали бы великие современные произведения своих национальных писателей на бурятском языке. Таковы были цели, даже если они не всегда соответствовали реальности.

Советские власти считали, что образовательные и культурные институты и средства массовой информации важны не только для внутренней, но для внешней политики. Дэвид Кот и Кристен Рот-Ай полагают, что власти вложили большие средства в эти институты, чтобы показать превосходство культуры СССР во время холодной войны и, в частности, превосходство страны в культурном и технологическом плане перед Соединенными Штатами [Caute 2003; Roth-Ey 2007]. Д. Кот объясняет это так: «Радио, кино, новости, субсидируемые органы печати и позже телевидение были пушками, ракетами и дымовыми завесами

---

[17] В работах из следующего списка уделяется внимание различным советским институтам сферы образования, культуры и средств массовой информации, но во всех них подчеркивается то, как в постсталинскую эпоху советские чиновники использовали эти институты (с разной степенью эффективности) в педагогических, идеологических и социализирующих целях. См. [Lovell 1999; White 1990; Roth-Ey 2011; Wolfe 2005].

этого уникального современного культурного вооружения» [Caute 2003: 7]. Хотя Бурятия и не находилась на самой линии фронта культурной войны, средства, направленные на развитие республики, были явно с нею связаны. Советские центральные органы власти гордо хвастались за границей и на родине, что в Советском Союзе относятся к меньшинствам лучше, чем в США [Dudziak 2002; Зубок 2011: 258]. Кроме того, буряты как представители азиатского меньшинства Советского Союза хорошо подходили для пропагандистских целей правительства в Азии. Глава комитета, занимавшегося расширением культурно-просветительных учреждений, Дамдин Жалсабон объяснял, что вкладывать средства в их развитие необходимо, потому что «Бурятия — образец социалистической системы хозяйства и культуры народов Азии. Бурятия, как многие говорят, форпост советской культуры»[18]. То есть у центральных и местных органов власти было много причин для модернизации Бурятии.

Активное участие бурят в деятельности институтов культуры, образования и средств массовой информации способствовало созданию культуры прогресса, которую усвоила не только элита, но и множество простых бурят, выросших с верой в то, что им выгодно следовать модели советского успеха. Через эти институты буряты постоянно порождали и получали установки на то, что образец советского успеха прогрессивен, позитивен и выгоден. Бурятское общество было наполнено такими установками. Они постоянно мелькали в прессе, художественной и научно-популярной литературе, по радио и телевидению. Также они повсеместно пропагандировались в культурных и образовательных учреждениях разного уровня: от музеев до начальной школы. Установки не имели ничего общего с ранее популярными у бурят идеями панмонголизма, бурятского национализма и буддийскими ценностями, официально истребленными в 1930-х годах. Также эти установки не романтизировали жизнь бурят в дореволюционном прошлом. Наоборот, бурятские институты прежде всего навязывали идеал успешного, современного советского гражданина. Также они под-

---

[18] [ГАРБ Ф. П-1. Оп. 1. Д. 7182. Л. 5].

черкивали роль бурят в советской истории, «логичное» и «выгодное» положение Бурятии в России и понимание того, что жизнь бурят в Советском Союзе лучше, чем была в прошлом и могла бы быть при любой другой власти. Кроме того, институты образования, культуры и средств массовой информации продвигали стандартную советскую идеологию «интернационализма», «дружбы народов» и благотворного влияния «братского русского народа».

Конечно, буряты в большинстве своем не следовали слепо всем этим идеологическим установкам. Но полностью сбрасывать их со счетов тоже нельзя. Например, Алекс Инкельс и Рэймонд Бауэр, проводившие исследования среди послевоенных беженцев из Советского Союза в начале 1950-х годов, обнаружили, что объекты их изучения, несмотря на недовольство советской властью, поддерживали многие советские институты. В частности, они очень одобрительно и уважительно относились к советскому образованию и социальному обеспечению. Многие также признавались в том, что в основном доверяли советским средствам массовой информации [Inkeles, Bauer 1959: 132, 178]. Скорее всего, буряты вели себя так же, как другие советские граждане, что описывается в работе Алексея Юрчака. Он считает, что люди в Советском Союзе — не обязательно выступая против государственной власти — воспроизводили, создавали и жили «нормальной жизнью», одновременно принимая, переосмысляя или отвергая идеологический дискурс [Юрчак 2014: 78–79]. Юрчак также объясняет, что повсеместное воспроизведение государственных идеологических дискурсов способствовали созданию дискурса, включавшего в себя распространенное представление о том, что Советское государство нерушимо и вечно[19]. В Бурятии

---

[19] А. Юрчак также считает, что эти дискурсы выполнялись отчасти из-за важности «перформативной составляющей смысла». Выполнение стандартных форм дискурса «способствовало появлению внутри советской системы огромного числа новых, неожиданных идей, смыслов, видов существования, которые постепенно сдвигали весь дискурсивный режим системы изнутри», которые «не следует интерпретировать как сопротивление официально насаждаемым нормам и смыслам». Постоянный перформативный дискурс и нормальная реальность, которую создавали люди в период позднего социализма, повлияли на то, что обвал Советского Союза оказался для многих одновременно и неожиданным, и неудивительным [Юрчак 2014: 72–79].

местные институциональные дискурсы внесли свой вклад в культуру прогресса, которая убедила многих людей, что следование путем советского успеха — удачный личный выбор.

Хотя мы не знаем в точности, как думали все люди в Бурятии в поздний советский период, зато знаем, как они действовали. На основе демографических данных и изучения участия бурят в различных институтах ясно, что многие представители элиты и обычные буряты пользовались системой, которая несла новые возможности как для индивидуального, так и для коллективного успеха в советском контексте. В большинстве своем буряты достигли хорошего владения русским языком, высокого уровня образования, стали профессионалами в различных сферах деятельности и заняли политические посты. Массовое участие бурят в советских институтах также сокращало количество оппозиционно настроенных масс. Например, трансформация бурят в послевоенные годы повлияла на типы требований, заявленных бурятским национальным движением, возникшим в горбачевскую эпоху, а также на то, какой эти требования нашли отклик у населения Бурятии. Буряты выдвигали культурные, политические и территориальные требования, но принимались к исполнению в основном культурные задачи (восстановление религиозных институтов, возрождение традиционных праздников, изучение бурятского языка в школах и т. д.)[20].

Исключительность бурят и их прогресс

Нет однозначного простого ответа на вопрос, почему участие и продвижение бурят в советской системе шло именно таким образом. Это, скорее, сочетание разных факторов, которые в совокупности привели к уникальным результатам. И досоветские, и советские культурные и образовательные институты, а также средства массовой информации сыграли в этом решаю-

---

[20] Национальное бурятское движение и итоги горбачевских реформ в Бурятии подробно рассматриваются в главе 7.

щую роль. В XX веке эти институты, вместе с экономическим ростом в республике, урбанизацией и повсеместным возникновением новых профессиональных возможностей, активизировали стремительные изменения, происходившие в бурятском обществе во второй половине XX века.

Важно отметить, что у бурят формировался образованный интеллектуальный класс задолго до большевистской революции. Этот класс существовал во многом благодаря различным образовательным системам, доступным бурятам. Начиная с XVII века в Восточной Бурятии тибетские и монгольские буддисты обращали в свою веру бурят-шаманистов. В XVIII веке в буддизм обратилось множество бурят. Тибетские, монгольские и новообращенные бурятские ламы стали строить буддийские *дацаны* (монастыри), предлагая религиозное образование и распространяя грамотность в основном на тибетском и монгольском языках. В этих учреждениях также изучались другие предметы, такие как медицина, астрономия и искусство. Буддийские дацаны стали в Бурятии центрами образования, и самые крупные из них насчитывали одновременно 900 учащихся (исключительно мужского пола). Связь с одной из крупнейших мировых религий, с почтением относившейся к знаниям, оказала сильное влияние на бурятское общество. У бурятских семей было принято отправлять одного сына в дацан, где он мог выучиться на ламу. К 1917 году на территории Бурятии были тысячи лам, 36 дацанов и множество мелких храмов [Forsyth 1992: 170; Ламаизм 1983: 17–26; Hundley 1984: 155–156; Montgomery 2005: 68–73].

Кроме посещения бурятских дацанов начиная с XIX века буряты могли учиться также в других школах. Православная церковь и бурятские казачьи общины создали ряд русскоязычных школ. Также Степные думы и представители бурятской интеллигенции работали над организацией светских школ, где преподавание велось на монгольском и русском языках [Батуев 1994: 63–69; Montgomery 1996: 1–23; Rupen 1964: 10–14, 42]. К XX веку эта разнообразная система образования — буддистская, православная и светская — привела к возникновению образованного класса бурятской интеллигенции. Например, по переписи населения 1897 года 16,4 процента бурят мужского пола были грамотны [Rupen 1964: 42]²¹. Это значительно превышало процент грамотных среди остальных жителей Сибири и было всего на восемь процентов ниже общего уровня грамотности по всей Российской империи того времени. Класс грамотных бурят составлял всего лишь крайне незначительное меньшинство, но его наличие дало бурятам новые профессиональные и политические возможности в Российской империи. Также из него могла развиться более поздняя традиция участия бурят в советском образовании.

В советский период существенный экономический рост Бурятской республики привел к появлению особых образовательных и профессиональных возможностей. Как уже говорилось, в политику коренизации 1920-х годов входила модернизация нерусских регионов страны. Как и полагается в промышленную эпоху, в 1920-х годах местные власти в Бурятии задумали создать бурятский промышленный рабочий класс, который бы построил, укомплектовал и занялся управлением новыми сибирскими фабриками. Но стремление Сталина к форсированной индустриализации в 1930-х годах оставило мало ресурсов для осуществления этого плана в реальности. Наоборот, политике Сталина для строительства новых фабрик немедленно требовался большой ресурс квалифицированной рабочей силы в Бурятии, тогда как среди бурят все еще преобладало сельское население. Поэтому советская власть поощряла массовую миграцию преимущественно этнических русских рабочих с запада Советского Союза в Бурятию. Эта миграция началась со строительства фабрик в 1930-х годах и продолжилась в 1980-х годах со строительством Байкало-Амурской магистрали (БАМа) через север Бурятии.

Экономический рост повлиял по-разному на бурят и новых иммигрантов. Приток промышленных рабочих извне привел к тому, что к распаду Советского Союза количество бурят в республике сильно сократилось — примерно до 25 процентов [Ла-

---

²¹ Среди западных бурят мужского пола (живших к западу от озера Байкал) в 1897 году грамотные составляли 9,2 процентов. Уровень грамотности среди бурятских женщин, и западных, и восточных, был ниже одного процента.

Крупная текстильная фабрика в Октябрьском районе Улан-Удэ. Завод был основан в 1946 году, а фотография сделана в 1967 году

маханов 2006: 67]. Буряты были явным меньшинством на своих исконных землях. Кроме того, среди квалифицированных промышленных рабочих в Бурятии преобладали мигранты из западных частей Советского Союза и крайне мало бурят было занято в промышленности. Уже в 1979 году буряты составляли всего 11 процентов от всего количества работников промышленности в Бурятии, тогда как этнические русские на их территории — 84 процента[22]. В течение всего советского периода русские и другие граждане европейской части Советского Союза постоянно составляли большинство в промышленности республики как рабочие, управленцы и технические специалисты.

Однако, даже если непосредственно на новых фабриках бурят работало мало, рост, сопровождавший развитие промышленности, особенно в столичном городе Улан-Удэ, означал появление множества других профессиональных возможностей. Многие из этих новых профессий требовали более высокого уровня образования. Так, буряты в больших количествах переезжали в Улан-Удэ из

[22] [ГАРБ. Ф. П-1. Оп. 1. Д. 10462. Л. 21].

сельской местности, получали образование и находили работу в профессиональных областях, требовавших более высокого уровня образования. Поэтому пока этнические русские продолжали монополизировать промышленность в республике, буряты начали стремительно занимать в городе профессиональные позиции, требовавшие больше знаний. Многие из этих бурят затем нашли работу в образовательных и культурных институтах и средствах массовой информации и составили большинство в ряде связанных с ними профессий. Например, еще в 1959 году писателями, журналистами и редакторами в Бурятии работало больше бурят, чем русских[23]. Уже в 1990-е годы русский рабочий класс (в деревне и в городе) в республике равнялся 65 процентам, а в категории «интеллигенции и служащих» — 31 проценту. Буряты же составляли 49 и 42 процента соответственно [Рандалов 1993: 52–53].

Освоение бурятами новых профессий совпало в Бурятии с модернизацией институтов, пропагандировавших идеал успешного советского гражданина. Как говорилось ранее, образовательные и культурные институты и средства массовой информации, в которых работало большое количество бурят, повсеместно продвигали культуру прогресса, пытались сподвигнуть бурят на то, чтобы хорошо учиться в школе, осваивать новые профессии, в свободное время заниматься более современными и в культурном смысле более европейскими видами деятельности и постоянно принимать участие в жизни советского общества. Эти институты вводили и рекламировали новые пути карьерного развития и новые занятия в повседневной жизни. Демографические данные подтверждают, что многие буряты активно воспользовались этими новыми путями. Все больше поколений бурят рождалось в городах у родителей-профессионалов, которые, скорее всего, рассчитывали, что дети последуют их примеру[24].

---

[23] Эта статистика составлена на основе [ГАРБ. Ф. Р-196. Оп. 1/8. Д. 8]. Также см. главу 2.

[24] Исследования в Соединенных Штатах показывают, что дети родителей с более высоким уровнем образования чаще поступали в высшие учебные заведения. См. [Wu 2002: 65]. Хотя такие исследования в Бурятии не проводились, несложно представить, что там тоже это происходило.

Кэролайн Хамфри, британский антрополог, единственная, кому удалось провести полевые исследования среди бурятских колхозников в 1960–1970-х годах, отмечала, что: «Мне ни разу не встретилась ни одна семья из сельской [бурятской] элиты, где было бы неочевидно, о каком будущем для себя и своих детей мечтают родители. В особенности те люди, которые уже занимают какое-то положение в советской кадровой структуре, готовы сделать все от них зависящее, чтобы их дети получили высшее образование» [Humphrey 1998: 310]. Для кого-то из бурят социальная мобильность могла также связываться с общей привлекательностью современных бытовых условий. Несложно представить, что для таких людей, как Жамьянова, например, городская, профессиональная жизнь была интереснее и проще жизни и работы в колхозе в сибирской деревне, без таких современных удобств, как домашний водопровод и канализация. Советские социологические исследования, проводившиеся среди коренных народов Сибири в 1970–1980-х годах, показали, что многие хотели бы, чтобы их дети (и они сами) перестали заниматься традиционной экономической деятельностью — такой, как скотоводство и рыболовство, — и переехали в город, чтобы заниматься там физически менее изнурительным трудом[25].

Многочисленный образованный, городской, профессиональный класс бурят, сформировавшийся в годы после Великой Отечественной войны, создал для бурятского общества новую культуру, которая породила новый опыт, совершенно непохожий на опыт предыдущих поколений. В этой книге прослеживается то, как это новое общество создавалось и жило. В ней рассматривается то, как при помощи различных институтов бурятская элита смогла в процессе советской модернизации создать общую для всех, новую бурятскую массовую культуру. Члены культурных и образовательных институтов и средств массовой информации часто спорили о том, как именно конструировать и преподносить

---

[25] Ю. Л. Слезкин анализирует социологические опросы, проводившиеся среди коренных народов Сибири на севере и на острове Сахалин о работе и образовании [Слезкин 2008: 392–395].

эту новую культуру. Они принимали решения о том, как управлять образованием, содержанием СМИ и новыми культурными артефактами — такими, как роман и телевидение. Это новая культура не придавала особого значения традиционному бурятскому прошлому. Но она постоянно производилась и потреблялась бурятами в процессе создания нового общества. Местные институты демонстрировали модель индивидуального и коллективного успеха и не предлагали почти никакой официальной сферы для применения других вариантов. В процессе некоторые культурные, политические и экономические двери закрывались, но открывались другие, и многие буряты в массовом порядке вбегали в них.

Краткая характеристика глав

В главах 1 и 2 приводятся исторические сведения об основном объекте книги, то есть ключевых институтах в послевоенные годы и до развала Советского Союза в 1991 году. В главе 1 дается общий обзор бурятской истории с XVII века до 1920-х годов, а в главе 2 описывается сталинизм в Бурятии в 1930-х годах. В главе 1 использовались некоторые первоисточники, но в основном она представляет собой обобщение различных работ, опубликованных на русском и на английском языках. В главе 2 изучаются и первичные, и вторичные источники, но мешает отсутствие доступной информации о коллективизации, сталинском терроре и чистках в Бурятии. В начале 1990-х годов некоторым ученым разрешили проводить исследования на эти темы в Улан-Удэ, но потом политика российского правительства ужесточилась. В главе 2 рассматриваются доступные данные, но мы все еще не знаем многого об этом важнейшем периоде бурятской истории.

В вводных главах я пытаюсь объяснить, почему буряты во второй половине XX века испытали стремительную социальную мобильность. Поэтому в этих главах уделяется особое значение отношению между бурятами и государством (Российской империей или Советами), а также созданию — и при поддержке государства, и по местной инициативе — социальных, политических и экономических институтов, предназначенных для осуществления модернизации. В них анализируется то, как российское царское и раннее советское правительства, а также значительное число бурятских организаций и руководителей старались создать для бурят благоприятное положение в империи. В главе 2 говорится о том, что решение Сталина о быстрой индустриализации и принудительной коллективизации сельского хозяйства сузило возможности экономического, социального и культурного выбора для отдельных граждан и обеспечило условия для ускоренной трансформации бурятского общества.

В главе 3 используются неопубликованные статистические данные из архивов Бурятии и на их основе проводится анализ с использованием демографических таблиц и графиков, которые дают содержательную, ясную картину социальных изменений среди бурят. В ней предлагается подробный взгляд на то, как в послевоенные десятилетия возник новый городской образованный бурятский класс и стал занимать в процентном отношении все бо́льшую и бо́льшую долю во всех профессиях в своей республике, кроме промышленности, в которой были заняты в течение всего советского периода в основном русские. Большое количество бурят на политических и профессиональных постах показывает, что они в то время могли оказывать влияние на принятие решений в регионе, несмотря на свой статус меньшинства — где-то между 20 и 25 процентами.

В главах 4, 5 и 6 очень подробно рассматриваются институты, которые вызвали демографические изменения, перечисленные в главе 3. В главе 4 изучаются образовательные институты и говорится о том, что местная администрация, педагоги и родители внесли свой вклад в изменение образовательной политики в Бурятии, оказывая предпочтение системе, поощрявшей социальную мобильность. В ней анализируются школьные образовательные программы, учительские педсоветы, отчеты школьных инспекторов и политические мероприятия, показывая, как динамически менялось бурятское образование и ожидания государства от учителей и родителей в воспитании современных советских граждан, а также оценивается расцвет и упадок бурятских национальных школ. В главе 5 изучается становление бурятского литературного процесса со сталинского времени и до 1980-х годов. В ней говорится о том, что литература стала площадкой для споров и поисков определения тому, что значит быть современным, советским бурятом.

В главе 6 изучается развитие, содержание и цели местных газет и радио- и телевизионных программ на бурятском и русском языках. В этих средствах массовой информации постоянно и прежде всего давалась установка на то, что советские институты обеспечивают социальную мобильность, необходимую стабильность и больше преимуществ, чем любая другая возможная система в прошлом, настоящем или будущем. Эти темы звучали одинаково во всех трех разных форматах средств массовой информации. Также в главе говорится о том, что, хотя количество информационной продукции на бурятском языке со временем уменьшилось, она продолжалась производиться и пропагандироваться, поскольку власти считали ее важным признаком, определяющим нацию в Советском Союзе. Ее наличие было основополагающим независимо от потребления.

В главе 7 изучается осуществление реформ М. С. Горбачева в Бурятии в последние годы существования Советского Союза. В ней анализируется бурятское национальное движение, местное самоуправление и развитие культуры, образования и средств массовой информации. Бурятское национальное движение за этот период выработало ясные требования и преуспело в получении для большинства из них широкой поддержки и среди местных чиновников, и среди обычных граждан — не важно, этнических бурят или русских. Однако самую большую поддержку получили культурные цели движения, а не его требования решить политические или территориальные национальные проблемы. К распаду Советского Союза осенью 1991 года меняющиеся органы местного самоуправления смогли включить в свою политическую программу многие из культурных требований бурятского национального движения, получивших наибольшую поддержку, одновременно успешно замалчивая те, которые казались властям слишком радикальными.

В Заключении рассматривается сложность и многогранность идентичности и истории бурят в XX веке и позже. В нем говорится, что опыт бурят не предлагает прямолинейного противопоставления сопротивления и контроля, национализма и социализма или ассимиляции и этнического различия. Наоборот, приводятся различные примеры того, как буряты на протяжении длительного времени по-разному участвовали, взаимодействовали и подвергались трансформации. Кроме того, в нем также описывается развитие Бурятии после 1991 года и делается вывод, что результаты советской модернизации в обществе сохраняются и многие прежние отношения и представления советского периода не исчезли.

Глава 1
Буряты Сибири: от царской России до Советского государства

К началу XX века между бурятами и русским правительством установились преимущественно мирные и выгодные для обеих сторон отношения. У бурят были определенные налоговые и административные обязательства перед правительством, и пока они выполнялись, государство практически не вмешивалось в их повседневную жизнь. Хотя отдельные чиновники бывали жестокими и случайные разногласия иногда нарушали эту стабильность, чаще всего буряты могли избежать конфликта, прибегнув к традиционной тактике кочевников — перебраться на другое место. Но массовая иммиграция в Сибирь русских из европейской части России, начавшаяся к концу XIX века, а также война, революция, смена власти в корне изменили эту ситуацию. Бурятам все чаще приходилось вступать в постоянные контакты с вновь прибывшими европейскими крестьянами, представителями власти и заводскими рабочими.

В этой главе приводятся общие сведения из истории бурятского народа с XVII века до 1920-х годов. Основное внимание уделяется взаимодействию и отношениям бурят с царским правительством и большевистским государством до прихода к власти Сталина. В ходе нескольких столетий многочисленные бурятские лидеры и правительственные чиновники предлагали различные способы управления бурятами в составе империи. Их альтернативные идеи и планы о том, как лучше это сделать, основывались на целом ряде идеологических представлений и экономических целей. Некоторые из их предложений применялись, в том числе и долговременно, на практике. Другие нет. Однако к концу 1920-х годов, когда к власти пришел Сталин, возможности для воплощения в жизнь разных концепций значительно сократились. Сталинское правительство превыше всего ставило быструю модернизацию. Все по всей стране, включая и бурят, должны были сосредоточиться на индустриализации, доведении до максимума объемов производства и создании новой культуры, с более узким ви́дением прогресса.

Монголы Сибири и русская экспансия

Монгольские народы жили вокруг озера Байкал в Южной Сибири еще с V века. Чингисхан, самый известный в мире монгол, родился на юго-западе Сибири, на пограничных землях между Российской Федерацией и современной Монголией. За многие столетия из монголов этой части Внутренней Азии сформировались различные группы, одна из которых стала бурятами. Хотя границы между Россией, Монголией и Китаем менялись даже в начале XX века, установление официальной границы в XVIII веке между растущими Российской и Китайской империями помогло точнее выделить бурят как отдельную группу монголов. Буряты тогда стали одним из монгольских народов с русской стороны границы[1]. Последующая история бурят в Российской империи, их взаимодействие с властями и территориальная и культурная общность повлияли на сложившееся в XIX веке самосознание обычного бурята [Moses 1985: 121–125; Murray 2012: 4–6; Нимаев 2004: 13–43].

Хотя буряты и считались в Российской империи единой этнической группой, группа эта была и остается неоднородной. Есть разные роды, множество диалектов бурятского языка (входящего в монгольскую языковую семью) и культурно-экономические

---

[1] Другой многочисленный монгольский народ современной Российской Федерации — это калмыки, живущие на юго-западе страны.

Бурятская семья в юрте. Начало XX века

различия. Сильнее всего видны отличия между бурятами, живущими к западу от озера Байкал, и теми, кто живет к востоку от него. Частично это связано с различием рельефа. Западная сторона озера Байкал больше подходит для земледелия, и буряты столетиями, наравне с кочевым скотоводством, занимались здесь сельским хозяйством. Таким образом, восточные буряты оказывались в меньшей степени кочевниками, чем восточные, и предпочитали жить в деревянных домах. Восточные буряты, которые вели полностью кочевой образ жизни и мало занимались земледелием, обычно использовали передвижные войлочные юрты. Еще одно существенное различие между восточными и западными бурятами возникло из-за того, что крестьяне из европейской части империи заселяли западную сторону озера Байкал быстрее и в больших количествах, чем восточную [Бураева 2004: 122–123; Moses 1985: 122–124]. Близость к европейским соседям повлияла на культуру, религию и экономику западных бурят. Восточные буряты, находясь ближе к другим монгольским и центральноазиатским народам, были больше подвержены влиянию буддизма и азиатской цивилизации.

Несмотря на неоднородность бурят, они, будучи монголами, тем самым были связаны с обширной экономической, культурной и военной традицией, и это означало, что, когда Российская империя в XVII веке начала колонизацию Восточной Сибири, буряты превосходили числом и могуществом другие коренные народы Сибири. Первые русские чиновники приблизительно оценивали количество бурят в Юго-Восточной Сибири в то время — 30 000 человек. Кроме того, они обнаружили, что бурятам подчинялись другие, меньшие сибирские племена, с которых они брали дань [Народы Сибири 1956: 219; Forsyth 1992: 86–87]. Продвигаясь на восток, казаки и другие представители царской власти стремились распространить на встречавшиеся им по пути коренные народы систему налогообложения Российской империи под названием *ясак*. В рамках этой структуры сибиряки должны были платить ежегодный налог — обычно в виде мехов — в пользу государства. Буряты отчаянно сопротивлялись русской экспансии и обложению *ясаком*. Кроме этого, попытки захвата бурятских земель привели к конфликтам царского правительства с другими монголами, жившими южнее и собиравшими дань с коренного населения, в том числе и с некоторых бурят. Поэтому обложение всех бурят ясаком было сложным и трудным процессом, длившимся около 60 лет: с 1625 года, когда русские впервые вторглись на земли западных бурят, до 1680-х годов, когда последних из восточных бурят заставили регулярно платить ясак [Forsyth 1992: 84–100; Санжиев 1999: 12–26; Залкинд 1958: 46–60].

Хотя после включения бурят в ясачную систему недовольство и трения между бурятами и царскими властями не прекратились, по большей части, пока буряты платили ясак, они были вольны заниматься земледелием или кочевать со своими стадами, как и раньше. Также переход в царское подданство обычно не менял традиционную социальную иерархию бурят. Чаще всего царские власти подтверждали и поддерживали статус бурятской верхушки. Бурятское общество делилось на несколько групп под предводительством племенных вождей, которых называли *тайши*. Тайшам подчинялись главы рода — *зайсаны* — и их помощники — *шуленги*. Вместе с другими важными членами бурятского общества эти люди и их семьи входили в правящих класс *нойонов*. Нойоны обычно владели многочисленными стадами и большими богатствами за счет дани, собранной у других подчиненных сибирских племен. Нойоны также торговали с народами Монголии и Китая. Русские власти обычно поддерживали нойонов и их статус, стремясь заручиться верностью бурят. Соглашения с русским правительством в начале XVIII века дали бурятским нойонам официальное право проводить в жизнь законы, разрешать споры и следить за регулярным сбором ясака [Forsyth 1992: 86, 168; Hundley 1984: 7; Народы Сибири 1956: 222–223; Санжиев 1999: 73–76].

Буддизм в Бурятии

Буряты, как большинство монголов, традиционно исповедовали тенгризм — среднеазиатскую религию, которая предполагала почитание предков, духов природы и многочисленных богов, среди которых выделялся бог неба Тенгри. Эту религию принято считать шаманизмом, в котором роли посредников и проводников в мир духов, предков и богов выступают целители и духовные вожди женского и мужского пола. Позиции этой религии среди монголов пошатнулись, когда в XVI веке некоторые монгольские предводители стали поддерживать распространение традиции «гелуг» тибетского буддизма. За несколько десятилетий у нее появилось много последователей по всей Монголо-Маньчжурской степи. Во второй половине XVII века тибетские и монгольские проповедники стали продвигаться на север и обращать в свою веру восточных бурят [Абаева 2004: 400–401; Forsyth 1992: 170–172; Moses 1985: 221–225; Народы Сибири 1956: 240–241; Fridman 2004: 105–111; Жуковская 1997: 3–5].

Буддистские проповедники и их первые последователи среди бурят заимствовали некоторые элементы монгольского шаманизма, но также стремились вытеснить эти традиции новыми, буддийскими. Изначально новая религия встретила сопротивление, особенно среди шаманских вождей, но то, что буддисты заимствовали ряд местных божеств, бурятских священных мест,

Буддийские ламы в Ацагатском дацане. Дацан был основан в 1925 году, упразднен в 1936 году и перестроен в начале 1990-х годов. Третьим справа сидит бурятский лама Агван Доржиев, посланник Далай-ламы XIII

а также местных обычаев, способствовало обращению многих бурят [Абаева 2004: 398–399; Fridman 2004: 121, 135–139]. Новая религия также живописным образом изменила ландшафт. Буддисты стали строить по всей Бурятии искусно украшенные дацаны и маленькие храмы. К середине XVIII века на бурятских землях было 11 постоянных буддистских учреждений, управляемых примерно 150 ламами. Число последователей этих институтов неуклонно возрастало.

Изначально царское правительство не пыталось вмешиваться в распространение буддизма. И не побуждало Русскую православную церковь усилить проповедническую деятельность, чтобы соперничать с буддистскими ламами. Это происходило оттого, что плательщики ясака при обращении в православие часто освобождались от налога в пользу государства. Поскольку московские власти не хотели лишиться этого источника дохода, они на протяжении XVII и XVIII веков не приветствовали проповедническую деятельность Русской православной церкви среди плательщиков ясака мужского пола [Montgomery 2005: 67]. Когда позже, в XIX веке, правительство стало поощрять проповедническую работу среди бурят, восточные буряты, которые уже несколько поколений практиковали буддизм, оказались крайне невосприимчивыми к православным проповедникам.

Хотя царские чиновники мало чем препятствовали распространению буддизма по Восточной Бурятии и даже на западе от озера Байкал, они пришли к осознанию того, что имперскому правительству необходимо осуществлять какой-то контроль над новым религиозным институтом. В 1741 году императрица Елизавета издала указ, официально признающий буддизм в России. Ее правительство затем сотрудничало с местными вождями в организации административной системы управления Буддийской церкви в Бурятии. В частности, оно поддерживало создание официальной руководящей должности для управления бурятским буддизмом. Занимающий ее человек впоследствии стал называться Пандито Хамбо Лама. Бурятские родоначальники, настоятели монастырей и местные царские чиновники, надзиравшие за территорией Забайкальской области (или Забайкальем — так называлась территория к востоку от озера Байкал, где жили восточные буряты, в царское время), совместно назначали его. Отчасти имперские власти считали, что должность Пандито Хамбо Ламы поможет им управлять буддистскими подданными. Однако важнее были соображения внешней политики. С введением новой должности Пандито Хамбо Ламы буддисты России должны были получить духовного лидера в границах Российской империи. Теперь буряты с большей вероятностью стали бы смотреть на собственного буддистского сановника, а не отворачиваться от Российской империи в сторону Джебдзун-Дамба-хутухты в Монголии или далай-ламы в Тибете [Абаева 2004: 401–402; Ламаизм 1983: 17–21; Hundley 2010: 237–241; Montgomery 2005: 68–69; Sanzhiev 1999: 211].

Официальное признание буддизма в России означало то, что буддистские ламы получали особый статус, как и священнослужители других узаконенных религий империи. Важно то, что буддистские ламы освобождались от уплаты ясака. Хотя правительство и хотело задобрить своих буддистских подданных признанием и статусом, но существенно уменьшать ценные выплаты ясака намерено не было. Поэтому в Бурятии официально дозволялось наличие только 150 лам. Несмотря на такие правила, однако, количество лам постонно увеличивалось. К концу XVIII века было около 600 лам, к середине XIX века было около 4500 лам, в 1917 году было не менее 15 000 лам, а также 36 дацанов и множество маленьких храмов [Forsyth 1992: 170; Ламаизм 1983: 26; Hundley 1984: 155–156; Народы Сибири 1956: 241–242; Montgomery 2005: 68–73].

Начиная с XVIII века все больше бурятских семей старались отправить хотя бы одного сына в возрасте от пяти до десяти лет учиться в дацан, чтобы он мог стать ламой. Уровень и тип обучения, которое проходил ученик, — в зависимости от того, сколько он учился и какие предметы изучал, — был разнообразен: от заучивания наизусть религиозных текстов на тибетском языке до изучения буддийской теологии и философии, тибетской медицины, изысканий в области астрологии и занятий живописью, скульптурой или ткачеством. Хотя тибетскому языку из-за его религиозного значения уделялось особое внимание, бурятские дацаны были также основными институтами распространения монгольской письменности. Вертикальное письмо сформировалось во времена Монгольской империи в XIII веке и позволяет говорящим на разных монгольских диалектах общаться посредством одной общей системы письма. В дацанах учили монгольскому языку способных лам, а также давали уроки в частном порядке мирянам. Также там публиковали книги, написанные монгольским письмом, и собирали большие библиотеки [Dugarova-Montgomery 1999: 81–82; Montgomery 1996: 6–15; Poppe 1958: 184–186; Rupen 1964: 10, 35]. Дацаны способствовали тому, чтобы монгольское письмо стало широко распространенной формой коммуникации для бурят, несмотря на то что использовать его могли немногие из них. В XIX веке этой формой письменности в основном пользовались для ведения учета, торговых сделок и других форм светских и религиозных записей.

Буддийские дацаны стали важными центрами культуры и образования и внесли вклад в успешное художественное развитие бурят и их грамотность. Это особенно ясно при сравнении уровня грамотности восточных бурят, широко практиковавших буддизм, с западными бурятами, которые чаще практиковали шаманизм или русское православие. Согласно переписи населения 1897 года, 16,4 процента всех восточных бурят мужского пола были грамотны, когда среди западных бурят мужского пола грамотных было всего 9,2 процента [Rupen 1964: 10][2]. Дацаны также дали бурятам религию, которая способствовала их связям с монгольскими и другими азиатскими народами за пределами Российской империи.

Буряты и царское правительство

После введения у бурят и других народов Сибири системы ясака увеличилось количество чиновников, которых Российская империя посылала в Сибирь управлять новыми землями. К сожалению, эти первые чиновники в большинстве своем были продажны, чинили произвол и заботились исключительно о личной выгоде. Известно, например, что в 1696 году, не вынеся насилия и притеснений со стороны приказчика Братского острога в Западной Бурятии Христофора Кафтырева, буряты, казаки и поселенцы подняли против него бунт [Humphrey 1971: 46–47; Народы Сибири 1956: 220]. В 1703 году злоупотребления таких, как Кафтырев, подвигли группу хори-бурят направить делегацию Петру Великому. Они встретились с царем, который выслушал их жалобы на вымогательства и бесчинства царских чиновников, а также недовольство тем, что поселенцы захватывали их земли. Царь договорился с хори-бурятами о выселении поселенцев и смещении недобросовестных представителей власти. Но процесс этот претворяли в жизнь местные чиновники, и он во многом зависел от их воли [Егоров 2001: 5–17]. Иногда, если притеснения продолжались, бурятские общины уступали, переезжая в более безлюдные районы. В XVIII веке, когда крепостное

---

[2] Уровень грамотности среди женщин и у восточных, и у западных бурят был ниже одного процента.

право и другие государственные ограничения свободы мешали беспрепятственному движению европейских крестьян с запада на восток через Российскую империю, оставалось еще много труднодоступных мест, где можно было жить, избегая излишнего вмешательства в свои дела со стороны государства.

Хотя интересы местных чиновников и поселенцев в Восточной Сибири могли вступать в противоречие и даже конфликтовать с интересами бурят, первые нуждались в последних. Русское население Сибири было крайне невелико, и властям приходилось привлекать к охране границы с Китаем местные народы. Изначально эту службу несли разрозненные группы людей, но к середине XVIII века из них сформировали более организованные бурятские казачьи части. Несколько десятилетий эти войска охраняли юго-восточную границу России между землями бурят и землями других монголов на территории Китая. В середине XIX века из них сформировали более крупное Забайкальское казачье войско, в которое входили полки, состоявшие и из бурятских частей, и из этнических русских и других небурятских народностей [Rupen 1964: 10–11; Санжиев 1999: 86–88].

Бурятские казаки со временем превратились в Сибири в значительную и крупную силу. Они сформировали собственную иерархическую структуру, преимущественно наследственного характера, и в 1897 году их количество превысило 26 000 человек. Увеличение их численности и интеграция в общероссийскую военную организацию привели к установлению постоянных контактов с этническими русскими и с царскими чиновниками. Многие бурятские казаки выучили русский и обратились в православие. Кроме того, некоторые бурятские казачьи семьи стали отдавать своих детей в школы, организованные или их собственными общинами, или Русской православной церковью [Санжиев 1999: 86–88]. Существование бурятского казачества открыло бурятам путь к образованию и административным постам, а также привлекло к участию в масштабных общественных и бюрократических процессах Российской империи.

Кроме казачества правительство создавало и другие новые институты, позволявшие бурятам официально участвовать в самоуправлении. В 1819 году царь Александр I назначил М. М. Сперанского генерал-губернатором Сибири. В Санкт-Петербурге Сперанский был доверенным советником царя, но впал в немилость, и его отстранили от обязанностей, а позже направили служить стране в Сибирь. Сперанский был талантливым администратором и серьезным реформатором. Несмотря на понижение в должности, он подошел к своему новому положению в Сибири с рвением и искренним стремлением изменить систему управления в лучшую сторону. В частности, он хотел положить конец сложившемуся отношению к Сибири как к колонии, а не как к составной части Российской империи. Он сразу же стал бороться с коррупцией, сместив злоупотреблявших властью или бездействовавших чиновников. Он также разделил Сибирь на более мелкие части, что должно было ограничить полномочия отдельных должностных лиц [Hundley 1984: 24–27; Raeff 1969: 270–275].

Сперанский уделил особое внимание коренным народам Сибири, создав способ более понятной организации их взаимодействия с правительством. По сути, он думал об интеграции всего населения Сибири с оседлым русским обществом, но считал, что ее нужно осуществлять постепенно. В 1822 году он разработал устав «Об управлении инородцев», в котором создавалась система управления тремя категориями народов Сибири: оседлыми, кочевыми и бродячими. Каждая группа должна была управляться по-разному — в зависимости от ее экономики. Кроме того, Сперанский стремился своим законодательством сделать уплату ясака более похожей на общую систему налогообложения империи. Сборы надо было осуществлять с большей регулярностью, а людей облагать налогом исходя из того, что они в действительности готовы были платить [Hundley 1984: 24–28; Raeff 1969: 270–277].

На новые законы Сперанского для кочевых народов Сибири во многом повлияла его дружба с бурятской знатью. По этой причине они отчасти основывались на традиционной социальной иерархии бурят. В уставе говорилось, что стойбище из 15 семей (по-бурятски — *улус*) являлось административной единицей рода. Во главе его стоял староста, должность которого была выборной или переходила по наследству, с одним или двумя избираемыми помощниками. Несколько таких административных единиц составляли большую общность, которая имела дело уже непосредственно с царскими властями и надзирала за рядом меньших административных единиц. Этой большой общностью управляли голова, два выборных старосты и по возможности один чиновник. Это во многом походило на традиционный бурятский правящий класс нойонов, в который входили тайши (племенные вожди), зайсаны (родовые вожди) и шуленги (их помощники). Система Сперанского для бродячих народностей была упрощенной версией системы для кочевников [Батуев 1993: 25–26; Hundley 1984: 24–27], Raeff 1969: 270–273; Санжиев 1999: 47–52; Znamenski 1999: 50–52].

Сперанский также создал для кочевников, каковыми являлись буряты, административный орган под названием Степная дума. Степные думы предоставляли бурятам и другим сибирским народам значительную долю автономии. Также предполагалось, что они помогут правительству собирать налоги, поддерживать регулярные пути коммуникации с коренными народами и получать лучшее представление об их делах. В ве́дении выборных представителей Степной думы находился учет численности населения, общественных средств и собственности, они следили за сбором податей и распределением продуктов питания. Степные думы сами вели судебные разбирательства, за исключением особо тяжких преступлений, таких как убийства, мятежи и изнасилования. Хотя Сперанский и предоставил коренному населению Сибири, получившему Степные думы, значительную автономию, он проводил политику постепенной и добровольной русификации через образование, смену вероисповедания и смешанные браки. Однако он никогда не намечал какого-то конкретного плана для этого процесса. Наоборот, его законодательство создавало возможность для административной автономии, религиозной свободы и права основывать и посещать школы на родном языке. Также оно гарантировало владение землей и вводило свободную торговлю [Hundley 1984: 38–41; Народы Сибири 1956: 222; Raeff 1969: 274–277; Санжиев 1999: 148–152]. Законодательство Сперанского получило поддержку многих бурят, которых устраивали новые законы, закреплявшие бо́льшую автономию.

Хотя отношения между бурятским народом и Российской империей на протяжении XVIII–XIX веков не обходились без конфликтов, образ действий бурят (переезжать при столкновениях со злоупотреблениями чиновников или обращаться к властям за помощью), их институты (дацаны или бурятские казацкие организации) и законодательство по типу Устава об управлении инородцев 1922 года помогали бурятам сохранить и даже расширить свои общины в пределах Российской империи. К концу XIX века в Сибири было 288 663 бурята — почти в девять раз больше, чем два столетия назад, когда с ними впервые встретились русские [Rupen 1964: 27]. Этот огромный прирост сильно отличался от ситуации с другими коренными народами Сибири, особенно в областях, далеких от правительственного контроля. Например, к моменту продажи Россией Аляски Соединенным Штатам в 1867 году численность алеутов сократилась на 80 процентов [Veltre 1990: 178]. Буряты были более многочисленны, сильнее в военном отношении и больше способны к организации, чем алеуты, которые были фактически порабощены Российско-Американской компанией. Законодательство Сперанского благотворно сказалось на бурятах. Но все это стало меняться в конце XIX века, когда царское правительство стало проводить новую политику, поощрявшую массовое движение народа с запада на восток.

Освобождение крепостных крестьян в 1861 году, строительство Транссибирской магистрали с 1891 по 1905 год и создание государственных программ, способствовавших миграции на восток в конце 1890-х годов, — все это привело к переезду большого количества европейских крестьян в Сибирь. Раньше миграция была медленной и незначительной. Но увеличение населения и соперничество из-за земель и скудных ресурсов в западной части империи повлекли изменение государственной политики, и тогда многие крестьянские семьи решились на переезд. Помогая переселенцам, царские власти предоставляли им землю, строительные материалы и другие варианты поощрения. Правительство рассчитывало, что эти меры приведут к увеличению населения Сибири, а также улучшат экономические показатели региона [Montgomery 2011: 2–3; Treadgold 1957].

То, что в XVII, XVIII и начале XIX века текло тоненькой струйкой, на рубеже XX века превратилось в наводнение. В 1700 году в Сибири было около 200 000 поселенцев (преимущественно в Западной Сибири), и благодаря естественной рождаемости и миграции их число к 1800 году увеличилось до 500 000 [Treadgold 1957: 26]. Этот вариант медленного, но стабильного прироста населения продолжался до конца XIX века, когда внезапно между 1898 и 1908 годами из западных районов империи в Сибирь ринулись почти 4 000 000 человек — только за один 1908 год в Сибирь прибыло 759 000 человек [Forsyth 1992: 191; Treadgold 1957: 147]. Такого в сибирской истории еще не было. Внезапно по всей Сибири, как грибы, повырастали города, села, деревни и крестьянские усадьбы, особенно по маршруту Транссибирской магистрали.

Стремительная миграция привела к серьезным конфликтам из-за пользования и владения землей. Царские власти стремились увеличить объем сельскохозяйственного производства в Сибири и хотели освободить земли для крестьянских хозяйств. В 1896 году правительство сформировало комиссию, которую возглавил Анатолий Куломзин, для изучения крестьянской миграции в Сибирь. По рекомендациям комиссии в 1896 и 1897 годах были приняты новые законы, облегчавшие крестьянам из европейской части империи процесс переселения в Сибирь. Эти законы, однако, полностью меняли землевладение и распределение земли. Все земли Сибири, находящиеся в общественном владении, подлежали конфискации государством и перераспределению участками по 15 десятин (40,5 акров) на каждого гражданина мужского пола — представителя коренных сибирских народов или европейских переселенцев. Хотя основной задачей этого законодательства было увеличение миграции с запада России в Сибирь, оно также способствовало тому, чтобы кочевники переселялись в деревни и занимались исключительно сельским хозяйством [Алсаханов 1968: 82–85, 97–98; Treadgold 1957: 125–127].

С изданием этого нового законодательства правительственные чиновники стали захватывать пастбища, находившиеся в общественном владении бурят, и перераспределять их между крестьянами-единоличниками и бурятами. Также царское правительство сократило количество земель, находившихся во владении дацанов. Внедряя частное, единоличное землевладение среди бурят, правительство подрывало не только бурятскую экономику, но и их социальную структуру. Царские чиновники делили землю, ранее принадлежавшую нескольким родам, и раздавали ее единоличным хозяевам. Пятнадцати десятин было совершенно недостаточно для скотоводов, ведущих кочевой или полукочевой образ жизни, которым приходилось использовать в течение года несколько пастбищ, часто расположенных на дальних расстояниях друг от друга. Помимо перераспределения земель, новое законодательство ликвидировало Степные думы Сперанского. Тем самым оно помещало кочевников Сибири в ту же волостную административную систему, что и оседлых крестьян. С переходом на новую систему правительство рассчитывало заменить бурятских родовых вождей царскими чиновниками. Это законодательство фактически означало конец бурятского самоуправления [Montgomery 2011: 3–4; Санжиев 1999: 263–266].

Для внедрения новой системы с конца 1890-х годов до 1904 года по всей Бурятии были разосланы чиновники. Задача была непростой. Очень часто они сталкивались с недовольством бурятских общин, требовавших возвращения к законодательству Сперанского 1822 года. Например, в 1901 году генерал-губернатор Приамурья во время поездки в Верхнеудинск (Улан-Удэ) столкнулся с противостоянием бурятских родоначальников со всей Восточной Бурятии[3]. Около 300 бурят встретились с ним у волостного правления, протестуя против новых реформ. Толпа помешала властям привести к присяге новых царских чиновников, которые должны были заменить их собственных родовых вождей. Кто-то из протестующих даже ворвался в само волостное правление. Самых активных бунтовщиков арестовали и выслали из Бурятии на пять лет. Другие столкновения были еще более

---

[3] Верхнеудинск переименовали в Улан-Удэ в 1934 году. Улан по-бурятски означает «красный», а Удэ происходит от названия реки Уда в Южной Бурятии.

бурными. Также в 1901 году 500 бурят из Агинского района собрались у русских правительственных учреждений, протестуя против приведения к присяге новых, присланных на замену чиновников. Протестующие выдвигали те же требования, что и скотоводы в Верхнеудинске. Однако на сей раз после того, как их просьбы были проигнорированы, они перешли к насильственным действиям. Буряты бросались камнями и избили нескольких царских чиновников. В итоге власти для подавления беспорядков вызвали войска. Некоторые бурятские предводители из-за этого происшествия были арестованы и отправлены в тюрьму или ссылку [История 1951: 469–474].

Несмотря на протесты, к 1904 году царское правительство успешно внедрило новую административную систему на большей части бурятских земель. Это привело к попыткам обратиться за помощью к высшим инстанциям. В 1905 году бурятские родоначальники отправили делегацию с жалобой в Санкт-Петербург. Делегация добилась аудиенции у царя Николая II, который еще до того, как стал царем, путешествовал по Бурятии и встречался с главами бурятских родов. Тем не менее в 1905 году он не принял во внимание их требования [История 1951: 471–474]. Взгляды царских властей были понятны: новое законодательство вступит в силу, а жалобы на него останутся без ответа. Кроме того, ответом на манифестации и насильственные протесты будут аресты, ссылка и тюрьма.

Угроза наказания заставила многих недовольных бурят откочевать со своими стадами подальше, как они поступали в предыдущие столетия. Многие буряты переместились в отдаленные уголки Бурятии, а некоторые решили совсем покинуть Российскую империю и переселиться в Монголию или в Цинскую Маньчжурию. Однако новые изменения в Сибири имели отрицательное воздействие не на всех бурят. Некоторые из них только выиграли от миграции и строительства железных дорог, строя пакгаузы, работая на железнодорожных путях и торгуя на растущих рынках новых городов и сел. Многие также занимались международной торговлей, активизировавшейся благодаря Транссибирской магистрали [Народы Сибири 1956: 223; Yeager 2010: 15–17].

Новые административные реформы 1904 и 1905 годов проводились одновременно с усилением правительственной поддержки проповеднической деятельности Русской православной церкви среди коренных народов. И проповедники, и царские чиновники осуждали реформы Сперанского 1822 года за терпимость к местным религиям. В частности, проповедники жаловались, что это законодательство отрицательно сказалось на бурятах, потому что институционализировало их политическую и социальную структуру таким образом, что стала невозможна модернизация и общественные изменения, которые, по их утверждениям, принесет проповедническая деятельность [Murray 2012: 99–109]. И проповедники усилили ее, основывая школы, строя церкви, проводя крещения и осуществляя переводы книг. Многие буряты обратились в православие, особенно из живших к западу от озера Байкал, но официальная статистика может ввести в заблуждение. Хотя в некоторых официальных источниках утверждалось, что Русская православная церковь к 1897 году обратила более 40 процентов бурят к западу от озера Байкал, во многих случаях коренное население Сибири проходило обряд крещения только для того, чтобы получить от государства определенные блага, в том числе титулы и материальное вознаграждение [Philips 1942: 105–106]. После обращения многие продолжали исповедовать собственные религии [Hundley 1984: 158–171][4]. Кроме того, когда в начале 1900-х годов вступили в действие новые законы, позволявшие людям без особых проблем покидать лоно православной церкви, около 10 000 обращенных в православие бурят сменили свой религиозный статус на «буддист» [Murray 2012: 278].

Несмотря на противодействие со стороны и правительственных чиновников, и простых бурят, с которым сталкивались проповедники в своей работе, православие получало в XIX веке все большее распространение, особенно к западу от озера Байкал. Проповедническая деятельность отчасти должна была стать силой, которая бы способствовала усвоению бурятами господствовавшей в Российской империи европейской экономики и культуры. В то же

---

[4] Также см. у М. М. Балзер [Balzer 1999: 56–57] описание непростой ситуации с обращением в православие у хантов.

время проповедническая деятельность, вкупе с ростом городов и сел и новыми деловыми возможностями, открывшимися с развитием экономики и произошедишими демографическими сдвигами в Сибири в конце XIX века, подразумевала все большее взаимодействие бурят с этническими русскими и царским правительством. Хотя это и меняло прежнюю социальную, политическую и экономическую ситуацию, новые обстоятельства способствовали созданию образованного класса бурят, готового вести интеллектуальную и политическую деятельность в XX веке.

Интеллектуальная и политическая деятельность бурят

Начиная с середины XIX века для незначительного количества бурят, обучавшихся в дацанах, казацких общинах, православных школах или в светских учреждениях, стало доступно высшее образование в учебных заведениях Российской империи и за границей. Одним из первых был восточный бурят Доржи Банзаров. Банзаров вырос в бурятской казачьей общине и посещал школу в Троицкосавске, на юго-востоке Сибири[5]. В 1835 году он переехал в Казань, где окончил гимназию и затем поступил в Казанский университет, из которого выпустился в 1846 году. Он был первым бурятом, окончившим университет западного образца. На протяжении второй половины XIX века по его стопам последовали другие буряты, обучаясь в разных университетах и педагогических институтах. Некоторые из них стали учеными, занимались научными изысканиями и преподавали в университетах. Большинство, однако, вернулись в Бурятию и стали учителями, помогая дальнейшему распространению образования среди бурят [Montgomery 2005: 98–104][6]. Эти буряты все были

---

[5] Город Троицкосавск изначально назывался Кяхта. Троицкосавском его назвали в конце XIX — начале XX века. В 1935 году ему вернули имя Кяхта.

[6] Монтгомери объясняет, что для многих бурят получить среднее и высшее образование и потом работать учителем было непросто и часто осложнялось различными факторами. Однако, несмотря на множество проблем, в конце XIX века все больше бурят получали образование.

практически исключительно мужчинами вплоть до начала XX века, когда ряды бурят с высшим образованием стали пополняться и немногими женщинами.

К началу XX века в Российской империи образовалась небольшая прослойка бурятской интеллигенции. Интеллигенция участвовала в местных и всероссийских движениях и спорах, возникших в беспокойной политической атмосфере первых двух десятилетий XX века. Образованные буряты стали голосом бурятского народа во всей империи. Они предлагали широкий спектр возможных путей будущего развития бурят: от требования полной автономии или независимости до призывов ассимилироваться в Российском или затем Советском государстве. Для многих основополагающим был вопрос интеграции бурятского народа в постоянно модернизирующееся общество нового века.

Во время революции 1905 года проходили многочисленные собрания политически активных бурят, на которых они критиковали земельные реформы и предлагали новые идеи по улучшению бурятского общества. Многие представители интеллигенции, участвовавшие в этих митингах и в другой политической деятельности, находились под влиянием либерализма и социализма. Политические ссыльные, противостоявшие самодержавию Романовых, помогли в распространении этих мировоззрений по всей Сибири. Бурятские студенты, учившиеся в западной части России или в Европе, также привозили домой различные политические теории. Двумя самыми значительными бурятскими собраниями 1905 года были съезды в Чите и в Иркутске в апреле и августе соответственно, где бурятские представители призывали к осуществлению таких идей, как новые формы самоуправления, всеобщее избирательное право, изменение царских законов о землевладении и создание большего количества школ с обучением на бурятском языке [Forsyth 1992: 173; Montgomery 2011: 6–9; Rupen 1964: 20–21, 28–29; Народы Сибири 1956: 223–224].

Хотя среди бурят были желающие вернуться к социальному и политическому порядку, установленному Сперанским, — особенно среди нойонов, стремившихся вернуть свои ранее гарантированные руководящие должности, — но другие предлагали новые взгляды на будущее бурятского общества. Бурят Цыбен Жамцарано, учившийся в Иркутской учительской семинарии и Санкт-Петербургском университете и присутствовавший на Бурятском съезде 1905 года в Чите, писал о необходимости модернизации, но в то же время и о защите бурятской культуры и традиций. Исследователь бурятского фольклора, литературы и истории, Жамцарано участвовал в спорах о будущем бурятского общества в журнале «Сибирские вопросы». В статье, опубликованной в 1906 году, он утверждал, что правительство разрушает единство бурят, лишая их права традиционного общего владения пастбищами. Жамцарано объяснял, что правительство воспользовалось тем, что у бурят не успело создаться понятие о частной собственности на землю. Он описывал, как предводители бурят работают сейчас над тем, чтобы организовать и объединить всех бурят, к востоку и к западу от озера Байкал, чтобы вместе сопротивляться притеснениям со стороны государства [Rupen 1964: 33, 45–47; Жамцарано 1906: 169–170].

Жамцарано был еще и буддистом. Он поддерживал укрепление роли Буддийской церкви в бурятском обществе, но также и внедрение западных идей. Он был согласен с одним из предложений, сделанным на Бурятском съезде в Чите в 1905 году, о необходимости восстановить и вдохнуть новую жизнь в дацаны, передав участки земли, положенные отдельным ламам, общине дацана. Он также считал, что дацаны должны расширить свою учебную программу, чтобы в нее входили и буддистские предметы, и предметы, изучающиеся в европейских школах [Rupen 1964: 36; Жамцарано 1906: 174]. Жамцарано и другие видели в буддизме объединяющую бурят силу. Они ощущали, что эту религию следует использовать для укрепления и развития бурятского национального самосознания.

Однако не вся бурятская интеллигенция соглашалась с Жамцарано. Михаил Богданов, западный бурят, учившийся в Санкт-Петербурге, Цюрихе и Берлине и присутствовавший на Бурятском съезде в Иркутске, также писал в журнале «Сибирские вопросы». Он выступал против идей Жамцарано по поводу буддизма. Он считал, что продвижение буддийского образования — это для бурят шаг назад. Богданов утверждал, что буддизм будет способствовать лишь изоляции бурят от изменений современного мира. Вместо этого он продвигал развитие институтов, обеспечивающих светское образование. Он объяснял, что необходимо укреплять бурятское самосознание небуддистскими средствами [Богданов 1907: 38, 41; Rupen 1964: 18, 34–35]. Жамцарано ответил на доводы Богданова в другой статье в «Сибирских вопросах» в 1907 году, продолжая настаивать на своих пробуддистских идеях [Жамцарано 1907: 15–21].

Еще одним важным представителем бурятской интеллигенции, который верил в объединяющую силу буддизма, но также старался добиться более либеральных изменений в бурятском обществе, был Бато-Далай Очиров. Очиров учился в читинской школе и работал учителем и переводчиком в Агинском районе в Юго-Восточной Бурятии. Он занимался политикой, присутствовал на Бурятском съезде в Иркутске в 1905 году и в том же году возглавил бурятскую делегацию к Николаю II, протестовавшую против царского земельного законодательства. Когда царь Николай II согласился создать новый парламент — Думу, чтобы успокоить волнения революции 1905 года, Очиров хотел войти в нее. Он был единственным бурятом, избранным в члены Второй думы в Санкт-Петербурге в 1907 году. Но Николаю II эта Дума показалась слишком либеральной, и он распустил ее меньше чем через три месяца. Затем царь установил более жесткие требования к кандидатам в Третью и Четвертую думы. Очиров был вынужден вернуться в Бурятию.

Очиров, как и многие другие представители бурятской интеллигенции того времени, находился под влиянием либеральных и социалистических идей. Поэтому он не хотел простого возвращения к местной административной системе Сперанского, а надеялся добиться большего равноправия и демократии среди бурят. После представительства в Государственной думе Очиров работал переводчиком и старался улучшить экономическое положение бурят. Он добывал средства на стипендии для бурятских студентов, основал первое бурятское Кооперативное и кредитное товарищество в Забайкалье и создал либерально-политическую организацию — Партию прогрессивных бурят. Он продолжал свою работу до смерти в 1914 году [Montgomery 2011 14–5; Rupen 1964: 18, 36].

Вместе с роспуском стремившейся к реформам Государственной думы второго созыва Николай II предпринял по всей Российской империи карательную кампанию, чтобы положить конец политической активности и беспорядкам революции 1905 года. Ужесточение политики длилось несколько лет, не обойдя и Бурятию. Политические митинги и протесты в Бурятии, а также публикации, критикующие царскую политику, в основном прекратились [Народы Сибири 1956: 224]. Только после Февральской революции 1917 года, когда Николай II был свергнут и правлению династии Романовых пришел конец, перед бурятами открылись новые возможности самоорганизации в политических целях. С приходом к власти Временного правительства прежние ограничения политической деятельности были сняты и отменена цензура. Предводители бурят, в том числе и представители интеллигенции — такие, как Жамцарано и Богданов, — немедленно принялись работать над созывом еще одного бурятского съезда по типу состоявшихся в Чите и Иркутске в 1905 году. Съезд назвали Всебурятским, поскольку в нем планировалось участие всех бурят — и восточных, и западных. Он состоялся в Чите в апреле 1917 года с участием большого количества бурятских представителей. Неудивительно, что одним из первостепенных вопросов съезда стала Земельная реформа. В 1917 году буряты все еще были недовольны законодательством, заменившим систему Сперанского 1822 года. Но также на съезде были подняты вопросы более широкого обучения бурятскому языку. Однако примечательнее всего то, что съезд призвал к созданию бурятской территориальной автономии в составе России. Это требование совпало по времени с подобными же требованиями других этнических меньшинств по всей империи. В неожиданно свободной политической обстановке нерусские народности, включая бурят, начали утверждать, что их интересам лучше всего отвечает политическая и территориальная автономия [Forsyth 1992: 271–272; Humphrey 1971: 78–79; Жабаева 1998: 165–172].

Для координации бурятских вопросов и проведения выборов в случае необходимости на съезде сформировали исполнительный орган — Бурятский национальный комитет (Бурнацком). До большевистской Октябрьской революции 1917 года Бурнацком, отстаивая национальные интересы бурят, организовал еще несколько съездов в Чите, Верхнеудинске и Иркутске. Помимо Бурнацкома и его устремлений, многие буряты также поддерживали различные всероссийские партии, такие как партии социал-революционеров, меньшевиков и большевиков. Всплеск активности 1917 года отразил стремление многих бурят к социальным, экономическим и политическим изменениям. Разноплановое содержание бурятских съездов также свидетельствует о хорошей координации деятельности образованной части бурятского общества. К несчастью, однако, их усилия во многом оказались бесплодными на фоне более могущественных сил, боровшихся за власть над Сибирью во время Гражданской войны, разгоревшейся вскоре после прихода большевиков к управлению страной.

Гражданская война и соперничество из-за Сибири

Гражданская война в Сибири была жестокой, крайне разрушительной и длилась дольше, чем в других частях Российской империи. Демографические данные красноречивы. По переписи населения 1897 года в Сибири проживало 288 883 бурята, а по переписи 1926 года их было всего 237 000 [Нимаев 1993: 44–45]. Многочисленные группы, боровшиеся за политическую власть, города и территории Бурятии, постоянно менялись местами. При случае бурятские лидеры брали инициативу в свои руки. В хаосе войны некоторые буряты пользовались ситуацией, чтобы воплотить свое представление о бурятском обществе в жизнь. Все чаще бурятские лидеры принимали участие в различных движениях, чтобы и у бурят было место в соперничестве за Сибирь. Во многих случаях сражения и хаос заставляли бурят уезжать как можно дальше точно так же, как они это делали в прошлом. Многие буряты в ходе борьбы за власть в Сибири лишились жизни. Однако, когда Гражданская война в России подошла к концу, постоянные требования автономии помогли бурятам получить в Советском государстве новую форму самоуправления.

Гражданская война началась практически сразу после большевистской революции 1917 года. Хотя в Сибири очень быстро организовалось сопротивление, армии большевиков изначально удалось занять три самых крупных города Бурятии. К февралю 1918 года у них был Иркутск (к западу от озера Байкал), Верхнеудинск и Чита (оба к востоку от озера Байкал). Хотя среди большевиков было очень мало бурят, исключительным примером служит 21-летняя западная бурятка Мария Михайловна Сахьянова. Сахьянова позже, в 1924 году, станет первым секретарем Бурят-Монгольской Автономной Советской Социалистической Республики. Она вступила в большевистскую партию, будучи студенткой в Петрограде, и после Февральской революции вернулась на родину нести идеи большевизма. Когда большевики пришли к власти, они назначили ее секретарем иркутской большевистской организации, где она представляла их интересы [Батуев 1992: 6].

Сахьянова была в курсе деятельности Бурнацкома и Бурятских съездов 1917 года. Но, будучи марксисткой, она отвергала националистические идеи лидеров Бурнацкома, выступавших за политическую и территориальную автономию Бурятии. Вместо этого она, как и все большевики в то время, ратовала за национально-культурную автономию внутри сформированных на местах бурятских Советов, которые вместе с крестьянами и рабочими способствовали бы торжеству социализма в Сибири [Варнавский 2002: 24–31]. Поэтому она предпочитала сотрудничать с другими иркутскими социалистами, а не с западными бурятами — членами Бурнацкома. Тем не менее, несмотря на ее усилия сохранить в Иркутске власть большевиков, весной 1918 года в город вступили преобладающие силы антибольшевистских войск. Верхнеудинск и Чита пали позже тем же летом.

В Восточной Сибири у казачьего атамана Григория Семенова, наполовину бурята, были свои мечты о будущем бурятских земель. Он хотел возглавить панмонгольское государство, объединенное под его покровительством. Семенов вырос в небольшой казачьей деревне на реке Онон, в Юго-Восточной Бурятии. В возрасте 20 лет он вступил в Трансбайкальскую казацкую армию и проходил службу в Монголии, Чите и Приамурье. В начале Первой мировой войны его отправили воевать против Австрии на Юго-Западном фронте, где он отличился в боях. В августе 1917 года Временное правительство разрешило ему вернуться в Забайкалье, чтобы набрать добровольцев для фронта. После Октябрьской революции и выхода России из войны в Европе Семенов стал сражаться с большевиками. Сформировав небольшой отряд из своих рекрутов, он отошел к городку Маньчжурия на монгольской границе, где захватил западную часть Китайско-Восточной железной дороги. Оттуда он предпринимал набеги на подвластную большевикам территорию [Snow 1977: 216–217].

В феврале 1918 года Семенов отправил одного из своих помощников в Японию, пытаясь заручиться поддержкой в своей борьбе с большевиками. Японское правительство согласилось, рассчитывая, что такие люди, как Семенов, способствуют дестабилизации Восточной Сибири, тем самым делая ее более легкой добычей для Японии. Представители японских вооруженных сил отправили Семенову оружие, и в марте груз прибыл. Для обучения отрядов Семенова обращению с оружием японские власти также отправили шесть офицеров и 43 солдата. С такой поддержкой Семенов и его войско в апреле 1918 года пересекли границу с Россией. Хотя Семенову тогда так и не удалось оттеснить большевиков, он тем не менее провозгласил себя правителем Забайкалья [Morley 1957: 216–217].

Вскоре, летом 1918 года, около 45 000 бывших чешских военнопленных, сражавшихся на стороне союзников на Восточном фронте, были отправлены через Сибирь по железной дороге, чтобы потом морем их перебросили на Западный фронт. Они захватили власть над половиной восточной части Транссибирской железной дороги. В августе Антанта решила отправить войска в Сибирь, чтобы забрать чехов, а также поддержать там антибольшевистские силы. Англичане отправили около 1500 солдат, американцы — 3000, японцы же отправили намного превосходящие силы — 70 000 человек. Руководители японских вооруженных сил сделали это, чтобы прощупать почву на предмет возможной аннексии Восточной Сибири или основания там лояльного к Японии марионеточного государства. Во всеобщем хаосе Семенов воспользовался ситуацией и захватил Читу и прилегающий район для нового государства, которое он стремился создать. Он сделал Читу своей столицей и в сентябре вселился в лучший отель города [История 1959: 93; Morley 1957: 99; Snow 1997: 217].

Теперь, находясь в более надежном положении, Семенов начал работать над воплощением в жизнь своей мечты об объединении монголов России, Монголии и Китая в панмонгольское государство, с собою во главе. В феврале 1919 года он организовал в Чите Собрание представителей из Китая и России. Из Монголии никто участвовать не захотел. Тем не менее собрание утверждало, что выражает мнение всех монголов Внутренней Азии. На нем избрали временное самопровозглашенное панмонгольское правительство и назначили ламу Нейсе-Гегена его номинальным правителем. Положение Нейсе-Гегена копировало правительства Монголии и Тибета, которые возглавляли перевоплощенные ламы высшего ранга. Семенов надеялся, что такая структура позволит заручиться поддержкой буддистов, которых было много среди монголов. В действительности у власти оставался Семенов и руководил своим новым правительством авторитарным и жестоким образом. Поначалу новое правительство Семенова пользовалось поддержкой местного населения, но его правление, основанное на грубой военной силе, многих от него оттолкнуло. Хотя он и говорил о буддизме, но в конечном счете видел свое государство как казачье, где все монгольское население имело бы военную иерархическую организацию и все мужчины были бы военнообязанными. Эта идея не пользовалась популярностью, особенно когда Семенов стал насильно забирать в свой отряд молодых людей [Bulag 1996: 17; Герасимова 1964: 48; Forsyth 1992: 273–274; История 1959: 95].

Авторитаризм и военизированный характер правления Семенова привели к тому, что его режим все больше терял поддержку в народе. В частности, с ним отказался иметь дело Бурнацком.

В отместку Семенов убил одного из его главных руководителей, ученого Михаила Богданова, который в 1906 и 1907 годах спорил с Жамцарано на страницах «Сибирских ведомостей». После этого многие руководители Бурнацкома бежали с подвластной Семенову территории. Они присоединились к многочисленным бурятам, которые спешно откочевывали со своими стадами в отдаленные уголки Бурятии, а также Маньчжурии и Монголии, спасаясь от хаоса и насилия, чинимых Семеновым и ему подобными [Герасимова 1964: 50].

Суровое правление и бесчинства Семенова, совершаемые часто из прихоти, оттолкнули от него его буддистских подданных, а не привлекли, как он рассчитывал. В частности, местный бурятский лама по имени Сандан Цыденов осудил правительство Семенова за его жестокость. Цыденов был пацифистом и стремился создать альтернативу жестокому правлению Семенова. Он также считал, что у бурят должно быть собственное государство. Правда, он хотел создать теократическую общность, по образцу правительств Монголии и Тибета, но с элементами европейского конституционализма. Он призывал положить конец насилию и в особенности строгой воинской повинности правительства Семенова. Семенов, а позже большевики резко отреагировали на движение, возглавляемое Цыденовым, и практически уничтожили его, бросив в тюрьму его руководителей [Forsyth 1992: 273–274; История 1959: 95–96; Tsyrempilov 2008: 123–137].

Сокращение числа сторонников Семенова среди местного населения совпало с рядом внешних событий, повлекших за собой его падение. Во-первых, в апреле 1920 года большевики решили учредить Дальневосточную Республику (ДВР), включавшую все земли с востока от озера Байкал до Тихого океана, в том числе и территорию, на которую претендовал Семенов. Хотя ДВР придумали и условно контролировали большевики, учреждалась она как коалиционное социалистическое правительство, которое играло роль буферного государства между большевиками и их противниками в Восточной Сибири. Большевики рассчитывали, что оно даст им хотя бы формальный контроль над территорией, когда в действительности не было никакого. Большевистское руководство считало, что ДВР выиграет для них время, чтобы разобраться с проблемами на западе, а потом уже посвятить внимание восточным. Кроме того, она должна была способствовать уходу Японии и других союзников из Сибири [Stephan 1994: 141–142].

Во-вторых, японское правительство, во многом по финансовым причинам и из-за роста влияния большевиков, решило вывести войска из Забайкалья и отступить в Приморье, территорию на Восточном побережье России, недалеко от Японии. Поддержка японцев была жизненно необходима Семенову, чтобы оставаться у власти. Когда он попросил японского военного министра в Токио пересмотреть это решение, тот ответил, что у Семенова недостаточно сил, чтобы претендовать на поддержку Японии. Министр также заявил, что Япония, как и другие силы Антанты, относятся крайне отрицательно к насилию и произволу семеновского правления. Япония не хотела поддерживать такого правителя [The Far Eastern Republic 1922; Meyer 2961: 44]. Японские войска начали уходить в сентябре 1920 года, оставив Семенова практически беззащитным. Вскоре новая армия ДВР выгнала Семенова из Читы, и в октябре город стал столицей республики.

После создания Дальневосточной Республики некоторые руководители ДВР опять увидели возможность воплощения своих планов по созданию бурятской автономии. Когда в ДВР проходили выборы в Учредительное собрание, многие буряты голосовали, а некоторые выдвинули свои кандидатуры и были избраны. Во время собраний для обсуждения Конституции ДВР бурятские участники потребовали автономии [Norton 1923: 157]. Благодаря их усилиям была выделена Бурят-Монгольская автономная область, что было официально закреплено в конституции. В конституции также говорилось, что население территории подчиняется общим законам ДВР, но также оно «самостоятельно в сфере организации суда, административно-хозяйственной и культурно-национальной жизни» [Основной закон 1921: 17]. Именно тогда была создана первая Бурят-Монгольская автономная область. Вскоре большевики, подчинившие себе территорию вокруг Иркутска, к западу от озера Байкал, основали такую же Бурят-Монгольскую автономную область для западных бурят.

Хотя многие представители бурятской интеллигенции несколько лет призывали к автономии, создание двух автономных бурят-монгольских территорий было организовано и согласовано новым большевистским правительством в Москве. Это было сделано в соответствии с национальной политикой Ленина в тот момент, призывавшей к созданию автономных областей [Ленин и Дальневосточная Республика 1985: 6]. В 1918 и 1919 годах большевистское правительство уже начало учреждать новые автономные районы на подвластных ему территориях в Центральной Азии и России [История Бурятии в вопросах и ответах 1990: 29–30]. Таким образом большевики пытались заручиться поддержкой нерусского населения бывшей Российской империи. Кроме того, автономные области можно было использовать в целях международной пропаганды. Большевики стремились показать миру, что у них все не так, как в царские времена, когда к нерусскому населению, по словам большевиков, относились как к колониальным подданным. В телеграмме от московских властей руководителям ДВР от 27 апреля 1921 года объяснялось, что бурятская автономия также важна, потому что тесно связана с советской внешней политикой в Китае и Монголии [Дальневосточная политика 1974: 230]. Советские автономные области, и особенно Бурят-Монгольские, должны были служить для остальных азиатских народов показательным примером демократичного и выгодного характера советского правления.

Когда в октябре 1922 года японцы покинули русский Дальний Восток, Гражданская война подошла к своему концу. Дальневосточная Республика тогда объединилась с большевистской Россией. Летом 1923 года две Бурят-Моногольские автономные области были объединены и образовали Бурято-Моногольскую Автономную Советскую Социалистическую Республику (БМАССР). Теперь у бурят была официально предназначенная для них территория, с установленными границами и кодифицированной автономией, объединявшей большинство западных и восточных бурят. Территория БМАССР почти полностью окружала озеро Байкал. В нее входило два дополнительных округа: Усть-Ордынский — на западе от озера Байкал, и Агинский — на юго-востоке. Города Иркутск и Чита оказались за ее пределами, и столицей сделали Верхнеудинск.

Автономия и коренизация

В 1920-х годах большевики создали по всему Советскому Союзу множество автономных регионов, обводя границами территории, где предположительно доминировала одна какая-то группа. На бумаге автономные республики обладали значительной долей независимости. У них были собственные конституции и законодательные органы. Но на их внутренние дела влияла политика, которую диктовала Москва. Кроме того, генеральные планы с упором на индустриализацию способствовали притоку этнических русских, рабочих и управленцев, в нерусские районы, что во многом изменило их внутренний состав. Из-за царской политики начала XX века, которая привлекла в Сибирь большое количество европейских крестьян, в 1923 году, когда создавалась БМАССР, буряты уже составляли в своих землях меньшинство. Хотя в пределах республики проживал 91 процент бурят страны, в 1926 году они составили 48,3 процента от общего населения республики. Представительство бурят продолжало сокращаться и всего через десять лет составляло 29 процентов населения [Нимаев 1993: 45; Forsyth 1992: 275; Затеев 1991: 68].

Большинство новых иммигрантов приезжало в Верхнеудинск — административный и экономический центр республики. Всего за шесть лет, между 1923 и 1926 годами, население города увеличилось почти на треть: с 20 000 до 29 000 [Улан-Удэ 200: 42, 142; Мангатаева 1978: 50]. Новые жители приезжали сюда работать, занимая новые рабочие места в растущем местном бюрократическом аппарате и на развивающихся государственных предприятиях города, таких как стекольная фабрика, пивоварня и лесопилка. Также согласно новой экономической политике Владимира Ленина (НЭП), предпринятой в начале 1920-х годов, чтобы оживить экономику после долгих лет опустошительной войны, людям было разрешено работать в ряде мелких частных компаний. Большой приток рабочих извне и назначение Верхнеудинска столицей БМАССР быстро изменили облик города. Чтобы куда-то поселить иммигрантов и разместить растущий административный аппарат, строились новые здания. В 1929 году местные власти построили большой центральный городской квартал вокруг только что возведенной площади Советов [Zhimbiev 2000: 51–52]. Несмотря на строительство и рабочие места в 1920-е годы, в городе проживало мало бурят. В 1929 году только один процент бурятского населения проживал в городах [Нимаев 1993: 47]. Было немного бурят-рабочих, и считаное количество бурят занимало руководящие посты. Эта ситуация начала меняться, хотя и медленно, с запуском советской политики коренизации.

Для пропаганды национальных языков и культур большевики не только создавали национальные территории, но и проводили политику коренизации, обучая и продвигая местную элиту в обществе. Это было частью большой общей советской программы построения современного социалистического общества, в которой бы активно участвовали все этнические группы. Она также соответствовала многим требованиям, которые выдвигали бурятские лидеры. В середине 1920-х годов бурят-большевик Михей Николаевич Ербанов, который позже, между 1929 и 1937 годами, возглавлял республику, объяснял многие задачи коренизации на совещании по вопросам культурно-национального строительства Бурятии. Ербанов подчеркивал, как следует создавать новую бурятскую социалистическую культуру: ликвидировать безграмотность, создать общебурятский литературный язык и письменность, развивать бурятские национальные школы, формировать бурятские кадры во всех областях и развивать бурятскую литературу и искусство, пронизанную идеями марксизма-ленинизма [Базаров 1995: 41–42]. В 1920-е годы руководство Бурятии разрабатывало планы по воплощению этих задач в жизнь.

Однако некоторые идеи было сложно осуществить. Например, в 1926 году власти утвердили план, по которому в правительственных учреждениях должно было работать 83 процента бурят — задача на тот момент невыполнимая, учитывая высокий уровень неграмотности среди бурят. Местная политика коренизации также требовала, чтобы русские учили бурятский язык, но это тоже было непросто. В 1924 году, когда из Москвы поступили указания, чтобы руководители и сотрудники правительственных учреждений учили бурятский язык и использовали его на рабочих местах, были предприняты меры по организации курсов обучения бурятскому языку для не говорящих по-бурятски сотрудников [Елаев 1994: 103]. Однако очень немногие русские действительно выучили бурятский. Рабочим языком, особенно в центральных учреждениях республики, продолжал оставаться русский [Montgomery 2005: 203–205].

Процесс создания сети бурятских школ также шел медленно, а большинство бурятских детей в 1920-е годы вообще не ходили в школу. В 1925 году только одна пятая часть бурятских детей школьного возраста в республике была записана в школу[7]. В некоторых районах их было еще меньше. Например, в Агинском округе только 973 ребенка школьного возраста из 6961 в 1925 году посещали школу [Тумунов 1993: 143, 147]. С этнически русскими детьми в республике положение обстояло чуть лучше. В том же году почти половина русских детей числилась в школе[8]. Но чаще всего дети не оставались в школе надолго. В 1928 году средний учащийся в республике заканчивал всего два с половиной класса школы. Только в 1930-х годах центральная советская власть сделала начальное образование, начинавшееся с восьми лет, обязательным.

Проблема низкой посещаемости школ была непосредственно связана с тем, что школы в Бурятии страдали от ограниченности финансирования. Классы были переполнены, состояние многих школ было признано санинспекцией антисанитарным, учебников и других материалов не хватало [Montgomery 2005: 210–215]. В частности, было мало квалифицированных учителей. В 1923 году только у девяти из 476 учителей республики было высшее образование. Учителя, желавшие повысить уровень своего образования, до открытия в Верхнеудинске в 1932 году Бурятского педагогического института были вынуждены посещать учреждения за пределами республики [Битуев 1986: 75].

Выполнять задачи коренизации было также сложно из-за того, что семь лет войны, иностранной интервенции, смены разных

---

[7] [ГАРБ. Ф. Р-60. Оп. 11. Д. 1690. Л. 74].

[8] [ГАРБ. Ф. Р-60. Оп. 1. Д. 1690. Л. 74].

правительств и крайняя нестабильность привели экономику новой республики — основанную преимущественно на сельском хозяйстве — практически к краху. Например, в 1923 году количество стад в республике было на 38 процентов меньше, чем в 1926 году (перед революцией), а площадь пахотных земель с 1916 к 1923 году сократилась на 34,6 процента [Елаев 1994: 98; Forsyth 1992: 275]. Большую часть 1920-х годов сельское хозяйство Бурятии возвращалось к своему дореволюционному уровню. Опустошенные деревни, нехватка финансовых средств и недостаточное количество образованных городских бурят мешали выполнению задач коренизации, поставленных Ербановым.

Большинство бурят в 1920-е годы жили так же, как и до революции. Мало кто жил в городах, и у многих никак не изменилось их хозяйство, культура и религия по сравнению с тем, что было до революции. Вмешательство правительства в жизни обычных бурят также было минимальным. Например, в 1920-е годы власти не предпринимали никаких серьезных попыток, чтобы полностью сделать оседлым бурятское кочевое население. Наоборот, советская администрация способствовала добровольному созданию маленьких бурятских коммун, количество которых увеличилось с трех в 1923 году до 46 — в 1928 [История Бурятии 1990–1992: 50]. Такие коммуны состояли из групп скотоводов, которые объединяли находящиеся у них в индивидуальном владении пастбища и делили животных между всеми скотоводами коммуны. Кроме коммун также возникло несколько потребительских сельскохозяйственных кооперативов [Humphrey 1998: 142]. Но для большинства 1920-е годы были временем восстановления от экономических потерь, понесенных за годы войны, и любые средства были хороши.

Религия в 1920-е годы также играла значительную роль в жизни многих простых бурят. Хотя большевики и пропагандировали различными способами ценности атеизма, местные власти на деле почти не препятствовали людям исповедовать религии, особенно буддизм, который продолжал занимать устойчивые позиции. В 1928 году в Бурятии было 47 дацанов и около 15 000 лам, большинство из них — в Восточной Бурятии [Forsyth 1992: 330].

В Агинском округе, области с значительным бурятским населением, по данным на 1926 год, от 10 до 11 процентов местного мужского населения было ламами[9]. Также была широко распространена тибетская медицина, тесно связанная с дацанами.

Можно привести несколько причин того, почему власти в тот момент ограничивались только антирелигиозной пропагандой, чтобы помешать людям исповедовать буддизм. Важнее всего то, что ресурсы для реализации любого проекта в 1920-е годы были крайне скудны из-за деформированной экономики. Также власти вполне могли полагать, что серьезная атака на буддизм, что непременно вызовет противодействие у многих бурят, испортит благоприятное впечатление, которое советская власть в то время хотела произвести и на бурят, и на другие азиатские народы за границей. Также немаловажен тот факт, что некоторое количество выдающихся бурят все еще исповедовали и поддерживали буддизм. Многие из них также были согласны с движением, возглавляемым известным бурятским ламой Агваном Доржиевым, который высказал мысль о том, что у коммунизма и буддизма много общего. Многие выдающиеся представители бурятской интеллигенции, например Цыбен Жамцарано, сочувствовали этому движению [Buddhism 1998: 29–30; Poppe 1958: 186–189; Snelling 1993: 205–211].

Доржиев, который некогда служил посланником Далай-ламы XIII к царю и в 1913 году основал в Санкт-Петербурге буддийский храм, стремился защитить буддизм при советском руководстве, реформируя русские буддийские институты. Доржиев доказывал, и в этом к нему присоединялась буддистская интеллигенция, что буддизм, как и большевизм, стремится помочь трудящимся массам. Доржиев и его сторонники объясняли, что буддизм — это не религия, как христианство, и что он не противоречит современной науке. На Всебурятском съезде буддистов 1922 года Доржиев под влиянием буддийских учений и социалистических идей призвал к отмене частной собственности лам, созданию коммунальных форм жизни и выборности монашеско-

---

[9] [ГАРБ. Ф. Р-60. Оп. 1. Д. 1690. Л. 39].

го руководства. Он также обличал жадность, невежество и другие пороки среди буддистов. На съезде и не только эти идеи встретили сильное сопротивление. Но некоторые сторонники Доржиева попытались воплотить эти идеи. Ряд монастырей при поддержке государства основал сельскохозяйственные коммуны. Но у большинства лам не было опыта в земледелии, и коммуны не преуспели. Многие ламы также игнорировали Доржиева и поддерживаемые правительством коммуны и продолжали жить, как жили, до 1930-х годов, когда Сталин стал осуществлять антирелигиозную политику [Atwood 2004: 151–152; Forsyth 1992: 275–276; Humphrey 1971: 82–99; Montgomery 2005: 225–230; Snelling 1993: 205–211, 221].

Заключение

История бурятского народа в России до 1920-х годов характеризуется увеличением влияния государства на повседневную жизнь бурят. Когда их земли были только включены в состав Российской империи, центральные власти довольствовались сбором налога, или ясака, с бурят. Пока ясак платился исправно, буряты в основном сами управляли своими внутренними делами. Хотя государство и пыталось влиять на такие бурятские институты, как русский буддизм, оно не всегда последовательно требовало исполнения многих своих же распоряжений, и власти сами часто ограничивали вмешательство, например проповедническую деятельность Русской православной церкви. Однако по мере того, как бюрократическая структура Российского государства разрасталась и охватывала все большие пространства, она придумывала законы для лучшего управления Сибирью и живущими там людьми. Это означало изменения в отношениях между правительством и бурятами.

В XIX веке власти посчитали нужным заставить бурят и другие якобы отсталые народы соответствовать экономике и культурным стандартам империи. Хотя законы Сперанского по управлению сибирскими инородцами и предоставляли бурятам автономию, он тоже рассчитывал на то, что со временем буряты перестанут быть кочевниками и станут больше походить на русских крестьян. Несмотря на эти идеи, однако, в самом начале XX века большинство бурят не показывало никаких признаков того, что они готовы полностью отказаться от своего кочевого или полукочевого образа жизни. Но давление на них оказывалось. Со строительством Транссибирской железной дороги, переселением тысяч русских европейских крестьян на восток, желанием контролировать Сибирь и сделать ее более продуктивной правительство начало проводить политику, которая должна была перевести бурят на оседлый образ жизни.

Кроме планов правительства в отношении бурят России свои собственные планы о будущем бурятского народа предлагала небольшая группа образованной бурятской интеллигенции. Многие из них утверждали, что у бурят уже есть уникальная цивилизация — нужно только приспособить ее к веяниям времени. Значительное число бурят высказывало различные мысли о путях модернизации, подходящих для бурятского народа. Делегаты бурятских конгрессов 1905 года, атаман Семенов, руководители Бурнацкома, Агван Доржиев, буряты-большевики и другие предлагали пути построения бурятского общества. С усилением советской власти в Сибири количество альтернативных вариантов сократилось. Затем, когда упрочилась власть Сталина и он в 1930-х годах начал осуществлять свои планы по модернизации, эти альтернативные варианты, а также стоявшие за ними люди исчезли.

Глава 2
Сталинизм в Бурятии

В 1920-е годы власти в Бурятии поддерживали атеизм, пропагандировали колхозы и содействовали тому, чтобы буряты становились рабочими и сотрудниками местных органов управления. Некоторая часть бурят откликнулась на этот призыв, но далеко не большинство. Повседневная жизнь многих мало чем отличалась от жизни до Октябрьской революции и Гражданской войны. В большинстве своем буряты жили сами по себе, кормясь тем, что приносит земля, минимально контактируя с государством. Но все это изменилось, когда в 1930-х годах Сталин решил провести в стране принудительную коллективизацию сельского хозяйства, ускоренную индустриализацию и перейти к централизованной плановой экономике. С переходом к этой политике правительство утратило снисходительность к религии, кочевничеству и бурятской культуре. И именно коллективизация в большей степени, чем все меры, ранее предпринимавшиеся царским или советским правительством, затронула жизнь большинства бурят. То, что бурятам пришлось осесть в колхозах, изменило их экономику, и они попали под жесточайший за всю их историю контроль со стороны государства. Оседлая колхозная жизнь вместе с ростом урбанизации также заставили бурят с большей регулярностью обращаться к советским институтам, что привело к большей культурной однородности и проникновению европейского влияния.

Многим бурятам было не просто согласиться на коллективизацию. Они бунтовали, убивали своих животных, лишь бы не отдавать их в колхозы, или бежали в Монголию и Китай. Но для московских властей вопрос с коллективизацией был решенным и никаких альтернатив не существовало. Поэтому к концу 1930-х годов большинство бурят, проживающих в сельской местности, или вступило в колхозы, или погибло, сопротивляясь, или бежало из страны. Положение осложнялось истреблением коренной бурятской элиты. Сталинская экономическая политика сопровождалась чистками и террором, имеющим целью уничтожение представителей старой и даже современной элиты, обвиненных в том, что они несут угорозу советской власти или препятствуют модернизации страны. В Бурятии местные власти вместе с чиновниками, присланными из других регионов, старались избавиться от бурятских нойонов (традиционного правящего класса), лам, шаманов, дореволюционной интеллигенции и даже членов недавно возникшей молодой коммунистической бурятской элиты. Многие были публично осуждены, арестованы, отправлены в лагеря или казнены. Другие вступили в колхозы, смирились с понижением в статусе или сменили род деятельности. Если коллективизация, чистки и террор и не уничтожили полностью бурятское руководство, существовавшее в 1930-е годы, то они сильно ограничили варианты происхождения людей, которые могли с этих пор официально занимать руководящие должности. Двери закрывались перед нойонами, ламами высшего ранга или панмонгольской интеллигенцией. Новая бурятская элита должна была работать на модернизацию страны. Она должна была быть воспитана в советском духе, говорить по-русски, иметь специальность и желательно жить в городе.

Властям для устройства и строительства нового бурятского общества, современного и советского, были нужны педагоги, ученые, писатели, чиновники, журналисты и другие специалисты, но в этом обществе, чтобы показать широту взглядов режима, должны были сохраниться и некоторые дозволенные элементы, присущие исключительно бурятам. По этой причине власти хотели заменить старую элиту новой, предположительно более лояльной и надежной. Создание новых институтов имело для этого процесса решающее значение. Например, Союз бурят-монгольских писателей и Бурят-Монгольский педагогический институт помогали воспитать и вырастить новое поколение советских бурятских лидеров. В этой главе основное внимание уделяется основанию подобных институтов в Бурятии в 1930-х годах, а также жестокой сталинской политике коллективизации, чисткам и террору. Сталинизм диктовал правила, следуя которым, буряты могли действовать и добиваться групповой или личной самореализации. Хотя возможностей формировать или влиять на эту реализацию стало существенно меньше, основание новых институтов создавало для некоторых благоприятные условия. Как и в главе 1, здесь изложены основы для более детального рассмотрения в последующих главах послевоенной трансформации бурятского народа.

Коллективизация и конец кочевой жизни

В конце 1920-х годов Сталин пришел к выводу, что страну необходимо немедленно модернизировать. Он решил, что новая экономическая политика (НЭП) — придуманная Лениным программа, допускавшая сосуществование капиталистической и социалистической систем, — не работает. Напротив, страна должна полностью истребить капитализм и построить по-настоящему социалистическую экономику. Коллективизация сельского хозяйства стала ключевым компонентом этого плана. Власти были убеждены, что если правительство захватит землю и загонит всех сельских жителей в колхозы, то сможет контролировать производительность экономики в деревне, продавать излишки за границу и использовать деньги для финансирования ускоренной индустриализации. Индустриализация имела решающее значение, потому что Сталин считал, что развитые капиталистические страны непременно нападут на Советский Союз. Страна должна подготовиться. Коллективизация не только упростит индустриализацию и подготовит страну к вторжению извне, но и позволит властям модернизировать сельские районы страны, внедряя новые сельскохозяйственные технологии и методы земледелия.

Советские экономисты считали, что кочевники страны не приносят пользы современному советскому обществу, поскольку, по их мнению, скотоводство в таком виде дает мало излишков. Используя коллективизацию, утверждали они, государство сможет усовершенствовать методы кочевников, интенсифицировать их труд, увеличить поголовье скота и уменьшить количество земли, используемой под выпас, чтобы высвободить больше площадей для земледелия [Мангутов 1959: 37; Народы Сибири 1956: 245–246; Васильев 1931: 58]. И тогда кочевники будут вносить положительный вклад в советскую экономику. Кроме того, коллективизация предоставляла возможность для властей превратить, по их мнению, более «отсталое» кочевое и оседлое сельское население в современных сельскохозяйственных рабочих, открыв для них в колхозах школы и учреждения культуры.

Коллективизация и ускоренная индустриализация показали бы Сталину, кто является его сторонником, а кто — врагом народа. Также это был способ избавиться от классового общества, существование которого, как считали Сталин и его сподвижники, было ошибочно допущено во время НЭПа. Политика раскулачивания в деревне должна была положить конец «классовой борьбе», отправив сотни тысяч кулаков — якобы более зажиточных крестьян или кочевников — в ссылку или на принудительные работы. Оставшихся представителей бедняцкого или середняцкого классов собирали вместе и селили в колхозы. И в Республике Бурятия местные власти, следуя повсеместной тенденции, стали видеть кулаков и «врагов» везде среди сельского бурятского общества. Они утверждали, что бурятские нойоны (традиционная бурятская аристократия) относятся к зажиточному классу, как кулаки среди крестьянства, и что именно они эксплуатируют более бедных бурят. Как и с зажиточными крестьянами, с нойонами усиленно боролись во время коллективизации. Нойонов следовало «истребить как класс» [Максанов 1978: 125–126].

Кампания по коллективизации в Бурятии началась зимой 1929–1930 годов. Руководство быстро приступило к широкомасштабным действиям. Сельские власти формировали комиссии по лишению собственности кулаков и нойонов и переселению земледельцев и скотоводов в колхозы. В эти комиссии входили руководители разных районов, представители сельских советов и местных партийных организаций, крестьяне и скотоводы из бедняцкого и середняцкого классов и сотрудники ОГПУ (организации, которая позже станет КГБ)[1]. Городские рабочие, коммунисты, комсомольцы и студенты, вошедшие в историю под общим названием «двадцатипятитысячники», добровольно вызвались помочь местным властям с коллективизацией [История Бурятии 1990–1992: 50][2]. Хотя в Бурят-Монгольскую Автономную Советскую Социалистическую Республику (БМАССР) в самом начале прибыло 103 человека из двадцатипятитысячников, преимущественно из Ленинграда, они пользовались огромным влиянием. Это произошло потому, что их поставили на руководящие должности и наделили высокими полномочиями, несмотря на то что они почти ничего не знали ни о регионе, ни о скотоводстве или земледелии [Гущин 1965: 66]. Двадцатипятитысячников также определили на ведущие позиции в немногих существующих бурятских коммунах, а местных руководителей понизили в должности или уволили. Например, Буда Сангадин, бурят, основавший и возглавивший коммуну «Арбижил», созданную в 1927 году в Баргузинском районе, был в 1930 году понижен в должности и заменен двадцатипятитысячником с Ленинградской обувной фабрики [Humphrey 1998: 143–144]. Хотя двадцатипятитысячники плохо разбирались в сельском и животноводческом хозяйстве, власти определили их на ведущие должности, потому что новыми колхозами нужно было управлять точно так же, как фабриками, только в сельской местности. Коммунистическая партия считала, что опытные горожане больше подходят для такой работы. Также у двадцатипятитысячников не было никаких связей на местах, куда их определили работать. Поэтому власти полагали, что они будут преданнее и эффективнее исполнять указания партии.

---

[1] ОГПУ расшифровывается как Объединенное государственное политическое управление. Оно было предшественником НКВД, позже ставшей КГБ.

[2] Общую информацию о двадцатипятитысячниках см. [Fitzpatrick 1984: 50, 54].

Царское земельное законодательство 1900–1904 годов, описанное в главе 1, и советская политика форсированной коллективизации осуществлялись схожим образом. В обоих случаях происходила замена бурятских руководителей назначенными правительством небурятами, обычно людьми не из республики. Во время обеих кампаний руководителей небурятского происхождения направляли проводить реформы во все уголки Бурятии. Власти поступали так, чтобы избежать конфликта интересов. Тех, кто не подчинялся, власти наказывали. Самая большая разница заключалась, однако, в том, что в советский период эти меры реализовывались в гораздо большем масштабе. Перевод кочевников страны к оседлости был лишь малой частью общенационального проекта. Поэтому в распоряжении тех, кто проводил кампанию по коллективизации, находились громадные ресурсы. Немаловажно то, что советские власти указывали временные сроки. Предполагалось сделать бурят оседлыми к концу первой пятилетки. Процесс занял больше времени, чем хотели власти, но сомнений в том, что он завершится быстро, не возникало. Царская администрация никогда не планировала искоренить кочевничество в такие сжатые сроки.

Буряты-скотоводы активно сопротивлялись коллективизации, как раньше сопротивлялись проведению царского земельного законодательства. Советский период отличался масштабами сопротивления правительственным реформам, потому что к этому сопротивлению подключились и русские крестьяне. Весной 1930 года по республике прокатилась волна массовых протестов и бунтов. Хотя большинство этих волнений возникло стихийно, документы ОГПУ свидетельствуют о том, что бунты могли быть плодом значительных скоординированных усилий[3]. В случае более-менее организованных протестов их руководители договаривались и работали сообща, чтобы одновременно охватить большую территорию. В ряде случаев и буряты-кочевники, и русские крестьяне вместе оказывали сопротивление

---

[3] Избранные документы ОГПУ и другие важные документы можно найти в [Доржиев 1993; История Бурятии 1993].

новой политике правительства. Например, в марте 1930 года в Селенгинском аймаке организованное старовером П. И. Тюрюхановым сопротивление поддержали и буряты, и крестьяне [Доржиев 1993: 59, 64]. В другом случае в Мухоршибирском аймаке русский крестьянин А. П. Измайлов попытался организовать и бурят, и русских. Он начал с того, что возглавил большую группу крестьян, которая начала захватывать деревни и совхозы. К несчастью для участников событий, ОГПУ жестоко подавило оба восстания [Доржиев 1993: 62].

Самую обычную форму специфически бурятского сопротивления оказывали небольшие группы бурят, которые отказывались идти в колхоз, убегая в леса. Потом эти группы иногда совершали набеги на колхозы и небольшие деревни, добывая припасы. Тогда представителя коммунистической власти могли и убить. Эти набеги были рискованны, так как ОГПУ могло получить больше информации о местонахождении мятежников. ОГПУ часто выслеживало беглецов, чтобы арестовать их, казнить или выслать за пределы Бурятии. Многие из групп, бежавших от коллективизации, пытались пересечь границу с Монголией или Маньчжурией, поступая точно так же, как во время прежних притеснений. В 1929 году 1450 бурят-кочевников продали или бросили свои стада и эмигрировали. Отряды ОГПУ пытались остановить бегство бурят из Советского Союза, и на границе часто случались стычки [Курас 1998: 72; Rupen 1979: 55]. Не только буряты стремились сбежать из страны. Другие граждане Советского Союза из приграничных районов поступали точно так же. Например, в Казахстане тысячи кочевников, спасаясь от коллективизации, бежали в китайскую провинцию Синьцзян [Dave 2007: 56; Olcott 1981: 128].

Сильное противодействие коллективизации по всей стране, скорее всего, и заставило Сталина остановиться. 2 марта 1930 года он выпустил свою знаменитую статью «Головокружение от успехов», призывая положить конец «перегибам», которые совершали местные руководители, проводя коллективизацию. Он требовал признать и исправить ошибки, совершенные во время колхозного движения, и объявлял конец прежним избыточным методам, использовавшимся для того, чтобы загнать крестьян и кочевников в колхозы. Центральное правительство также признало, в частности, перегибы в районах Средней Азии, Бурятии и Якутии. «Правда» объявила о сворачивании политики, объясняя, что эти «культурно и экономически отсталые» области не готовы к коллективизации, но значительный экономический ущерб уже был нанесен[4]. Кочевники в этих районах, столкнувшись с насильственным переводом к оседлости, забили тысячи животных, что пагубно сказалось на экономике. После кампании по коллективизации 1929 года и зимы 1930 года в Бурят-Монгольской АССР поголовье рогатого скота сократилось на 23,4 процента, овец — на 14,7 процента, а лошадей — на 9,3 процента [Зайцева 1994: 67–68].

Когда в марте 1930 года вышла статья Сталина «Головокружение от успехов», власти в республике, по имеющимся данным, уже коллективизировали 33 процента жителей республики. Но изменение политики Москвы привело в Бурятии к массовому исходу из колхозов, так что к маю это количество сократилось до 21 процента. За период с марта по апрель 1930 года 67 процентов вышедших из колхозов были бурятами и только 33 процента составляли русские и другие народности [История Бурятии 1990–1992: 52]. Это говорит о том, что буряты или были больше других недовольны коллективизацией, или у них были средства, чтобы прокормить себя после выхода из колхоза. Жестокие репрессии, прокатившиеся в первую волну коллективизации, несомненно, служили серьезной мотивацией для выхода. Сама Бурят-Монгольская коммунистическая партия признавала проблему, обвиняя в исходе бурят плохую организацию труда и недостаточную работу среди бедняков и женщин. Местные власти заявляли, что было допущено также много других ошибок [История Бурятии 1993: 54]. Из-за неопытности тех, кто проводил коллективизацию, бурят поселили в областях, где было мало воды и пастбищ, не было запасов для прокорма животных зимой и нормальных жилищных условий.

---

[4] Цит. по: [Слезкин 2008: 195 (в англ. версии)].

В июне 1930 года, чтобы ускорить процесс перехода на оседлый образ жизни кочевников Средней Азии и Сибири, власти издали новый закон. В нем говорилось, что для того, чтобы искоренить влияние кулаков, нойонов и лам на массы, а также «отсталое скотоводческое хозяйство», необходимо применить хорошо спланированные меры, «понятные для бедняцкой и середняцкой массы кочевников и полукочевников»[5]. Указания шли из Москвы, где власти решили, что необходима более простая форма коллективного хозяйства. Они предложили, чтобы в таких хозяйствах в общем владении находились земля, техника и жилье, но домашний скот можно было бы иметь в частном владении [Lewin 1968: 543–544; Olcott 1981: 131][6]. После принятия закона кочевников-скотоводов Бурятии опять заставили вступать в колхозы, только на сей раз якобы на более привлекательных условиях.

Несмотря на заявления, что новые формы коллективного хозяйства менее жесткие, в Бурятии все лето 1930 года продолжались волнения и мятежи. ОГПУ мобилизовало недавно вышедших на пенсию охранников-чекистов и ввело войска, чтобы подавить сопротивление и уничтожить бродячие группы несогласных [Курас 1998: 68, 76–78]. К осени 1930 года эти меры оказались достаточно успешны и большинство восстаний было подавлено. Тысячи протестующих были арестованы или казнены. Но Москва тогда резко остановила коллективизацию, начавшуюся весной 1930 года, и возобновила кампанию с новой силой в начале 1931-го. Эти действия вызвали в Бурят-Монгольской АССР новую волну беспорядков и жестоких репрессий. Для властей задача загнать бурят в колхозы сделалась первостепенной [История Бурятии 1993: 54].

Стремление ускоренными темпами загнать бурят в колхозы означало, что прежние проблемы сохранятся. Колхозы все так же располагались там, где было плохо с землей и водой. Жилья для скота и людей было мало. От переселенных в эти хозяйства

---

[5] Закон перепечатан в [История коллективизации 1979: 149].
[6] Новой формой коллективного хозяйства должны были стать товарищества по обработке земли (ТОЗ).

бурят требовали заготавливать сено для животных в таких количествах, о каких раньше не помышляли. Но тракторов и другой техники, чтобы вырастить и убрать фураж, было мало. Эти проблемы, насильственные методы, отказ изменить расположение хозяйств вызвали в первые месяцы 1931 года новые протесты. Банды бурят вновь разбрелись по лесам. Один раз, по имеющимся данным, 27 человек под предводительством бурятского учителя бежали из сельской местности, не желая быть депортированными из-за признания их кулаками [Доржиев 1993: 51]. ОГПУ сформировало боевые подразделения, чтобы выслеживать такие группы и не дать им перейти границу с Монголией или Китаем. Многим бурятам удалось бежать, но тех, кого ловили, обычно казнили или сажали в тюрьму [Доржиев 1993: 51–56].

Кампания по коллективизации и протесты против нее продолжились до середины 1930-х годов. Однако обещания правительства на первые пять лет освободить бурят от государственного налога, если они вступят в колхоз, помогли повысить коллективизацию и уменьшить беспорядки [Юшунев 1933: 26]. Кроме того, весной 1931 года многие буряты убили своих животных, как и год назад. Возможно, по этой причине они с бо́льшим интересом отнеслись к новой системе поощрения со стороны правительства и вступали в колхозы просто для того, чтобы выжить. Некоторые буряты в 1932 году опять стали резать свой скот, что привело к сокращению поголовья животных в Бурят-Монгольской АССР примерно на 62 процента по сравнению с 1929 годом [Зайцева 1994: 67][7]. В этот момент стало ясно, что три года убоя сокращают шансы отказавшихся вступать в колхоз выжить самостоятельно. Принуждая к переселению, власти давили на бурят и другими способами. Мясоперерабатывающие заводы отказывались покупать животных у независимых скотоводов и земледельцев-частников. Для них также сильно завышались цены на некоторые товары, делая практически невозможной покупку

---

[7] Зайцева пишет, что в 1931 году в Бурят-Монгольской АССР количество лошадей уменьшилось на 15,6 процента, рогатого скота — на 26,4 процента и овец — на 38,4 процента и что в юго-восточных районах урон был еще больше.

продовольствие. По этим причинам около 23 000 бурятских семей к концу 1932 года согласились поселиться в колхозах, и количество колхозников в общем итоге составило примерно 65 процентов населения. К 1938 году, как сообщили республиканские власти, 92 процента всех бурятских семей вступили в колхозы [Forsyth 2992: 333; Бурятская АССР 1967: 24].

Отчеты о коллективизации, появлявшиеся в печати, рисовали намного более положительную картину ситуации в Бурятии. Например, статья в журнале «Революция и национальности» за 1935 год рассказывала, что буряты теперь живут «зажиточно» и что кампании по «цивилизированию» ранее «отсталых» пастухов через уроки гигиены, ликвидацию безграмотности и меры по уравниванию в правах женщин оказались успешными. Старые бурятские «отсталые» методы разведения домашнего скота, говорилось, теперь выправлены при помощи современных советских методов [Гордеев 1935: 60–65]. Однако в этих отчетах явно приукрашивалась реальность, особенно учитывая тот факт, что количество скота в республике в 1937 году все еще было на 50 процентов меньше, чем до 1929 года [Forsyth 1992: 333]. Так называемые «современные» советские методы ведения сельского хозяйства не обеспечили быстрого подъема в животноводстве так же, как и прежние «отсталые» методы при последнем упадке сельского хозяйства, во время Гражданской войны. Сталинская советская политика добилась того, чтобы загнать бурят в колхозы, но ценой стали большие потери в человеческих жизнях и невероятное сокращение поголовья скота.

Репрессии и чистки бурятской элиты

Так называемых врагов народа правительство находило не только среди тех, кого в сельской местности обвиняли в принадлежности к классу эксплуататоров — кулаков и нойонов. Политика Сталина в 1930-х годах заставляла местные власти искать «врагов» во всех учреждениях страны — начиная с Коммунистической партии и университета и заканчивая буддийским монастырем. Властям вменялось в обязанность разоблачать предателей, вредителей и прочие опасные элементы. Этих людей потом нужно было арестовать, отправить в ссылку или казнить. В Бурятии руководство придумало историю о том, что в республике много предателей и что многие из них занимаются шпионажем в пользу Японии, помогая ей в реализации ее имперских планов. Это было отчасти вызвано страхом из-за действий Японии в Китае. В 1932 году Япония основала марионеточное государство Маньчжоу-Го в Манчжурии, а в 1936 году создала во Внутренней Монголии автономную область Мэнцзян. И опять, как во время Гражданской войны, когда Япония поддерживала, например, атамана Семенова, который пытался создать панмонгольское государство, советские власти боялись враждебных действий с ее стороны в Сибири. Хотя нет никаких доказательств того, что в 1930-е годы в Восточной Сибири велась какая-либо серьезная панмонгольская деятельность, тем не менее власти в Бурятии обвинили тысячи человек в том, что они были «панмонголистами», «японскими шпионами» и «буржуазными националистами». Это были серьезные обвинения, достаточные для смертного приговора или ссылки в ГУЛАГ.

Как и везде в Советском Союзе в конце 1930-х годов, многие репрессированные буряты принадлежали к высшему партийному руководству, были директорами институтов, учеными, художниками и писателями. Почти вся старая бурятская интеллигенция и бывшие члены Бурнацкома — такие, как Цыбен Жамцарано, — были арестованы, казнены или умерли в тюрьмах или трудовых лагерях[8]. Но мишенями для уничтожения стали и многие представители молодого поколения образованных выдающихся бурят — таких, как писатель Ц. Дон (Цыдендап Дондупович Дондубон) [Базаров 1995: 77]. Чистки среди высшего партийного руководства велись особенно тщательным образом. Была смещена почти вся административная верхушка каждого территориального подразделения республики. В некоторых областях республики, например в Хоринском районе, была арестована треть

---

[8] Подробнее о Цыбене Жамцарано и Бурнацкоме см. главу 1.

всех членов партии. В Улан-Удэ весь Совет народных комиссаров республики (министров республики) был репрессирован. Первый секретарь республики, бурят и старый большевик Михей Николаевич Ербанов, был арестован в 1937 году и умер годом позже[9]. Центральное правительство заменило его небурятом со стороны — партийным функционером Семеном Денисовичем Игнатьевым[10]. Были также репрессированы и другие старые бурятские большевики. Первый руководитель республики, западный бурят Василий Ильич Трубачеев, который с середины 1920-х годов работал в Москве, в 1938 году был расстрелян[11]. Другим повезло больше. Марию Михайловну Сахьянову, которая была предшественницей Ербанова на посту первого секретаря, репрессии никак не коснулись[12]. Но центральные власти ранее перевели ее на административную должность за пределами Бурятии, где она не представляла угрозу и не могла вмешиваться в изменения, происходившие на ее родине. Когда чистки закончились, бо́льшая доля опытного руководства республики и интеллигенции — в основном лояльная к Советскому Союзу — исчезла навсегда.

Кроме уничтожения так называемых националистов и предателей сталинский скачок к социалистической модернизации также потребовал искоренения религиозных лидеров и их организаций. Хотя власти начали преследовать бурятских шаманов еще в 1920-е годы, губительными для них стали разрушительные кампании по коллективизации 1930-х годов. Переселение бурят

---

[9] Михей Николаевич Ербанов был третьим первым секретарем республики с 1928 по 1937 год. См. [Басаев, Ербанова 1989: 210–211].

[10] Семен Денисович Игнатьев был этническим украинцем и проработал в должности первого секретаря в Бурятии до 1943 года. После шести лет в Бурятии власти отправили его первым секретарем в Башкирскую АССР. В Бурятии Игнатьева заменил другой партийный функционер со стороны — этнический русский Александр Васильевич Кудрявцев, проработавший первым секретарем до 1951 года.

[11] Василий Ильич Трубачеев был первым первым секретарем республики. Он проработал в этой должности чуть больше года — с 1923 по 1924 год.

[12] Мария Михайловна Сахьянова проработала первым секретарем республики с 1924 по 1928 год.

в колхозы сократило число шаманских сообществ в сельской местности. Хотя некоторые буряты продолжали практиковать шаманизм весь советский период, разрушение социальных структур и деревенской жизни во время коллективизации ослабили шаманизм в сельских обществах [Humphrey 1998: 402–417; Fridman 2004: 118–119, 148–150]. Выступление против буддизма с его большими дацанами и храмами было намного разрушительнее и очевиднее. Первый дацан закрыли в 1929 году. Правительство решило упразднить оставшиеся во вторую пятилетку — с 1933 по 1937 год. Во многих случаях местные власти и клубы воинствующих молодых атеистов сжигали здания дацанов дотла. Сотрудникам Улан-Удэнского антирелигиозного музея удалось спасти из дацанов немного бесценных религиозных предметов и текстов, но это — капли в море утраченного. Многие художественные и религиозные сокровища были уничтожены, переплавлены на оружие во время войны; что-то сохранилось в музейных витринах и запасниках, но слишком многое было безвозвратно потеряно [Fridman 2004: 131; Poppe 1958: 190–192; Жуковская 1997: 5].

Равно как с самими дацанами, велась борьба с буддистскими ламами — как высшего ранга, так и с самыми рядовыми. В 1931 году Агвану Доржиеву, предводителю буддистского реформистского движения 1920-х годов, было приказано уехать из Бурятии в Ленинград. Он оставался там в ссылке до 1937 года, когда ему разрешили вернуться. Но вскоре он был арестован и умер в тюремном госпитале в январе 1938 года [Buddhism in Buryatia 1998: 61; Forsyth 1992: 334; Humphrey 1971: 90; Poppe 1958: 190–191; Snelling 1993: 238–252]. Рядовым ламам тоже не давали жить спокойно: запугивали и репрессировали. В ходе разрушения дацанов также часто лам арестовывали и отправляли в лагеря, где позже многие из них умирали. Самое суровое единичное наступление на лам произошло 1 ноября 1938 года, когда было арестовано 1 864 ламы. 968 из них был вынесен обвинительный приговор, и с тех пор о них ничего не слышали. К сожалению, об их судьбе неизвестно и сейчас [Базаров, Шагдуров, Курас 1993: 97].

Буддизм в то время уничтожался физически, с особым ожесточением и масштабом. Однако во время Второй мировой войны, когда религиозная политика Сталина смягчилась, власти в ограниченных рамках разрешили и буддизм. Во время войны религиозным лидерам было позволено благословлять войска, поддерживать прихожан и помогать людям справляться с ужасными последствиями вторжения фашистских войск. Правительство считало, что необходимо использовать все ресурсы для обороны страны, и если людям нужна религия, чтобы справиться с невзгодами, то власти готовы пойти на умеренные послабления [Walters 1993: 16–17]. Более терпимая политика военного времени, а также намерение властей использовать религиозные институты после войны за границей для пропагандистских целей привели к открытию в 1946 году двух дацанов. Один из них — Иволгинский, совершенно новый дацан, построенный недалеко от Улан-Удэ, где обосновался недавно назначенный Пандито Хамбо Лама, а другой — Агинский, возрожденный бывший буддийский монастырь в Агинском районе [Жуковская 1997: 5]. Но государство жестко ограничивало деятельность этих дацанов. Число лам, которые могли проживать там, было регламентировано, ламы могли только проводить церемонии и общаться с верующими в дацанах под строгим надзором КГБ[13]. Кроме того, в 1946 году власти создали новый, подконтрольный государству институт — Центральное духовное управление буддистов — для официального надзора над всей буддистской деятельностью в Советском Союзе [Bernstein 2002: 5; Жуковская 1997: 5–6]. Так, хотя после массового истребления в 1930-х годах буддизм и получил право на существование в уменьшенных масштабах, власти стремились сократить его влияние через официальные институты и возросший контроль.

Кроме отсутствующей информации о репрессированных ламах также скудны материалы о гибели кулаков, нойонов, партийных работников, представителей интеллигенции и простых людей. Представленные здесь имеющиеся сведения были получены в Бу-

---

[13] Например, см. отчеты об исповедовавших буддизм людях в поздний советский период в Государственном архиве Республики Бурятия [ГАРБ. Ф. Р-1. Оп. 1. Д. 8984].

рятии местными учеными, которые в начале 1990-х годов получили ограниченный доступ к архивам. По обнаруженным ими данным, в официальных отчетах говорится, что за время кампании по коллективизации было арестовано 2 979 кулаков и 2 208 осуждено. Во время чисток 1937 и 1938 годов были арестованы 6 836 человек. Из них 4 907 были осуждены. Из осужденных 2 483 человека были приговорены к расстрелу и 2 424 человека были отправлены в трудовые лагеря [Базаров, Шагдуров, Курас 1993: 96–97]. Но доступ к большему количеству материалов по этому периоду был ограничен, и многие архивные документы получить невозможно. Проанализировать все действительные потери из-за коллективизации, антирелигиозных кампаний, политических чисток, террора и миграции в Монголию и Китай крайне затруднительно. Из общесоюзной переписи нам известно, что в 1926 году в Советском Союзе проживало примерно 237 000 бурят. В 1939 году это количество сократилось до 225 000 [Нимаев 1993: 45–46]. Эти цифры еще более впечатляют в сравнении с материалами переписи 1897 года, по которым в Российской империи проживало 288 883 бурята [Нимаев 1993: 44]. Кроме того, если мы добавим еще примерно 19 000 бурят, погибших в Великую Отечественную войну, общие потери бурятского народа в Сибири в первой половине XX века окажутся еще значительнее. Население достигло дореволюционного количества только в 1960-х годах[14].

Территориальные изменения, направленные на разделение бурят

Коллективизация, чистки, террор и антирелигиозные кампании проводились по всему СССР независимо от национальности. Но в 1930-х годах и в годы Второй мировой войны Сталин стал сомневаться в лояльности этнических групп, проживавших на советских

---

[14] В Великую Отечественную войну лишились жизни около 10 000 бурят из БМАССР, 6000 — из Усть-Ордынского Бурятского автономного округа и 3000 — из Агинского Бурятского автономного округа. См. [Санжиев 1993: 14; Тармаханов, Дамешек, Санжиева 2003: 142, 155].

границах. Чтобы лучше контролировать эти приграничные национальности или даже наказать их за предполагаемые предательские намерения, Сталин решил разорвать их связи с их родиной и/или с близкими им этническими группами за пределами Советского Союза. Во многих случаях советские власти переселяли приграничные национальности внутри страны. Например, корейское и китайское население вывезли с Дальнего Востока, а чеченцев — с Кавказа. Затем их всех поселили в Средней Азии [Kappler 2001: 380]. Вместо того чтобы вывезти бурят с их традиционной родины, вокруг озера Байкал, власти решили раздробить территорию Бурят-Монгольской АССР. Это было сделано для того, чтобы разделить бурят и тем самым воспрепятствовать каким-либо панмонгольским и антисоветским намерениям.

В 1937 году Москва сократила территорию Бурят-Монгольской АССР на 40 процентов. Аларский, Боханский, Эхирит-Булагатский и Ольхонский районы были переданы Иркутской области. Агинский и Улан-Ононский районы стали частью Читинской области. В Иркутской и Читинской областях было создано два бурятских автономных округа, в которые входили некоторые, но не все из перечисленных выше районов. Это были Усть-Ордынский Бурят-Монгольский национальный округ и Агинский Бурят-Монгольский национальный округ. Эти перемены произошли без одобрения правительства Бурят-Монгольской АССР, несмотря на существование статьи 15 в Конституции Республики Бурятия, в которой говорилось, что территория ее не может быть изменена без ее согласия [Елаев 2000: 217–218, 221–223; Chichlo 1987: 369–371; Палхаева 2000: 28–34]. Но даже если бы члены республиканского правительства и попытались противостоять этим изменениям, возможностей у них для этого не было: одновременно с сокращением территории республики они становились жертвами сталинских чисток. Территориальные изменения имели существенные последствия для бурятского народа и позже, в 1980-е годы, станут объединяющим лозунгом для бурятских националистов, стремившихся их отменить.

Уменьшив Бурят-Монгольскую АССР, создав два меньших автономных округа и оставив некоторых бурят за пределами какой-либо особо обозначенной бурятской территории, советские власти отняли у бурят большую единую родину. В 1923 году советское правительство выделило территорию, в которую вошло около 90 процентов бурят из сельской местности; в 1937 году правительство Сталина положило конец этому единству. После территориальных изменений теперь в уменьшенной Бурят-Монгольской АССР оказалось всего лишь чуть больше 50 процентов бурят Сибири. Это означало, что количество этнических бурят в республике упало до 21,3 процента [Затеев, Хараев 1999: 68]. Остальных бурят поделили две соседних области: 28,5 процента оказалось в Иркутской области и 14,8 процента — в Читинской области [Болхосоева 2002: 94]. Численность бурят оставалась низкой, особенно в связи с переселением советских граждан из западных европейских районов страны.

Создание основ новой культуры

Власти использовали сокращение территории, чистки, борьбу с религией и кампании по коллективизации, чтобы отстранить представителей старой элиты и подготовить почву для создания нового класса образованных, квалифицированных и одаренных граждан, которые осуществили бы планы Сталина по модернизации. В 1930-е годы работники образования и высокопоставленные политики, получив указания из Москвы, обсуждали между собой, как, несмотря на террор и репрессии, достичь стандартизации в образовании, средствах массовой информации и культурных институтах, которые помогли бы в этом процессе. Это было нелегкой задачей, и многие лишились жизни. Но к концу десятилетия были заложены основы для многих новых институтов, образовательных и литературных, а также новые стандарты бурятского языка. Многое из этого останется неизменным на протяжении всего советского периода.

Один из самых значимых культурных процессов, проходивших в Бурятии в 1930-х, был сосредоточен вокруг стандартизации единого бурятского языка и обучения бурятскому и русскому языкам. В первые годы Советского Союза политика коренизации поощряла развитие различных языков Союза, основываясь на идеях Ленина о равенстве всех языков в многонациональном государстве. Поэтому учителя обязаны были учить детей Бурятской Республики на бурятском языке, а русский был тогда вторым обязательным языком. Поскольку бурятский язык относился к монгольским языкам, местное руководство в 1920-х годах выбрало для бурятской письменности вертикальное монгольское письмо [Montgomery 2005: 202–203]. Это письмо в XVIII веке привезли в Восточную Бурятию монгольские буддистские проповедники, и оно уже повсеместно использовалось среди грамотных бурят.

В 1920-е годы в качестве нормативной письменности бурятского языка использовалось монгольское письмо. Когда в 1923 году были учреждены две главные республиканские газеты — русскоязычная «Бурят-Монгольская правда» и бурятоязычная «Буряад-Монголой Унэн», — последняя печаталась на монгольском шрифте[15]. К 1929 году «Буряад-Монголой Унэн» на монгольском шрифте печаталась тиражом 10 000 экземпляров, не намного уступая «Бурят-Монгольской правде», которая в то время печаталась тиражом 14 000 экземпляров [Намжилова 2001: 65, 162]. Кроме того, в республике на бурятском языке монгольским шрифтом печаталось около половины книг и брошюр. Например, в 1926 году местное издательство выпустило 52 произведения на монгольском шрифте на такие темы, как ленинизм, гигиена и животноводство. Также на монгольском шрифте регулярно публиковались периодические издания [Кучмурукова 2002: 30].

Хотя местные власти и использовали для печати монгольское письмо, добиться повсеместного его использования было намного сложнее. Руководство хотело, чтобы учителя умели учить монгольскому письму и пользоваться им, но с этим возникало

---

[15] «Унэн» на бурятском языке также означает «правда». Когда в 1958 году слово «монгольская» исчезла из названия республики, названия газет изменились на «Правду Бурятии» и «Буряад Унэн». Обе газеты останутся главными газетами Бурятии весь советский период.

много проблем. В 1926 году школьные инспекторы жаловались, что многие учителя, преподававшие на бурятском языке в западных районах республики, просто писали по-бурятски кириллицей. Они не знали могольского письма, хотя их учебники и были на нем написаны[16]. Также в 1920-е годы школьные инспекторы были обеспокоены тем, что и ученики, и учителя в классе слишком часто используют и русский, и бурятский[17]. Это также препятствовало развитию монгольского письма. В школах Западной Бурятии продолжали преподавать преимущественно на русском языке, несмотря на правила, требовавшие преподавания на бурятском языке. Даже к 1927 году только 27 бурятских школ в западных районах вели преподавание исключительно на бурятском языке [Тармаханов, Дамешек, Санжиева 2003: 151]. На восточной стороне озера школьные инспекторы жаловались на другую проблему. Бурятских детей очень плохо учили русскому языку. Хотя большинство учителей могли учить на бурятском языке и использовать монгольское письмо, инспекторы выражали озабоченность тем, что они очень поверхностно знают русский, и ученики заканчивают школу с плохим знанием языка[18]. Политика коренизации поощряла обучение на бурятском языке, но русский язык все-таки входил в программу обучения. Местные власти беспокоило то, что не хватает квалифицированных учителей, которые могли бы успешно учить обоим языкам [Битуев 1986: 59].

Не успели предпринять хоть какие-то действия для решения этих многочисленных проблем, как вопрос обучения языку в Бурятии осложнился начавшейся общегосударственной кампанией по переводу ряда письменных систем Советского Союза на латинский алфавит. В 1926 году Всесоюзный тюркологический съезд постановил, что всем тюркоязычным народам Советского Союза следует начать использовать вместо арабского алфавита латинский. Руководство объясняло, что латиница является более «интернациональной» формой письменного общения. Смена

---

[16] [ГАРБ. Ф. Р-60. Оп. 1. Д. 1690. Л. 24–25].
[17] [ГАРБ. Ф. Р-60. Оп. I. Д. 1690. Л. 24–25].
[18] [ГАРБ. Ф. Р-60. Оп. 1. Д. 1690. Л. 24–25].

алфавита также должна была ослабить панисламское самосознание [Fierman 1991: 53, 76]. Той же самой логике последовали и в Бурятии. В 1929 году запланировали перевести бурятский язык на латиницу [Montgomery 2005: 264]. Как и в Центральной Азии, советское правительство видело в таком развитии событий в Бурятии прогрессивный разрыв с прошлым. Это был отход от так называемой феодальной истории бурят и их связей с другими монголами во Внутренней Азии. Использование латиницы преподносилось как движение в сторону интернационализма и отказ от панмонголизма.

Но процесс перехода на латиницу в Бурятии шел медленно. Хотя власти рассчитывали, что он произойдет в школах к 1933 году, местным ученым потребовалось почти восемь лет, чтобы представить нормативную латинизированную систему. Отчасти переход задерживался воцарившимся из-за сталинских чисток и террора общим хаосом. Кроме того, переключение на латиницу требовало выбора одного бурятского диалекта и одной нормативной орфографии, в чем не возникало необходимости при использовании монгольского письма. Задачу поручили местным ученым, и они в конце концов предложили селенгинский диалект, схожий с халкинским диалектом в Монголии. Также они разработали систему орфографии. Новая нормативная латинская бурятская письменность была официально принята в 1937 году [Montgomery 2005: 264].

Несмотря на значительные усилия по латинизации бурятского алфавита, в 1939 году советское руководство неожиданно решило перевести все латинские алфавиты страны на кириллицу. В разгар сталинизма перестали придавать особое значение интернационализму, и власти решили подчеркнуть важность русского языка. Они утверждали, что кириллица облегчит нерусским изучение русского языка и что использование кириллицы сплотит языки Советского Союза [Fierman 1991: 136]. Переход на кириллицу также можно рассматривать как часть политики в отношении приграничных национальностей, в чьей лояльности сомневались только потому, что они жили на краю империи. Решение последовало вскоре после указа о раздроблении Бурят-

Монгольской АССР и сокращении ее территории на 40 процентов. Таким образом, новая языковая политика была также направлена на разделение бурят и ослабление панмонгольских настроений. Поэтому бурятские власти не только отказались от латиницы ради кириллицы, но и решили заменить селенгинский диалект — диалект, ближе всего связанный с халха-монгольским по ту сторону границы, — на менее распространенный хоринский. Некоторые слова, которые казались слишком монгольскими или тибетскими, были также полностью исключены из нового нормативного литературного хори-бурятского языка [Дырхеева 2002: 25; Андреев 1964: 418].

Перемены в бурятском языке — переход с монгольской письменности на латинский, а потом на кириллический алфавит — значительно сдерживали развитие издательской деятельности на бурятском языке. Например, тираж «Буряад-Монголой Унэн», главной газеты на бурятском языке, существенно снизился. В 1929 году тираж газеты на монгольском шрифте составлял 10 000 экземпляров, в 1931 году ее печатали на латинице тиражом

Бурятская наборщица в типографии, Улан-Удэ, 1933

всего 5 169 экземпляров, а в 1935 году тираж упал до жалких 1 350 экземпляров (все еще на латинице) [Дырхеева 2002: 17]. В то же время тираж главной русскоязычной газеты — «Бурят-Монгольской правды» — значительно вырос: с 14 449 экземпляров в 1928 году до 39 642 в 1932 году и до 50 000 в первые послевоенные годы [Намжилова 2001: 162; ГАРБ. Ф. Р-1. Оп. 1. Д. 6013. Л. 1–2]. Хотя приток русскоязычных рабочих из западной части страны помогает объяснить увеличение русскоязычной прессы, также это может указывать на то, что некоторые буряты предпочитали читать русскую газету, а не привыкать к изменениям алфавита в бурятской газете. Глубокие потрясения из-за коллективизации в деревне, борьба с элитой и религиозными лидерами, а также сокращение территории, несомненно, повлияли на падение тиражей. Только после Великой Отечественной войны и завершения перехода бурятской печати на кириллицу бурятская пресса восстановила свои тиражи до уровней, предшествовавших переходу на латиницу. К 1952 году «Буряад-Монголой Унэн» вновь стала выходить тиражом в 10 000 экземпляров, как в 1929 году. Однако за время языковых перемен тираж «Бурят-Монгольской правды» вырос до 50 000 экземпляров[19]. То есть тогда как главная русскоязычная пресса стала издаваться в больших объемах, объемы бурятоязычной или сократились, или остались прежними.

Языковые перемены также были связаны с образовательной политикой. Еще одной причиной перехода в конце 1930-х годов на кириллицу было то, что власти, и в частности Сталин, считали, что в условиях неминуемой угрозы новой мировой войны стране нужен общий язык для вооруженных сил. Руководство полагало, что повсеместное использование кириллицы поможет всем выучить русский. Поэтому не только алфавиты в стране должны были изменены на кириллические, но также было необходимо увеличить часы обучения русскому языку. В 1938 году Москва выпустила постановление об обязательном изучении русского языка и литературы во всех советских школах. В по-

---

[19] [ГАРБ. Ф. Р-1. Оп. 1. Д. 6013. Л. 1–2].

становлении устанавливались нормы введения русского языка во всех нерусских школах. Учащиеся начальной школы должны были начинать учить русский язык как предмет во втором классе, а учащиеся семилетней школы — в третьем [Blitstein 2001: 253–259]. Однако постановление не отменяло поддержку национальных языков. Сталин лично способствовал составлению законопроекта постановления 1938 года об обязательном изучении русского языка и был против предложений, которые серьезно бы сократили изучение национальных языков [Blitstein 2001: 2586 267]. Новый политический курс, наоборот, подчеркивал направленность на практическую реализацию билингвизма.

Постановление практически никак не сказалось на Бурятии, потому что бурятский Наркомат просвещения уже принял похожие требования по поводу преподавания русского языка, и они действовали с начала десятилетия. Бурят-Монгольский наркомат просвещения в 1930 году объявил русский язык языком «политической жизни страны», который «как язык высшей культуры и науки следует вводить со второго года обучения как предмет»[20]. На деле в некоторых районах Бурятии русский изучался больше, чем в других. В Восточной Бурятии, как и предписывалось местными властями, русский язык обычно вводился как предмет во втором классе. Бурятский оставался там основным языком до пятого класса. С пятого класса все предметы велись на русском, а бурятский изучался как предмет[21]. Но в Западной Бурятии, где русский язык имел большее распространение, преподавание в бурятских школах велось и на русском, и на бурятском с начальных классов [Тармаханов, Дамешек, Санжиева 2003: 152]. Таким образом, на практике даже до того, как русский язык стал обязательным стандартом для всего Союза, местные власти в Бурятии уже проводили собственную программу по использованию и бурятского, и русского языков, хотя ее результаты и отличались по разные стороны озера Байкал.

---

[20] [ГАРБ. Ф. Р-60. Оп. 1. Д. 1689. Л. 16].
[21] [ГАРБ. Ф. Р-60. Оп. 1. Д. 1689. Л. 19–20].

Кроме поддержки двуязычия Бурят-Монгольский наркомат просвещения в 1930 году также объяснял, что задача бурятских школ отличается от русских. Кроме обычного атеистического и коммунистического воспитания в бурятских школах больше внимания, чем в русских, необходимо было уделять воспитанию интернационализма — другими словами, тесным и выгодным взаимоотношениям между разными нациями Советского Союза. Следуя этим принципам, в бурятских школах обучали бурятскому языку на кириллице, вводили русский язык со второго класса и придавали особое значение дружбе советских народов. Это было стандартным требованием для всех бурятских школ и, вместе с общей для всего советского образования целью — подвигнуть учащихся отбросить пережитки прошлого, — должно было стать частью движения вперед, к новому, современному, социалистическому образу жизни[22].

Кроме стандартизации образования и бурятского языка в 1930-е годы было также основано новое литературное учреждение. Чтобы руководить, организовывать и указывать пути развития многообещающей новой бурятской литературе, в 1932 году был сформирован Бурят-Монгольский союз писателей. В русле сталинской культурной политики новый союз предписывал бурятским авторам придерживаться нового литературного жанра — социалистического реализма. Этот жанр был шагом в сторону от более сложной литературы 1920-х годов и предлагал читателям простые сюжеты с героическими персонажами, сражающимися за лучшее общество. Предназначенный для массового потребления, крайне шаблонный социалистический реализм предлагал людям примеры для подражания и инструкции по правильному поведению в советском обществе[23]. Эти советские моральные установки не были просто спущены сверху. В их создании активно участвовала советская интеллигенция. Евгений Добренко пишет, что соцреализм был своего рода культурной революцией

---

[22] [ГАРБ. Ф. Р-60. Оп. 1. Д. 1689. Л. 15–16].

[23] Катерина Кларк связывает эти шаблоны с американскими детективными романами или православной традицией иконописи [Кларк 2002: 10, 13].

не только сверху, но и снизу [Добренко 1999: 15]. Шел процесс определения советской нации, и в его рамках интеллигенция и партия работали над созданием и продвижением образцового советского общества в литературе.

Перед отдельными советскими народами стояла дополнительная задача — определить свое национальное самосознание (национальное социалистическое сознание), а не только советское. В Бурятии местные писатели с подачи сверху развивали такие темы, как отказ от традиций прошлого и внедрение новых форм промышленности, сельскохозяйственных методов и убеждений. Например, бурятский автор Солбонэ Туя (Петр Никифорович Дамбинов) писал о строительстве первого здания железнодорожных мастерских в Улан-Удэ. А Хоца Намсараев и Ц. Дон оба писали о пользе коллективизации[24]. Местные власти также открыли в Улан-Удэ профессиональный драматический театр, где ставили бурятские пьесы и пьесы со всего мира. Бурятские писатели представляли свои работы, а также узнавали об общих всесоюзных тенденциях.

Для большинства бурят 1930-е годы были годами сложных испытаний коллективизацией, репрессиями и террором. Но в условиях всего этого хаоса благодаря образовательным и литературным институтам и созданию необходимых стандартов закладывались основы нового бурятского общества. Однако многие местные институты принадлежали не только этническим бурятам. Массовый переезд в республику во время сталинской кампании по форсированной индустриализации в 1930-х годах преимущественно этнических русских привел к тому, что бурятское культурное строительство перестало быть делом исключительно бурят. Многие институты станут многонациональными организациями, хотя в некоторых из них в послевоенные годы и будут преобладать буряты.

---

[24] Солбонэ Туя и Дон Ц. погибли в 1938 году. Хоца Намсараев пережил период репрессий и умер в 1959 году. См. [История бурятской советской литературы 1967: 75–120].

Промышленные иммигранты

Разработчики политики коренизации в 1920-х годах рассчитывали на создание широкой прослойки бурятского рабочего класса, которого почти не существовало, когда Сталин в 1930-х годах проводил ускоренную индустриализацию [Batomunkuev 2003: 7]. Новая промышленная политика Сталина нуждалась в срочном резерве квалифицированных рабочих в Южной Сибири в то время, когда большинство бурят только переезжало в колхозы. Поэтому советским плановикам для скорейшего строительства заводов в Улан-Удэ приходилось набирать рабочих в других частях страны. Часто таких рабочих привлекали более высокие зарплаты, и они приезжали в Бурят-Монгольскую АССР в поисках работы в различных отраслях промышленности: на авиационный завод, ткацкие фабрики, переработку пищевых продуктов, кораблестроение. Только в одном 1932 году в Бурятию приехало 420 инженерно-технических работников и 4 418 рабочих [История Бурятии 1993: 49–50, 60–61]. На паровозоремонтный завод в Улан-Удэ (важный источник занятости даже в постсоветскую эпоху) за 1930-е годы приехало 5000 рабочих из других регионов [Forsyth 1992: 333]. Чтобы поселить новую рабочую силу, был построен целый новый район города — Железнодорожный. В районе были собственные магазины, театры, школы и большой Дом культуры (центр общественной жизни). Первые трамваи, построенные в 1950-х годах, соединили его жителей с центром города [Улан-Удэ 2001: 210].

Во время Великой Отечественной войны промышленный рост и миграция в Бурятию только продолжились, поскольку после нападения Германии летом 1941 года советское руководство перевозило фабрики и беженцев на восток. В Бурятию перевели несколько производств, а многие местные предприятия были переориентированы для военных нужд [Улан-Удэ 2001: 97–100; История 1959: 453, 477; Базаров, Шагдуров, Курас 1993: 65–66]. Около 120 000 человек из населения республики отправилось на войну. Внезапная потеря большой доли работоспособных мужчин, а также потребность как можно скорее наладить военное

Рабочие строят административное здание в Железнодорожном микрорайоне Улан-Удэ в 1950-е годы

производство привели к быстрому росту урбанизации, поскольку в бурятские города, чтобы обеспечить необходимое количество рабочих рук, двинулось сельское население Бурятии и новые переселенцы из западной части СССР. Кроме того, в республику из западных регионов Советского Союза было эвакуировано около 15 000 человек [Базаров, Шагдуров, Курас 1993: 66]. Хотя на войне погибло около 40 000 человек из Бурят-Монгольской АССР, в республике отмечался рост промышленности и городского населения[25]. С 1941 по 1945 год городское население республики увеличилось с 189 900 до 245 100 человек — то есть на 29 процентов. Новые городские жители приезжали как из сельской местности Бурятии, так и с других территорий [Затеев, Хараев 1999: 51]. После войны кто-то из этих людей вернулся домой, но многие предпочли остаться из-за обилия возможностей уст-

---

[25] В Великую Отечественную войну погибло около 10 000 бурят из Бурят-Монгольской АССР и около 9000 — из автономных округов.

роиться на работу. Приток рабочих в Бурятию во время и после войны сократил удельный вес бурятского населения республики. Его доля в 1959 году достигла рекордно низкого показателя в 20 процентов [Мангатаева 1995: 72][26].

Заключение

Сталинизм более, чем все предыдущие государственные политические системы, перевернул бурятское общество и запустил процесс великой трансформации. Для многих действия Сталина обернулись трагедией. Бурятская культурная, политическая и экономическая самостоятельность сильно сократилась. Коллективизация, уменьшение территории республики и репрессии в отношении культурных, политических и религиозных лидеров были ужасающи. Также переселение бурят в колхозы, вместе со стремительным развитием промышленности, которое привело в города республики и русских иммигрантов, и бурят региона, послужило, как никогда раньше, большей культурной и экономической однородности.

В то же самое время эти изменения приносили и благоприятные плоды. Основание стандартизированных образовательных и культурных учреждений и средств массовой информации создавало новую инфраструктуру в обществе, которая позволяла многим найти новые пути развития в новых условиях. Буряты начали использовать систему для личной и групповой пользы. Институциональное развитие также открыло возможности но-

---

[26] Из всех титульных национальностей 16 автономных республик Советского Союза (АССР) в Российской Федеративной Республике более низкое соотношение в своем регионе было только у карелов. В 1959 году карелы представляли 13,1 процента населения своей АССР. Башкиры ненамного превосходили бурят, составляя 22,1 процента. В Грузинской ССР процент абхазов также был невелик. Они представляли 15,1 процента в своей АССР. Однако во всех остальных АССР и союзных республиках титульные национальности представляли более 30 процентов населения своих республик [Simon 1991: 376–387].

вому классу воспитанных в советском духе, русскоговорящих бурят-профессионалов взять судьбу в свои руки. Это были люди, которые возглавили Бурятию в послевоенные десятилетия, под чьим руководство состоялось стремительное повышение уровня образования, профессионализма и социальной мобильности среди бурят.

Наследие сталинизма в Бурятии противоречиво и запутанно. В конце 1980-х — начале 1990-х годов ученые, журналисты и другие специалисты публиковали статьи, преимущественно в местных газетах, обсуждая его последствия. Некоторые исследователи в это время также получили ограниченный доступ к местным архивам, что позволило раскрыть ранее неизвестные страницы истории, такие как восстания, происходившие в процессе коллективизации, и точную численность групп, репрессированных в конце 1930-х годов[27]. Другие анализировали далекоидущие последствия политики Сталина. Например, бурятский ученый Ширап Чимитидоржиев утверждал сначала в газетных статьях, потом в книгах, что раздробление Бурят-Монгольской АССР в 1937 году помешало консолидации бурятской нации и развитию единого бурятского самосознания[28]. Эти дискуссии продолжались и в постсоветскую эпоху, но запрет на доступ к архивным материалам оставил много пробелов в истории сталинизма в Бурятии. Это затрудняет дальнейшее изучение его последствий, которые продолжают сказываться на демографии, культуре, экономике, политике и экологии, и необходимо не только анализировать эти последствия, но и помнить причины.

---

[27] См. например, работы Б. В. Базарова, Ю. П. Шагдурова, Л. В. Кураса, Б. Л. Доржиева и С. Д. Намсараева, опубликованные в начале 1990-х годов.

[28] С доводами Чимитдоржиева, а также с репринтами различных его произведений можно ознакомиться в [Чимитдоржиев 2001; Как исчезла 2004].

Глава 3
Новые буряты

Развитие промышленности в Восточной Сибири, начавшееся в 1930-е годы и продолжившееся до 1980-х годов, привело в Бурят-Монгольскую Автономную Советскую Социалистическую Республику (АССР)[1] переселенцев из европейских районов Советского Союза. Как следствие, представительство бурят в республике сократилось, но из-за появления новых рабочих мест, особенно в послевоенные годы, также появились благоприятные возможности для социальной мобильности. Руководители и республики, и страны стремились к экономическому развитию Бурятии через строительство таких промышленных предприятий, как электромеханический завод, шерстопрядильная фабрика, приборостроительный завод и многие другие [Улан-Удэ 2001: 160, 172–173, 180; Халбаева-Боронова 2005: 88, 99]. В 1970-е годы власти также начали два новых крупных индустриальных проекта с далекоидущими социальными, демографическими и экономическими последствиями. Между 1971 и 1975 годами к югу от Улан-Удэ была построена большая Гусиноозерская электростанция, а в 1974 году в Северной Бурятии приступили к строительству Байкало-Амурской магистрали (БАМа) [Беликов 1980: 18; Халбаева 1999: 54–55, 58; Доржиева 2001: 172]. Оба проекта получили республиканскую и государственную поддержку и сопровождались кампанией по набору кадров, так что в Бурятию продолжали приезжать рабочие со всей страны. Особенно много приезжих привлекло строительство БАМа. Вдоль железной дороги возник-

---

[1] Слово «монгольская» исчезло из названия республики в 1958 году. Это событие освещается в конце этой главы.

ло несколько поселений, что увеличило долю городского населения Северной Бурятии между 1979 и 1989 годами почти в два раза [2].

Важно, что в ходе экономического роста у бурят появилось много вариантов для образования и трудоустройства. Для того чтобы не снижать темпов строительства фабрик и железнодорожных путей, власти построили совершенно новую инфраструктуру. Во второй половине XX века активно развивались образование, средства массовой информации, государственное управление, культурные институты и бытовое обслуживание. В 1970-х годах руководство для одних только работников БАМа рассчитывало построить 14 населенных пунктов, 80 магазинов, 45 кафетериев, 30 клубов и 29 библиотек [Афанасьева 2004: 57, 65–68, 77; Беликов 1980: 18]. Буряты создавали, работали и управляли социально-экономическими нововведениями, и их вовлеченность в процесс позволила многим воспользоваться этими достижениями себе во благо.

Быстро меняющиеся экономическая и демографическая ситуация в Бурятии также повлекла за собой огромные перемены в занятости бурят. Хотя весь советский период в промышленности республики сохранялось преобладание этнических русских на рабочих, руководящих, инженерно-технических должностях, самих бурят становилось все больше в сфере культуры, образования и политики и в средствах массовой информации. Буряты начали составлять пропорциональное большинство во многих профессиях этой сферы, что позволило им существенно влиять на принятие решений в республике, несмотря на статус меньшинства (примерно 20–25 процентов). Послевоенные тенденции также показывают большой скачок в урбанизации бурят, уровне образования и общий рост бурятского населения в 1960–70-х годах. В этой главе на основе статистических данных, преимущественно из Государственных архивов Республики Бурятия, проводится демографический анализ социальной мобильности бурят, начиная с Великой Отечественной войны и заканчивая распадом Советского Союза. Он показывает, как в послевоенные годы

---

[2] Между 1979 и 1989 годами городское население республики благодаря БАМу увеличилось почти вдвое: с 48 700 до 93 700 человек [Афанасьева 2004: 78]. Также см. [Ward 2009].

проходила трансформация, позволившая новому городскому образованному классу бурят занять руководящие позиции и возглавить развитие своего региона.

Послевоенная миграция бурят

Буряты переселялись в Бурятскую республику, особенно в ее столицу — Улан-Удэ, со всей Южной Сибири из-за выгодных условий трудоустройства и получения образования. Улан-Удэ также превратился в крупнейший бурятский культурный, образовательный и политический центр. Переселение бурят имело значительные демографические последствия для бурятских районов и внутри республики, и за ее пределами. Много бурят переехало и в другие города. Если перед Великой Отечественной войной в городах жило менее десяти процентов бурят, то к распаду Советского Союза — уже почти половина. Многие жили в небольших поселках, но большинство перебралось в крупные города — такие как Улан-Удэ. К 1989 году одна треть бурятского населения Бурятии проживала в Улан-Удэ [Болхосоева 2002: 97][3]. Большую часть нового городского бурятского населения составляла молодежь. Например, в 1970 году больше всего среди бурят-горожан было людей в возрасте от 16 до 39 лет. В сельской местности, наоборот, самую большую долю населения составляли дети, а затем — взрослые старшего возраста[4].

Буряты, осевшие в Улан-Удэ и в городах поменьше, приезжали не только из сельской местности республики, но и из бурятских районов за ее пределами. Между Великой Отечественной войной и распадом Советского Союза доля всех советских бурят, проживавших в республике, выросла с 50 до 60 процентов [Болхосоева

---

[3] В 1979 году одна четверть, или 51 116 бурят, жили в Улан-Удэ. См. [ГАРБ. Ф. П-1. Оп. 1. Д. 10462. Л. 22]. В 1959 году в городах жили 175 200 человек, а в 1979 году — 304 300. Общий прирост бурят в Улан-Удэ за эти годы увеличился с 7 до 17 процентов. Также см. [Абзаев, Хандуев 1995: 42].

[4] [ГАРБ. Ф. Р-196. Оп. 1/8. Д. 52. Л. 5–6]. Та же ситуация наблюдалась и в 1959 году. См. [Ламаханов 2006: 184].

2002: 94; Халбаева 1999: 152]. Начиная с Великой Отечественной войны буряты из села стремились найти работу в городах — таких, как Улан-Удэ, — а во время войны появились новые промышленные предприятия, работавшие для нужд фронта. Тысячи бурят отслужили в армии и вернулись с войны с новыми навыками, которые позволили им найти работу в городе [История Бурятии 1990–1992: 66]. То, что во время войны им приходилось общаться с небурятами, облегчило освоение русского языка. Многие бурятские солдаты научились свободно на нем говорить. Знание русского языка открыло перед ними новые возможности при устройстве на работу, а также при поступлении в высшие учебные заведения РСФСР, где преподавание повсеместно велось на русском языке [Дырхеева 2002: 25–26].

Во второй половине XX века буряты переезжали в Бурятскую АССР из районов по обе стороны от озера Байкал, что привело к уменьшению процента бурят, проживавших в тех областях. Между 1959 и 1979 годами бурятское население из Читинской области и Агинского автономного округа (к востоку от озера Байкал) увеличилось, но их доля от общего количества бурят Советского Союза оставалась неизменной — на уровне 16 процентов. Еще больше бурят переезжало в республику с западной стороны от озера Байкал. В ряде деревень Иркутской области и Усть-Ордынского автономного округа население уменьшилось на 60 процентов [Елаев 1994: 132][5]. Между 1959 и 1979 годами в этих районах за пределами республики почти не наблюдалось прироста населения, а доля общего бурятского населения в СССР упала с 28 до 20 процентов[6]. Переселение бурят способствовало

---

[5] Также см. [Fridman 2004: 119].

[6] В 1959 году в Читинской области и Агинском автономном округе было 39 956 бурят, а в 1979 году их стало 56 503. Но, несмотря на численный рост, между 1959 и 1979 годами буряты продолжали составлять в этих регионах 16 процентов от общего количества бурят СССР. В 1959 году в Иркутской области и Усть-Ордынском автономном округе проживало 70 529 бурят, или 27,8 процента от всех бурят СССР. В 1979 году в этих регионах было 71 124 бурята, и они составляли всего 20,1 процента от общего количества бурят, проживавших в СССР. Эта тенденция берет начало еще в 1817 году, когда, по имеющимся данным, на западной стороне от озера Байкал проживало 49 процентов бурят. См. [Болхосоева 2002: 91, 94]. Также о переселении см. [Халбаева 1999: 152].

Жилой дом в Железнодорожном микрорайоне Улан-Удэ, 1950-е годы

увеличению представительства бурят в республике, несмотря на постоянную иммиграцию рабочих из европейских регионов СССР. Между 1959 и 1989 годами доля бурятского населения выросла с 20 до почти 25 процентов[7].

Высокие темпы роста бурятского населения можно также соотнести с другими факторами. Например, у бурят всегда семьи были больше, чем у русских [Затеев, Хараев 1999: 53; Ламаханов 2006: 72–73, 86]. Также у бурят был выше процент браков и ниже процент разводов, что часто отражается в большем количестве детей [Затеев, Хараев 1999: 53]. Кроме того, процент смешанных браков среди бурят был ниже, чем в среднем по Советскому Союзу, и ниже, чем в других советских автономных регионах[8]. Это

---

[7] В 1959 году в республике было 135 798 бурят, в 1979 году их было 209 860, а в 1989 году — 249 500 [Болхосоева 2002: 94; Абзаев, Хандуев 1995: 53; Ламаханов 2006: 71].

[8] Процент смешанных браков в Советском Союзе составлял (в процентах) 13,5 в 1970 году и 14,9 — в 1979. В Бурятии — 8 и 8,9 соответственно. См. [Затеев 1989: 150]. К 1989 году он увеличился до 11,9, но это все еще было ниже среднего значения по Советскому Союзу и ниже, чем в других советских автономных регионах. См. у [Ламаханов 2006: 155] список соотношения смешанных браков в советских автономных регионах в 1989 году, в котором видно, что Республика Бурятия занимает третье место с самым низким процентом, совсем чуть-чуть уступая Чечено-Ингушетии и Туве.

важно, поскольку в СССР дети от смешанных браков сами официально выбирали национальность. В Бурятии незначительное большинство детей от смешанных браков выбирало русскую, а не бурятскую национальность [Ламаханов 2006: 157][9]. Меньшее число смешанных браков могло, таким образом, снизить вероятность того, что ребенок от такого брака выберет себе не бурятскую, а другую национальность в качестве официальной. Низкая доля смешанных семей также важна потому, что в таких семьях рождалось меньше детей, чем в бурятских. В 1970 году в среднем у смешанной городской пары было два ребенка, в бурятских же семьях их обычно было больше [Ламаханов 2006: 151–152, 156]. В поздний советский период урбанизация привела к увеличению доли смешанных браков в республике, но она все еще была меньше, чем в среднем по Союзу, и поэтому существенно не снижала показатели при общем увеличении темпов роста бурятского населения[10].

Многие молодые буряты на протяжении десятилетий приезжали в Улан-Удэ учиться в высших учебных заведениях и часто оставались там жить. Дипломированные буряты находили себе работу в образовательных, культурных и правительственных организациях и средствах массовой информации, количество которых увеличивалось. Многие из этих недавно приехавших специалистов достигали ключевых позиций. Один из самых примечательных среди этих людей — Андрей Урупхеевич Модогоев, возглавлявший республику с 1962 по 1984 год. В 1932 году он приехал из Западной Бурятии в Улан-Удэ, где до того, как заняться политикой, работал учителем [Модогоев 2004: 37]. За время пребывания у власти Модогоев привлек на руководящие посты в республиканском правительстве, бывшем в его подчинении, многих бурят из Западной Бурятии.

---

[9] Также см. [Humphrey 1998: 37–38, 47].

[10] При этом доля смешанных браков среди бурят была намного выше в городах, особенно в Улан-Удэ, чем в сельской местности. Также их доля больше всего увеличилась в последние десятилетия существования Советского Союза, то есть при резком повышении урбанизации. Например, в 1970 году было зарегистрировано 15 097 смешанных браков, а в 1979 году — 19 804. См. [Дырхеева 2002: 43].

Важным результатом переселения стало то, что буряты со всех районов бурятских земель объединились. Говорившие на разных диалектах, происходившие из разных родов и соблюдавшие разные традиции, эти люди стали в Улан-Удэ соседями и коллегами. Многие из них переженились. Поскольку различия между бурятскими диалектами бывают довольно сильны, многие смешанные бурятские пары предпочитали разговаривать на русском. Урбанизация также привела к более тесному общению бурят и русских. С одной стороны, переселение бурят способствовало большей сплоченности бурятского народа, несмотря на территориальные изменения 1937 года. Однако, с другой стороны, оно привело к упадку бурятского языка и сокращению региональной и родовой самобытности.

Буряты-профессионалы

Как говорилось в главе 2, опустошительные репрессии, антирелигиозные кампании и коллективизация 1930-х годов уничтожили бо́льшую часть старой бурятской элиты. На ее месте возник новых класс образованных бурят — горожан и профессионалов, — которые были гораздо более близки к идеалу успешного современного гражданина, каким он виделся правительству. Экономический рост в республике, переселение бурят, стремительная урбанизация и расширение круга образовательных и профессиональных возможностей позволили этим бурятам достичь доминирования в пропорциональном отношении во всех родах деятельности, кроме промышленности, где господствовали этнические русские. До Великой Отечественной войны почти 90 процентов бурят занимались сельским хозяйством — к 1989 году 75 процентов бурят, проживающих в республике, были заняты в видах деятельности, не связанных с сельским хозяйством[11]. Буряты, которые продолжали трудиться в этой сфере, также

---

[11] См. табл. 3.1 в этой главе. Также см. [Humphrey 1998: 33].

начинали преобладать на местах, связанных с управлением сельскохозяйственным производством или требующих специальной профессиональной подготовки.

Сравнение статистики занятости в республике в 1959, 1979 и 1989 годах показывает стремительные изменения в профессиях. Анализ видов деятельности, которыми занимались буряты в эти годы, свидетельствует о продолжающемся увеличении их доли почти во всех профессиях. К сожалению, некоторые профессиональные категории в 1959, 1979 и 1989 годах поменялись. Поэтому не всегда их сравнение выходит точным. Но все равно, сравнивая данные за эти годы, можно получить ценные сведения о занятости, которые говорят о быстром профессиональном росте бурят.

На рис. 3.1 и 3.2 показано, что профессии большого числа бурят попадали под категории культурной, образовательной, пропагандистской, художественной и информационной деятельности и что их количество в этих сферах значительно увеличилось между 1959 и 1979 годами. Исследователи отмечают такое явление во второй половине XX века также среди других титульных национальностей. Например, то же самое происходило среди монгол Внутренней Монголии в Китае, латышей в Латвии и многих других титульных национальностей Средней Азии [Hurelbaatar 1999: 198–199; Jubulis 2001: 48; Simon 1991: 271]. Герхард Симон утверждает, что у жителей Средней Азии это связано с тем, что многие из них смогли прослушать курс дисциплин, связанных, например, с педагогикой, в высших учебных заведениях Центральной Азии на своих родных языках. Преподавание естественно-научных и технических дисциплин велось исключительно на русском языке. Поэтому жители Средней Азии стремились специализироваться в областях, где они могли учиться на родном языке [Simon 1991: 271–272]. Это же могло повлиять и на ситуацию в Латвии и Внутренней Монголии. Но в Бурятии, где во всех высших учебных заведениях преподавание велось только на русском, так быть не могло.

Учитывая тот факт, что в годы, представленные на рис. 3.1 и 3.2, буряты составляли только где-то от 20 до 25 процентов населения, они явно преобладали в процентном соотношении во многих областях. Например, на рисунках показано, что к 1979 году буряты в больших количествах работали библиотекарями, художниками, композиторами и директорами музеев, клубов и театров. Кроме того, в 1959 году буряты составляли около половины «ведущих лекторов и пропагандистов» и 35 процентов от общего числа «работников культуры и образования»[12]. Больше всего заметно преобладание бурят в средствах массовой информации. В 1959 году буряты составляли половину среди писателей, редакторов и журналистов республики, а к 1979 году это количество увеличилось до 60 процентов. Даже в 1951 году 13 из 19 редакторов Бурятского издательства были бурятами[13]. К 1990 году буряты составили почти 40 процентов на руководящих постах республиканских учреждений культуры [Рандалов, Рандалова 2005: 118].

Пропорциональное преобладание бурят на вышеупомянутых должностях можно объяснить рядом факторов. Во-первых, господство русских в промышленности в ранний советский период способствовало продвижению бурят в других профессиях. Во-вторых, местное правительство нуждалось в том, чтобы буряты как представители титульной национальности трудились в сферах, официально представляющих бурятскую культуру. Сюда могло входить все, что угодно: они могли писать картины на тему сельской жизни бурят, или готовить в музее выставку, посвященную бурятской истории, или выпускать газету на бурятском языке. Поскольку многие учреждения в сфере культуры и в средствах массовой информации нуждались в бурятах, пути в эти профессии были открыты. Правительству они были нужны для заполнения этих позиций, и многие буряты воспользовались такой возможностью. В-третьих, буряты могли выбирать эти профессии, так как они позволяли сделать положительный вклад в развитие бурятской культуры. Работа во имя потенциального прогресса бурятской нации могла заключаться в том, чтобы на-

---

[12] [ГАРБ. Ф. Р-196. Оп. 1/8. Д. 8].
[13] [ГАРБ. Ф. Р-1. Оп. 1. Д. 5777. Л. 12].

Рисунок 3.1. Занятость по национальностям (1959 год). Составлено по материалам [ГАРБ. Ф. Р-196. Оп. 1/8. Д. 8]

Рисунок 3.2. Занятость по национальностям (1979 год). Составлено по материалам [ГАРБ. Ф. Р-196. Оп. 1/8. Д. 8]

писать первый бурятский роман или развивать радио на бурятском языке. Или же это могла быть работа ради сохранения достойных, соответствующих советскому духу сторон бурятской традиционной культуры, например публикация национального бурятского эпоса «Гэсэр» или подготока музейного стенда с объектами бурятской культуры. Люди этих профессий вносили свой вклад в совершенствование бурятской культуры в контексте более широкого проекта советской модернизации.

Еще одной причиной приема бурят на работу в культурные учреждения и в средства массовой информации было владение бурятским языком. Хотя употребление бурятского языка в позднем советском периоде сократилось, его знание помогало стать писателем, журналистом и агитатором. Особенно настойчивой была потребность в бурятском языке в первые послевоенные годы, так как многие буряты, особенно в сельской местности, едва знали русский. И буряты, знавшие оба языка, были нужны. Однако в 1960–1970-х годах, когда бурятский язык стал использоваться меньше, знание бурятского стало менее востребовано в сфере культуры и средствах массовой информации. В качестве пятой и последней причины высокого процента занятости бурят в этих профессиях можно указать их престижность. Романисты, журналисты, директора музеев и академики в Советском Союзе были очень уважаемыми людьми. В стране, где зарплаты были приблизительно одинаковы, уважение и даже местная слава ценились высоко. Поэтому многие честолюбивые буряты могли выбирать профессии, гарантировавшие официально признанный успех и авторитет.

Не считая работы в сфере культуры и в средствах массовой информации, быстрее всего росло количество бурят в профессиях, связанных с образованием. Благодаря тому что до войны среди бурят уже сложился интеллектуальный класс научных работников и профессоров, в 1950-х годах буряты уже составляли пропорциональное большинство в сфере высшего образования. Например, в 1959 году 43 процента «преподавательского состава учреждений высшего образования» были представлены бурятами. Их число резко выросло, так что к 1979 году их было уже 60 процентов[14]. 37 процентов научных работников в 1959 и в 1979 годах были бурятами, и многие из них занимались изучением бурятского фольклора, языка, истории и этнографии. Опять-таки, они оказывались в большинстве, несмотря на то что составляли в республике меньшинство. Но бурят — учителей начальной, средней и старшей школы было меньше, особенно в послевоенные годы. В 1959 году в этих профессиях буряты составляли всего 26 процентов. Но с распространением образования, начиная с 1960-х годов, все больше бурят становилось учителями. В 1979 году среди учителей республики уже было 39 процентов бурят, а между 1979 и 1989 годами образование опередило промышленность и заняло второе место среди сфер занятости для бурят после сельского хозяйства (рис. 3.3 и 3.4).

Хотя в послевоенные годы многие буряты переехали в города, немалое число осталось в деревне. Но советская модернизация привнесла квалифицированный труд и в сельскую местность. В колхозах, деревнях и районных центрах построили библиотеки, Дома культуры, школы, клубы, поликлиники и театры, где требовались образованные и квалифицированные работники. Многие эти места заняли буряты. Также процент бурят был велик на руководящих и квалифицированных сельскохозяйственных должностях. На рис. 3.1 и 3.2 показано, что в 1959 году 47 процентов директоров колхозов в республике были бурятами, а в 1979 году — 51 процент. В 1979 году они составляли 70 процентов ветеринаров — на 40 процентов больше, чем в 1959 году, — и 51 процент агрономов. В 1979 году они составляли всего 23 процента директоров совхозов, но к 1989 году это число поднялось до 55 процентов[15]. Кроме того, в 1979 году буряты составляли 55 процентов среди «высшего руководства в совхозах». За этот период также очень сильно увеличился процент бурят-врачей. В 1979 году они составляли 41 процент врачей республики — на 24 процента больше, чем в 1959 году.

---

[14] См. рис. 3.1 и 3.2. Это число продолжало расти и к 1985 году достигло 64 процентов. См. [Базарова 1999: 117].

[15] Статистку за 1989 год см. [ГАРБ. Ф. П-1. Оп. 1. Д. 10462. Л. 17].

Рисунок 3.3. Занятость бурят в 1979 году. На основе данных [ГАРБ. Ф. П-1. Оп. 1. Д. 10462]

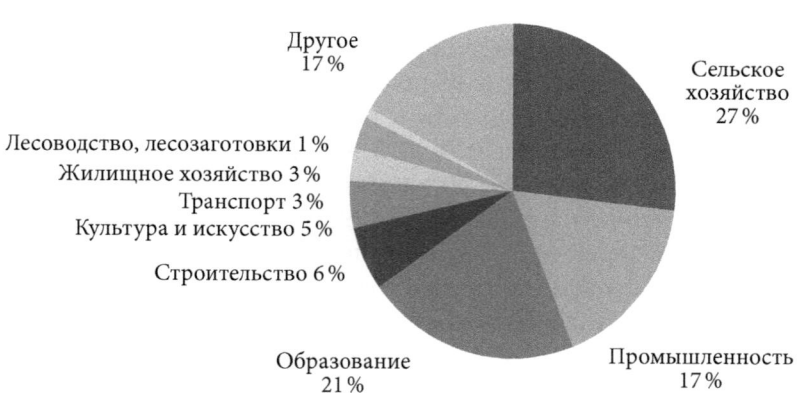

Рисунок 3.4. Занятость бурят в 1989 году. На основе данных [ГАРБ. Ф. П-1. Оп. 1. Д. 10462]

Все вышеприведенные статистические данные свидетельствуют о том, что буряты были высоко представлены на многих профессиональных должностях республики. Но в то же самое время они свидетельствуют о том, что по общей численности почти во всех профессиях преобладали этнические русские, составлявшие около 70 процентов населения республики. Но при сравнении русских и бурят больший процент людей среди бурятского этноса республики занимал профессиональные посты. Например, в 1970 году служащими работал 51 процент бурят Улан-Удэ, тогда как из русского населения города — всего лишь 30 процентов[16]. Даже уже в 1990 году русский рабочий класс республики оставался на уровне 65 процентов, а в категории «служащих и интеллигенции» за русскими был 31 процент. Для бурятского населения — 49 и 42 процента соответственно [Рандалов 1993: 52–53]. Опять-таки, это во многом связано с тем, что этнические русские составляли большинство среди промышленных рабочих. Но к 1989 году в промышленности было также занято 17 процентов бурят республики. Причем эти буряты преимущественно работали на управленческих постах в промышленности, а не рабочими на производстве. В 1979 году их было уже где-то 15–19 процентов, тогда как, например, среди станочников и металлистов — всего 12 процентов, а среди железнодорожных рабочих — всего пять процентов.

Бурятские женщины

Наверное, самый большой сдвиг в занятости в послевоенные годы случился у женщин. Но он не был явно выражен до конца 1960-х — начала 1970-х годов. Статистика 1950-х годов показывает, что в это время бурятские женщины были крайне малочисленны во всех профессиях. И не только в сравнении с бурятами-мужчинами, но также если сравнивать их с русскими по проис-

---

[16] [ГАРБ. Ф. Р-196. Оп. 1/8. Д. 55. Л. 28–34].

хождению женщинами, которые были лучше представлены во многих областях. Особенное низкое представительство бурятских женщин в 1950-х годах было заметно в сельской местности. В 1959 году не было ни одной женщины бурятской национальности среди сельскохозяйственных специалистов, и, в то время как русские женщины составляли более 50 процентов от общего количества русских агрономов и зоотехников, бурятские женщины составляли только четверть в этих профессиях среди бурят. Среди директоров и работников сельских клубов русских женщин было почти столько же, сколько мужчин, но бурятских женщин в этой сфере было наполовину меньше, чем бурятских мужчин. Половину русских юристов в деревне составляли женщины, у бурят — только 12 процентов от общего числа. Если сравнивать с бурятскими мужчинами, в 1959 году бурятские женщины превосходили их только среди сельских и городских учителей и врачей — типично женских профессиях в Советском Союзе[17]. Однако русские женщины преобладали и в этих профессиях, а бурятские женщины отставали от них.

В том, что бурятских женщин в профессиональной деятельности было так мало, не было ничего необычного. Несмотря на законы, обеспечивающие женское равноправие в Советском Союзе, женщины по всей стране, в сравнении с мужчинами, обычно оказывались в меньшинстве во многих профессиях. Также советские женщины составляли большинство среди неквалифицированной сельскохозяйственной рабочей силы — около двух третей в 1960-х годах, — а в промышленности их занятость ограничивалась в основном низкооплачиваемым неквалифицированным трудом [Engel 2004: 235–236; Filtzer 2004: 32–33]. Кэролайн Хамфри, которая в 1960-х годах проводила антропологические полевые исследования в двух бурятских колхозах, отмечала, что мужчины составляли большинство в лучше оплачиваемых сельскохозяйственных профессиях, требовавших квали-

---

[17] Статистика составлена на основе данных из [ГАРБ. Ф. Р-196. Оп. 1/8. Д. 8]. Обсуждение вопроса о занятости женщин в Советском Союзе см. [Ilic 2004: 7–8].

фикации, — таких, как тракторист [Humphrey 1998: 229, 288][18]. Кроме того, советские женщины часто несли двойной груз, работая на работе и занимаясь домашними делами и воспитанием детей. Барбара Элперн Энгел утверждала, что «вся советская экономика держалась на неоплачиваемом и низкооплачиваемом женском труде» [Engel 2004: 235]. Женщины также были крайне низко представлены на руководящих постах, занимая несколько ключевых позиций в политических, культурных или экономических учреждениях. Например, из 340 директоров бурятских колхозов в 1959 году было только три женщины — одна бурятка и две русские[19].

К другим факторам, влиявшим на отставание бурятских женщин в получении бо́льших профессиональных возможностей, можно отнести отношение общества к гендерным ролям, когда мужское образование традиционно считалось предпочтительнее женского. В послевоенные годы большинство бурятских женщин жило в сельской местности, заботясь о больших семьях, что не оставляло им времени и возможности для учебы и профессионального роста. Но многие женщины в сельских семьях этнических русских жили точно так же. Они тоже часто заботились о больших семьях и придерживались традиционных гендерных ролей. Возможно, что идеи женского равноправия распространились среди русского населения — как в Бурятии, так и среди недавних переселенцев из западных частей страны — быстрее, чем среди бурят. Однако в 1950-х годах эти идеи определенно не были новы. На бурятских съездах 1905 года — 40 годами раньше — обсуждалось избирательное право для женщин, хотя обсуждалось только мужчинами [Rupen 1964; Montgomery 2011]. Возможно, на многих русских женщин, переехавших в Бурятию в период 1920–1950-х годов,

---

[18] Хамфри также объясняет, что в колхозах, как правило, женщины занимались квалифицированным трудом в помещениях, т. е., работали секретаршами, служащими и учителями. Но что касается именно сельскохозяйственного труда, мужчин на квалифицированных, особенно технических позициях было больше.

[19] [ГАРБ. Ф. Р-196. Оп. 1/8. Д. 8].

сильнее повлияла советская политика равных возможностей там, откуда они были родом, чем в Бурятии. Это могло дать им возможность получить образование более высокого уровня и больший профессиональный опыт до переезда в Бурятию.

Тем не менее самой главной причиной того, что бурятские женщины в первые десятилетия после Великой Отечественной войны были малочисленны в среде профессионалов, была их низкая грамотность и плохое владение русским языком. До образовательного бума, произошедшего в Бурятии в 1960-х годах, бурятских женщин, свободно говоривших на русском, было меньше, чем мужчин. Кроме того, бурятских женщин, умевших читать, было меньше, чем бурятских мужчин, русских мужчин и русских женщин [Ламаханов 2006: 148]. Еще в 1939 году 42 процента бурятских женщин официально были неграмотны, тогда как неграмотных мужчин-бурят было только 24 процента. Уровень грамотности среди русских женщин был намного выше, чем среди бурятских, что может объяснить бо́льшую социальную мобильность первых [Культурное строительство 1983: 198].

Распространение образования, успехи урбанизации и новые профессиональные возможности — все это начиная с 1960-х годов стало менять сложившуюся ситуацию для бурятских женщин [Халбаева-Боронова 2005: 112; Беликов 1980: 58–59; Афанасьева 2004: 104]. В частности, большое количество бурятских женщин пошло в школы. В 1959 году у 93 бурятских женщин из 1000 был диплом об окончании средней школы или выше. Через 11 лет их количество увеличилось более чем вдвое[20]. Количество бурятских женщин с университетскими дипломами за тот же период увеличилось втрое, и к 1989 году у бурятских женщин было больше дипломов о высшем образовании, чем у мужчин [Буряты в зеркале 1996: 24]. Учитывая то, что в 1980-е годы буряты занимали третье место по уровню образования среди всех национальностей СССР, очевидно, что бурятские женщины

---

[20] В 1970 году у 206 бурятских женщин из 1000 был диплом об окончании средней школы или выше. См. [Jones, Grupp 1992: 252].

в поздний советский период быстро приспособились к новым образовательным и карьерным планам.

Эти изменения в уровнях образования также связаны с тенденциями урбанизации и демографии. Заинтересованным в карьерном росте женщинам для получения высшего образования приходилось переезжать из деревни в город. Уже в 1959 году в городах Бурятской республики жило больше бурятских женщин, чем мужчин, и этот разрыв только увеличился в 1960–1970-х годах[21]. Многие женщины, получив образование, нашли себе работу и остались в городе. У бурятских женщин в городах, вероятно из-за того, что они решали посвятить время образованию и соответствовать профессиональным требованиям, было меньше детей, чем в сельской местности[22]. Также начали сокращаться размеры семьи, потому что женщины стали позже выходить замуж. Количество бурятских женщин, рано выходивших замуж — в возрасте от 16 до 19 лет, — между 1959 и 1970 годами сократилось на 50 процентов[23]. Местные институты в Бурятии также пропагандировали продвижение женщин как в средствах массовой информации, так и на агитационных мероприятиях, создавая больше женских советов и проводя женские съезды для помощи женщинам и стимулирования их социальной мобильности[24]. Например, в 1960 году в Улан-Удэ прошел большой Женский съезд, участники которого хвалили роль женсоветов, изучали вклад женщин в экономическое и культурное строительство республики и вносили практические предложения по повышению их роли в обществе[25]. Все это способствовало тому, чтобы все больше женщин становилось квалифицированными специалистами.

---

[21] [ГАРБ. Ф. Р-196. Оп. 1/8. Д. 52. Л. 3].

[22] Ламаханов показывает, что у большинства этнических групп республики в городах было меньше детей, чем в сельской местности [Ламаханов 2006: 101]. Также на с. 96 и 156 см. данные о рождаемости у бурят в городах и в сельской местности.

[23] В 1959 году 80 бурятских женщин из 1000 рано выходили замуж. К 1970 году это число сократилось до 40. См. [Jones, Grupp 1992: 252].

[24] [ГАРБ. Ф. Р-1. Оп. 1. Д. 6925. Л. 1–65].

[25] [ГАРБ. Ф. Р-1. Оп. 1. Д. 6926. Л. 1 1–65; Первый съезд 1960].

Табл. 3.1
Занятость в 1979 году по полу и национальной принадлежности. Составлено по материалам Федеральной службы государственной статистики Республики Бурятия

Занятость в 1979 году	Всего	Русские мужчины	Русские женщины	Бурятские мужчины	Бурятские женщины
Управление	21,222 (100%)	8,710 (41%)	6,180 (29%)	1,973 (9%)	2,167 (10%)
Наука	9,722 (100%)	4,598 (47%)	3,155 (32%)	756 (8%)	588 (6%)
Образование	37,476 (100%)	3,548 (9%)	20,734 (55%)	2,976 (8%)	8,856 (24%)
Культура и искусство	6,199 (100%)	976 (16%)	2,923 (47%)	484 (8%)	1,570 (25%)
Здравоохранение и социальное обслуживание	20,639 (100%)	2,313 (11%)	12,305 (60%)	949 (5%)	4,155 (20%)

Табл. 3.2
Занятость в 1989 году по полу и национальной принадлежности. Составлено по материалам Федеральной службы государственной статистики Республики Бурятия

Занятость в 1989 году	Всего	Русские мужчины	Русские женщины	Бурятские мужчины	Бурятские женщины
Управление	29,323	11,825 (40%)	7,311 (25%)	3,035 (10%)	2,969 (10%)
Наука	(100%)	4,366 (43%)	2,880 (28%)	1,227 (12%)	1,121 (11%)
Образование	10,250 (100%)	4,540 (9%)	26,684 (53%)	3,802 (7%)	13,100 (26%)
Культура и искусство	50,726 (100%)	1,330 (16%)	3,732 (44%)	827 (10%)	2,148 (25%)
Здравоохранение и социальное обслуживание	8,507 (100%)	2,988 (11%)	14,244 (53%)	1,655 (6%)	6,508 (24%)

В табл. 3.1 и на рис. 3.5 представлены пять основных профессиональных областей, где в 1979 и 1989 годах бурятские женщины были наиболее широко представлены[26]. Также по ним видно, что к этому времени бурятские женщины сравнялись с русскими, массово осваивая эти профессии. За это десятилетие количество бурят — и женщин, и мужчин — значительно выросло в каждой категории. В частности, число женщин в научной сфере удвоилось, а это означало, что женщин, занимавшихся наукой, было почти столько же, сколько мужчин. Хотя в поздний советский период также все большее число мужчин получало профессии, в процентном соотношении большинство из них продолжало заниматься сельским хозяйством. С бурятскими женщинами дело обстояло иначе. В 1989 году в сельском хозяйстве было занято вполовину меньше женщин (19 процентов), чем мужчин (40 процентов). Как уже говорилось, в послевоенные годы бурятских женщин в городах было больше, чем бурятских мужчин, и получивших высшее образование женщин было больше, чем мужчин. Поскольку бурятских женщин было больше в городах, то и на фабриках их количество увеличилось. К 1989 году в промышленности их работало почти столько же, сколько и мужчин[27].

Представленные здесь статистические данные о бурятских женщинах во второй половине XX века свидетельствуют об их крайней восприимчивости к проводимой центральными и местными властями политике, которая создавала условия и позволяла им переезжать в город, получать образование и строить свою профессиональную карьеру. Жизнь Дарижап Жамьяновой, описанная во введении к этой книге, служит образцовым примером того, как в послевоен-

---

[26] Табл. 3.1 и 3.2 составлены по материалам Текущего архива Территориального органа Федеральной службы государственной статистики по Республике Бурятия. Материалы отдела статистики населения. Итоги Всесоюзной переписи населения 1979 года, 32Б и 1989 года, 35Б.

[27] Эти статистические данные взяты из Текущего архива Территориального органа Федеральной службы государственной статистики по Республике Бурятия (см. табл. 3.1 и 3.2). В 1989 году в промышленности было занято 16 процентов всех работающих мужчин в республике и 13 процентов всех работающих женщин.

ные годы расширились возможности для женщин. Ее мать бо́льшую часть своей жизни проработала в деревне, а Жамьянова после войны поступила в университет и занималась научной деятельностью в Улан-Удэ. В дореволюционную и финансово напряженную раннюю советскую эпоху институты не предлагали бурятским женщинам — таким, как мать Жамьяновой, — столько возможностей. Но экономический рост, наряду с распространением культурных и образовательных институтов после Великой Отечественной войны, все изменили. Местные бурятские СМИ прославляли таких, как Жамьянова, современных бурятских женщин-профессионалов. И действительно, многие бурятские женщины следовали ее примеру, оставляя деревню и сельский труд ради получения образования и новых профессий в городах.

В то же самое время, конечно, эта история успеха была далеко не простой. И в Бурятии, и по всему Советскому Союзу не приветствовалось продвижение женщин на руководящие посты на работе или в политике. Кроме того, как показывают демографические данные, их поддерживали в карьере, в тех областях, которые считались в Советском Союзе подходящими для женщин, — в сфере образования и здравоохранения. Ведущие политические посты в Бурятии занимали очень немногие женщины. Между 1928 и 1991 годами на руководящих постах председателя Улан-Удэнского городского совета или первого секретаря не было ни одной женщины [Улан-Удэ 2001: 131][28]. И в конечном итоге современной бурятской женщине, несмотря на карьеру, все еще приходилось заниматься детьми и вести хозяйство. Эти задачи ограничивали карьерный рост в любой профессии.

Политическое руководство

Во время основания в 1923 году Бурят-Монгольской АССР в большевистской партии почти не было этнических бурят. Первые три главы республики: Василий Ильич Трубачеев, Мария

---

[28] Единственной женщиной, занимавшей пост первого секретаря республики, была Мария Михайловна Сахьянова. Она занимала его с 1924 по 1928 год.

Михайловна Сахьянова и Михей Николаевич Ербанов — являлись редкими примерами. В 1920-е годы только 9,5 процента членов Коммунистической партии республики были бурятами. Некоторых из них московские власти отправляли в Монголию в качестве советников нового коммунистического правительства[29]. По этой причине для строительства новой АССР приходилось привлекать и людей со стороны, и представителей дореволюционной бурятской интеллигенции. Но правительство не слишком охотно полагалось на досоветскую бурятскую интеллигенцию, особенно на бывших членов политических институтов — таких, как Бурнацком, — стремившихся к созданию бурятской автономии с минимальным вмешательством центральных властей. Поэтому в 1920-е годы на административных и политических постах в местном правительстве преобладали небуряты. Кроме того, хотя многие представители дореволюционной бурятской элиты и были какое-то время полезными государству, со временем многих из них отстранили, заменив молодыми и, предположительно, более надежными членами партии [История 1959: 193; Humphrey 1990: 292–293].

В табл. 3.3 перечислены имена, национальная принадлежность и срок исполнения обязанностей первых секретарей (высших должностных лиц) Бурятской АССР с 1923 по 1991 год. На рис. 3.5 показано процентное соотношение бурят, занимавших посты первых секретарей республики, первых секретарей различных районов республики (высших должностных лиц каждой территориальной единицы Бурятии) и председателей Улан-Удэнского городского совета (по сути, должность мэра) с 1923 по 1975 год[30].

---

[29] В 1920-е годы в Монголии побывали многие известные представители бурятской интеллигенции, занимая там посты в правительстве или выполняя роль советников [Улан-Удэ 2001: 127; Rupen 1964].

[30] Большинство небурят (см. рис. 3.5) были по национальности русскими. Но на эти должности назначались также украинцы, татары, евреи и представители других национальностей. Информация относительно первых секретарей различных районов республики взята из [ГАРБ. Ф. П-1. Оп. 1. Д. 10897. Л. 3–23], а информация о председателях Улан-Удэнского городского совета — из [Улан-Удэ 2001: 127–131].

А. М. Модогоев, первый секретарь Бурятской АССР в период с 1962 по 1984 годы

Это были самые важные политические должности в республике, и занимавшие их люди обладали властью и влиянием. Например, первые секретари обкома в послевоенный период, Александр Уладаевич Хахалов и Андрей Урупхеевич Модогоев, многое сделали для развития промышленности, культуры и образования республики. В рисунке отражена, хотя и не обозначена явно меняющаяся структура республики. В 1923 году в ней было всего шесть районов — и, соответственно, шесть первых районных секретарей. В 1920–1930-х годах к ним добавилось еще несколько, и к 1944 году было 23 района и 23 первых секретаря районного комитета партии (райкома). В следующие десятилетия их количество опять менялось несколько раз, но несущественно [Историко-культурный атлас 2001: 546–571]. Возможно, в этом нет ничего удивительного, но во многих районах, где посты первых секретарей продолжительное время с 1923 по 1975 год занимали буряты или небуряты, в национальном составе районов преобладали эти же народы. В Кижингинском и Курумканском районах, образованных в 1940 и 1944 годах соответственно, преобладало бурятское население. Первые секретари этих райкомов всегда были бурятами. В районах, где преобладало русское население, например Заиграевском и Кабанском, первыми секретарями все время были русские[31]. Также по всему Советскому Союзу московское центральное правительство часто назначало вторыми секретарями в нерусские регионы Советского Союза, в том числе и в Бурятию, этнических русских. Но первые секретари республик, а также другие местные политические лидеры продолжали оказывать значительное политическое влияние[32].

Табл. 3.3

Первые секретари Бурятской АССР с 1923 по 1991 год

Период	Имя
1923–1924	Василий Ильич Трубачеев (бурят)
1924–1928	Мария Михайловна Сахьянова (бурятка)
1928–1937	Михей Николаевич Ербанов (бурят)
1937–1943	Семен Денисович Игнатьев (украинец)
1943–1951	Александр Васильевич Кудрявцев (русский)
1951–1960	Александр Уладаевич Хахалов (бурят)
1960–1962	Василий Родионович Филиппов (бурят)
1962–1984	Андрей Урупхеевич Модогоев (бурят)
1984–1990	Анатолий Михайлович Беляков (русский)
1990–1991	Леонид Васильевич Потапов (русский)

---

[31] Карту, отражающую общий национальный состав Бурятии по районам см. [Историко-культурный атлас 2001: 460]. Более подробную статистику см. [ГАРБ. Ф.1. Оп. 1. Д. 10462. Л. 1, 22]. Среди районов республики с преобладающим бурятским населением были Кижингинский, Джидинский, Селенгинский, Курумканский, Хоринский, Тункинский, Закаменский, Еравнинский и Окинский.

[32] Анализ роли вторых секретарей в нерусских республиках Советского Союза см. [Miller 1992: 184–209].

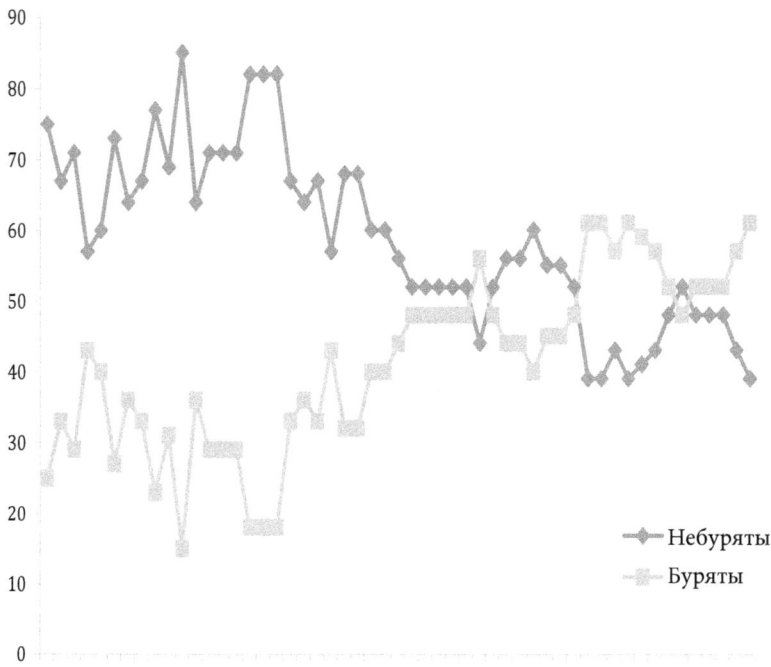

Рисунок 3.5. Первые секретари республики и районов, 1923–1975 годы

На рис. 3.5 показано, как этнические буряты завоевывали ведущие политические посты в республике во второй половине XX века, — полная противоположность ситуации в предвоенные годы. До Великой Отечественной войны буряты на руководящих постах в республике в среднем составляли всего около 30 процентов. При Сталине в 1930-х годах почти все политические лидеры, занимавшие руководящие посты, были убиты. Поэтому в конце 1930-х годов и в разгар репрессий буряты составляли всего около 20 процентов на этих постах. Многие репрессированные бурятские лидеры были заменены небурятами из республики или извне. С началом Великой Отечественной войны, однако, смягчение политического климата позволило бурятам вновь занять ведущие политические посты. После войны и в позднесоветскую эпоху буряты занимали больше половины ведущих политических постов, несмотря на то что они составляли в то время всего лишь чуть больше 20 процентов от общего населения. Между 1945 и 1959 годами буряты в среднем составляли 44 процента на позициях, перечисленных на рис. 3.5. Между 1960 и 1975 годами это соотношение достигло в среднем 54 процентов. Но в отдельные годы в течение этого периода бурятские политические лидеры составляли более 60 процентов. Большое число этнических бурят на важных политических постах после Второй мировой войны означало то, что именно буряты принимали ключевые решения в республике, даже будучи меньшинством. В 1960-х годах буряты составляли всего 28 процентов среди членов Коммунистической партии республики, но значительная их часть достигла высоких постов[33]. Кроме того, представительство бурят на высших руководящих постах в правительстве и партийных органах было крайне высоко. В 1979 году они составляли около 35 процентов на руководящих должностях в администрации, партии, комсомоле и профсоюзе[34]. Эта доля к 1989 году увеличилась до 42 процентов[35]. Также в 1989 году буряты составляли 41 процент в Президиуме Верховного Совета республики (большом представительном органе республики) и 63 процента в Совете министров республики[36]. Процентное соотношение бурят, работавших в районных администрациях, часто также было велико[37].

---

[33] Между 1945 и 1960 годами буряты составляли около 27 процентов от общего числа членов партии республики. Это количество выросло до 28 процентов между 1960 и 1975 годами. См. [ГАРБ. Ф. П-1. Оп. 1. Д. 7021. Л. 1; ГАРБ. Ф. П-1. Оп. 1. Д. 7886. Л. 2; ГАРБ. Ф. П-1. Оп. 1. Д. 6940. Л. 1].

[34] [ГАРБ. Ф. Р-196. Оп. 1/8. Д. 8].

[35] [ГАРБ. Ф. П-1. Оп. 1. Д. 10462. Л. 20].

[36] [ГАРБ. Ф. П-1. Оп. 1. Л. 10462. Л. 12–13].

[37] Например, в 1959 году 40 процентов партийных руководителей в Улан-Удэ были бурятами. См. [ГАРБ. Ф. П-1. Оп. 1. Д. 7086. Л. 68–79]. В 1962 году 73 процентов местного партийного руководства в Селенгинском районе были бурятами, и по 53 процентов — в Тункинском и Джидинском районах. См. [ГАРБ. Ф. П-1. Оп. 1. Д. 7086. Л. 117–119, 128].

То, что бурят было так много среди политического руководства, объяснялось различными причинами. Политика коренизации, начавшаяся в 1920-х годах, запустила в действие программу продвижения меньшинств и привела к тому, что большее число бурят заняло руководящие посты. Хотя эта политика и осуществлялась в 1920-е годы крайне медленно и в конце 1930-х годов ей был отчасти дан задний ход, в следующие десятилетия она все-таки продолжалась, поскольку считалось, что некоторые важные позиции необходимо сохранить для титульной национальности. Непотизм и фаворитизм также играли не последнюю роль. Они везде являются частью политики, но в Советском Союзе были особенно актуальны, поскольку распределение должностей было единственным способом вознаградить людей и завоевать их доверие — деньги и другие материальные стимулы не были так уж важны, учитывая советскую экономическую систему. Также играли роль миграция, урбанизация, повышение уровня образования и профессиональной квалификации бурят. Увеличение числа образованных бурят-профессионалов в городах вело к увеличению числа квалифицированных кандидатов на важные политические посты — посты, позволявшие этническим бурятам оказывать влияние на управление республикой в последние десятилетия советской власти.

Заключение

В 1958 году определение «монгольская» исчезло из названий бурятских территорий. Бурят-Монгольская АССР стала просто Бурятской АССР[38]. Изменение коснулось бурятских автономных округов, а также всех титульных институтов, таких как местные газеты и издательства. Официальной причиной послужило то, что старое название вводило в заблуждение и не соответствова-

---

[38] В 1958 году названия округов были изменены на Агинский Бурятский национальный округ и Усть-Ордынский Бурятский национальный округ. В 1977 году названия изменили на Агинский Бурятский автономный округ и Усть-Ордынский Бурятский автономный округ.

ло в полной мере национальному составу республики — здесь жили буряты, а не монголы. Однако буряты — это монголы, и поэтому изменение породило много вопросов. В частности, почему это произошло в 1958 году и каковы были неофициальные причины для переименования? Кто-то считает, что название изменили после беседы первого секретаря Бурятии в то время, Модогоева, с Хрущевым, который, как считается, спросил: «Почему ваша республика называется Бурят-Монголией, разве там живут монголы?» Когда Модогоев ответил «нет», Хрущев предложил изменить название [Елаев 2000: 246]. С этим же связано предположение, что Хрущев опасался, что из-за слова «монгольский» в названии республики китайцы могут объявить Бурятию частью Китая, аналогично тому как Тайваньское правительство объявило частью Китая территорию Внутренней Монголии [Елаев 2000: 247]. В качестве еще одного варианта фигурировало то, что название поменялось в 1958 году, когда Советский Союз поддерживал вхождение Монголии в состав Организации Объединенных Наций — против чего возражал Китай[39]. По некоторым свидетельствам, изменение связано с отношением современной бурятской науки к отличительным чертам бурятской нации среди монгольского народа. В целом представляется, что смена названия, по крайней мере отчасти, была продолжением советской антипанмонгольской пропаганды, начавшейся в 1930-е годы [Чимитдоржиев 2001: 39–42].

Что бы ни послужило причиной, показательно именно время. Изменение названия в 1958 году было одним из последствий многолетней официальной полемики о том, насколько отличались пути развития бурят при царях и при Советах от монголов в Монголии. Буряты, выросшие в послевоенные годы, имели дело с совершенно другой Бурятией, чем их якобы «отсталые» предки, чья жизнь, как полагали власти, больше походила на жизнь их соседей — халха-монголов с юга Монголии. Благодаря советским институтам, ускорившим урбанизацию, распространение образования и увеличение разнообразия форм занятости

---

[39] Монголия стала членом ООН в 1961 году [Khalbaeva-Boronova 2007].

в республике, многие ее жители стали частью новой бурятской элиты, которая ни в коей мере не являлась «отсталой». Напротив, буряты стали современными советскими гражданами, широко представленными на многих профессиональных и политических постах. Они преобладали в средствах массовой информации, образовании и культуре, несмотря на статус меньшинства в республике. Они сформировались в ходе советской политики модернизации и в то же время влияли на то, как проводилась эта политика. Во второй половине XX века все больше бурят занимало посты, на которых принимались решения или оказывалось влияние на быстрые изменения, происходившие в их республике. И в большинстве случаев они оказывали предпочтение решениям, приносившим практические выгоды для их продвижения в советском обществе. Это происходило так быстро и эффективно, что власти могли хвастаться тем, что Бурятия находится на передовых позициях советской модернизации. Ее прогресс был «образцовым», и другие азиатские национальности под предводительством советской власти могли и должны были ему следовать. В действительности пример Бурятии как образцовой модели советской цивилизации не был чисто риторическим. К концу 1950-х годов по советским стандартам буряты стали современнее, западнее и интернациональнее. В глазах властей они стали менее «отсталыми» и тем самым стали в меньшей мере монголами.

Глава 4
Образование для изменений

Хорошее образование было решающим фактором социальной мобильности в Советском Союзе. Местное руководство, работники образования и родители вносили свой вклад в развитие системы образования Бурятии, поощряющей профессиональный рост. Их усилия демонстрируют, какое участие буряты принимали в основных процессах советской модернизации. Но развитие системы образования не избежало и противоречий. Самый явный пример этого — непоследовательная политика в преподавании бурятского языка. В 1930-х годах во многих национальных бурятских школах велось обучение на бурятском языке до четвертого класса, а русский язык изучался как один из предметов. Сразу после войны обучение на бурятском языке продлили до пятого класса. Но когда родители стали предпочитать школы с преподаванием на русском, а не бурятском языке, в 1970-х годах власти полностью отменили обучение на бурятском языке, утверждая, что для успешного образования и карьеры необходимо больше часов русского языка. Потом, в 1980-х годах, возрождение бурятского языка стало злободневной темой для обсуждения среди политиков, интеллигенции и работников образования. Хотя формально всегда поддерживался билингвизм, бурятскому языку придавалось крайне небольшое значение, а многие его вообще не брали в расчет. Серьезные попытки преодолеть эту ситуацию в конце 1980-х годов и после распада СССР встретились с определенными сложностями.

В советское время в образовательных учреждениях учили не только конкретным дисциплинам, но и идеологии. Образование было инструментом промышленного, технологического и политического прогресса в стране. Е. Томас Юинг, изучавший учителей, работавших в 1930-х годах, заявил, что советской образовательной политике надлежало «способствовать экономическому, общественному и политическому развитию Советского Союза, а также формировать нового человека — послушную, нерассуждающую рабочую единицу» [Юинг 2011: 154]. Как следствие, образование помогало государству, создавая нужных ему граждан, которые смогли бы осуществить его экономические и политические цели[1]. Образование было также способом воспитания социального единства и культурной однородности. В 1981 году советская исследовательница Леокадия Дробижева писала, что образование в Советском Союзе «преследует цель воспитания у людей чувства интернационализма» и что «общий рост образования создает основу для схожести восприятий, склонностей к одинаковым реакциям на события и явления, наконец, общности в образе жизни, а значит, и для взаимопонимания при межнациональном общении» [Дробижева 1981: 172–173]. Об объединяющей роли образования, котрое способствовало сплавлению различных наций в один советский народ, также упоминали политики [Kaiser 1994: 225]. Повышение уровня образования указывалось и в качестве решающего фактора для увеличения межнациональных браков, официального показателя сплоченности советских народов [Дробижева 1981: 173–174].

Правительство также считало, что образование обеспечивает политическую социализацию и поддерживает власть. В 1983 году Ц. Шоноев, бурят из местной администрации Еравнинского района, описывал, как образование выполняет эту роль. Он говорил, что «школа — учреждение идеологическое. Она закладывает у юношей и девушек основы марксистско-ленинского мировоззрения, воспитывает у них активную жизненную позицию, трудолюбие, непримиримость к буржуазной идеологии и морали, готовность защитить социалистическое отечество»[2]. Для того чтобы упростить достижение этих образовательных целей, педа-

---

[1] Эти цели походили (в разной степени) на цели педагогов и в других странах. См., например, [Feinberg, Soltis 2004: 24–28].

[2] [ГАРБ. Ф. Р-60. Оп. 1. Д. 2410. Л. 16].

гоги и административные работники в Бурятии тщательно взвешивали решения по поводу учебников, образовательных материалов, учебных планов и общей школьной политики. Большинство решений принималось в Москве, но местное политическое руководство тоже играло важную роль. Стандартизация образования в Бурятии привела к большей социальной и культурной интеграции с остальной страной. У школ, где преподавание велось на бурятском языке, и у школ, где оно велось на русском, были одинаковые учебные планы, схожие с учебными планами по всей стране. Учебные планы стали еще более стандартизированными, когда в начале 1970-х годов отменили обучение на бурятском языке. Кроме того, система советского образования в Бурятии выпускала высокообразованных бурят, обученных различным профессиям, полезным для современного индустриального советского общества. Советское образование в Бурятии также давало многим бурятам ощущение сопричастности и преданности Советскому Союзу. Учебные материалы, делавшие упор на советском патриотизме, дружбе народов и роли бурят в советской истории, сыграли свою роль. Многие из бурят, добившихся личного успеха благодаря своему советскому образованию, действительно могли чувствовать большую преданность и патриотизм.

Советское образование являлось средством социального продвижения, и многие граждане и в Бурятии, и за ее пределами положительно рассматривали это средство. Ларри Е. Холмс, бравший интервью у бывших школьников, учившихся в 1930-е годы в московской школе № 25, говорил, что образование дало этому поколению «радость жизни и вызывающий оптимизм» и «глубокое чувство личной ответственности» [Holmes 1999: 152]. Алекс Инкелс и Рэймонд А. Бауэр, изучавшие в начале 1950-х годов послевоенных беженцев из Советского Союза, обнаружили, что объекты их исследования больше других аспектов советского общества ценили советское образование [Inkeles, Bauer 1959: 132]. Многим из них советское образование дало новую жизнь, больше жизненных благ и дорогу в новый класс профессионалов. Это было верно и для жителей Бурятии. Многие буряты мечтали о выгодах, которые могло дать им образование. Их коэффициент среди учащихся школ и высших учебных заведений резко вырос в послевоенные годы, поскольку получение образования становилось идеалом для всё большего числа бурятских семей, пришедших к мысли, что оно необходимо их детям для успеха.

Ценность образования в бурятском обществе очевидна по демографической статистике, представленной в главе 3, которая показывает резкое повышение уровней образованности и профессионализма в десятилетия после Великой Отечественной войны. Также это проявляется во внимании, которое уделялось ему в общественной жизни. Местное население внимательно следило за новациями в образовании и влияло на выбор учебников, учебных планов, деятельность районных отделов народного образования, тематику лекций и прочее. Они участвовали в управлении, проведении и изменении образовательной политики в Бурятии. Учителя и родители считались образцами для подражания, и о самых достойных из них рассказывали местные средства массовой информации. Эти факторы сказались на том, что буряты с большим энтузиазмом откликались на возможности, предоставляемые образованием. Как упоминалось в предыдущих главах, к 1980-м годам буряты были одной из самых образованных этнических групп Советского Союза. Их представительство в пропорциональном отношении почти во всех профессиях и на руководящих должностях было крайне высоко. Образование играло решающую роль в этом процессе и способствовало тому, что Бурятская АССР превратилась из преимущественно аграрной территории в регион с различными отраслями промышленности, высшими учебными заведениями и городскими пространствами.

Создание системы советского образования в Восточной Сибири

Процесс коллективизации, смена алфавита и Вторая мировая война серьезно задержали развитие образования в Бурятии[3]. Поэтому только после войны возобновилось внимание к обра-

---

[3] Подробнее об этом см. главу 2.

Бурятский сельскохозяйственный институт, 1972. Институт был основан в 1931 году

зованию и появились необходимые ресурсы для его повсеместного распространения. Бурятам повезло: они могли выделить больше местных ресурсов для образования в послевоенные годы, чем многие другие республики. Например, Бурятия не была так сильно опустошена во время Великой Отечественной войны, как западная часть Советского Союза. Также не было массовых депортаций бурят при Сталине, в отличие от чеченцев и калмыков — национальностей с намного более низким уровнем образования в конце советского периода[4]. В середине 1950-х годов, когда буряты развивали в своем регионе образование, депортированные народы только начинали возвращаться в родные места.

В конце 1940-х — начале 1950-х годов правительство проводило массовые мероприятия по борьбе с безграмотностью, коснувшиеся и бурятской деревни. По всей республике организовывались «школы ликвидации безграмотности» — в одном только Бичурском районе их было 33[5]. Власти республики вели подроб-

---

[4] Разнообразную статистику, составленную на основе советских переписей населения, по уровням образования среди различных национальностей см. [Kaiser 1994].

[5] [ГАРБ. Ф. Р-60. Оп. 1. Д. 425. Л. 25].

ный учет количества неграмотных в каждом районе и требовали от них посещения уроков по обучению чтению[6]. К 1959 году бурятское правительство объявило, что более 95 процентов населения республики грамотно [Бурятская АССР 1967: 79][7]. Правительство также работало над тем, чтобы построить больше школ и увеличить количество учащихся. Между 1941 и 1960 годами количество учащихся высших учебных заведений выросло в шесть раз, а количество студентов Бурятского государственного педагогического института более чем удвоилось [Бальхаева 2001: 54; Калмыков, Санжиева 2002: 8]. Также много внимания уделялось образованию работающих взрослых. Создавались условия для того, чтобы они могли посещать школы, уроки и получать высшее образование[8]. Только в одном 1952 году было открыто 15 школ для молодых заводских рабочих и 25 — для молодых работников сельского хозяйства[9].

Но настоящий образовательный бум пришелся на 1960–1970-е годы. В эти десятилетия количество жителей республики, учившихся в школах, техникумах и высших учебных заведениях, выросло на 40 процентов [Халбаева 1999: 83]. Обширные программы вечернего обучения помогли сократить на 50 процентов количество молодежи без среднего образования [Беликов 1980: 33–38]. Также основывались новые высшие учебные заведения. В Улан-Удэ в 1960 году был основан Восточно-Сибирский институт культуры, а в 1962 году открыт Восточно-Сибирский технологический институт[10]. Число учащихся в вузах с начала 1960-х годов к 1970 году выросло в четыре раза [Егодурова 2002: 158]. Помимо этого, открылось много новых вузов со специализиро-

---

[6] [ГАРБ. Ф. Р-60. Оп. 1. Д. 425. Л. 2–118].

[7] Из пяти процентов безграмотных более 80 процентов (бурят или русских) было представлено людьмии старше 50 лет. Больше статистики по безграмотности см. [ГАРБ. Ф. Р-196. Оп. 1/8. Д. 10. Л. 1–4].

[8] [ГАРБ. Ф. Р-60. Оп. 1. Д. 414. Л. 1–11].

[9] [ГАРБ. Ф. Р-60. Оп. 1. Д. 423. Л. 3].

[10] Ныне Восточно-Сибирский государственный институт культуры и Восточно-Сибирский государственный университет технологий.

ванными программами обучения медицине, педагогике, искусствам и различным производственным и техническим профессиям [Боронова 1998: 214]. В 1970-е годы также продвигалось распространение среднего школьного образования в сельской местности. Ранее учащиеся в сельской местности заканчивали только восемь классов [Бочеев 2002: 79–80]. Новые школы дали им возможность получить полное среднее образование на местах.

В сравнении с этническими русскими в республике намного большее количество бурят получало высшее образование. В 1959 году 21 бурят из 1000 получал высшее образование, а в 1979 году — 54. Для русского населения республики цифры были соответственно 15 и 27[11]. Среди бурят-горожан процент образованных был еще выше. Например, среди городских жителей в 1989 году 149 бурят из 1000 имели высшее образование в сравнении со всего 57 русскими [Затеев, Хараев 1999: 78]. Такие высокие и стойкие позиции бурят в образовании привели к тому, что к 1980 году, по данным переписи населения, среди учащихся высших учебных заведений Советского Союза бурят было пропорционально больше, чем представителей других национальных групп страны [Simon 1991: 269]. Это привело к тому, что из закончивших среднюю школу бурят крайне малое число оставалось работать в сельском хозяйстве — эта тенденция особенно явно прослеживается на примере бурятских женщин, о чем говорилось в главе 3. В 1983 году всего 22 процента выпускников средней школы в Бурятии продолжили работать в сельском хозяйстве, тогда как в соседней Якутии, например, таких было в два раза больше[12].

Стойкость позиций бурят в образовании отчасти связана с преобладанием этнических русских на заводах республики. Высокая представленность русских в промышленности, берущая начало в 1930-х годах и длившаяся весь советский период, ослож-

---

[11] [ГАРБ. Ф. Р-196. Оп. 1/8. Д. 52. Л. 17].
[12] [ГАРБ. Ф. Р-60. Оп. 1. Д. 2444. Л. 5–7].

няла бурятам процесс освоения этих рабочих мест. Вместо этого буряты выбирали карьерный путь в развивающей сфере служащих, где часто требовалось высшее образование. Большое число русских в промышленности также можно отнести на счет их невысокого уровня образования. Хотя в большинстве нерусских регионов Советского Союза были квоты для представителей титульных национальностей, которые получали больший процент при поступлении в вузы, широкий спектр уровней образования среди советских национальностей показывает, что квоты не всегда были эффективны. Буряты стремительно преуспевали в образовании, а вот титульные национальности других регионов — не всегда[13]. Поэтому одними только квотами нельзя объяснить низкий уровень образования у русских.

Многие русские, переехавшие в Бурятию работать в промышленности, стали частью промышленной культуры. Они жили в самодостаточных небурятских городских районах, рядом с заводами, на которых работали, примером чего может служить большой Железнодорожный район в Улан-Удэ, построенный около железнодорожных мастерских. Этнических русских училось в техникумах намного больше, чем бурят, также они чаще были заняты в профессиях, требовавших среднего технического образования. Многие русские в Бурятии предпочитали карьеру фабричных рабочих или руководителей производства и не были заинтересованы в высшем образовании. Это явление имело место быть также и в других частях СССР с большим количеством промышленных иммигрантов. Например, в 1960-х годах большинство инженеров и технических специалистов в Средней Азии были не местными, а в Латвии даже уже в 1989 году большинство промышленных рабочих было этническими русскими [Jubulis 2001: 48; Simon 1991: 271]. Несмотря на различия между русскими и бурятами, Бурятия в поздний советский период переживала всплеск возможностей для получения образования, и многие — и буряты, и русские — воспользовались ими.

---

[13] Список показателей по уровням образования разных национальностей Советского Союза в 1959 и 1979 годах см. [Kaiser 1994: 229–230].

Национальные бурятские школы

Школы, называвшиеся в Советском Союзе национальными школами, предназначались для обучения нерусских народностей на их родных языках. Также в этих школах как особые предметы преподавались родные языки и литература на них. Однако степень преподавания на нерусских языках сильно отличалась в разных регионах и колебалась в разные периоды советской власти. История, численность и доля социальной мобильности для каждого нерусского народа по-своему сказывалась на обучении на родном языке в школах каждого из регионов. Также по-разному велось обучение и у титульных народов союзных республик (ССР), в автономных республиках (АССР) и других территориальных объединениях[14]. Например, в советских социалистических республиках предлагалось обучение на родном языке не только в школах, но и в вузах. В АССР обучение на родном языке ограничивалось лишь начальными классами школы, а в высших учебных заведениях преподавание велось исключительно на русском [Anderson, Silver 1992: 361, 369]. Центральные власти в постсталинские годы продвигали русский язык, и во многих АССР правительства отреагировали на это, резко сократив образование на родном языке. ССР обычно так не поступали. Таким образом, языки ССР стали, как пишет политолог Джонатан Пул, «предпочитаемыми языками» Советского Союза [Pool 1978: 240].

В Бурятии требования к бурятскому языку в школах сильно менялись на протяжении всей советской эпохи. Бурятские педагоги постоянно обсуждали то, в каких объемах преподавать бурятский язык детям республики. Переходы на разные алфавиты в 1930-х годах усложнили и замедлили возможности республики распространить образование на бурятском языке и повышение грамотности до Великой Отечественной войны. На протяжении 1930-х годов обучение на бурятском языке велось до четвертого

---

[14] Большинство АССР и более мелких территориальных единиц находились преимущественно в Российской Федерации.

класса включительно. После этого бурятский язык преподавался только как предмет, а языком обучения становился русский[15]. Однако в 1948 году местные власти и педагоги решили продлить преподавание на бурятском языке до седьмого класса [Республика моя Бурятия 1998: 64–65]. Они утверждали, что учащиеся лучше усваивают предметы на родном языке, и тем самым улучшается их общая успеваемость. Хотя реализация реформы заняла несколько лет, в школах, где она прошла, в 1950 году успеваемость выпускников оказалась выше, чем в предыдущие годы. В 1952 году в отчете местного партийного комитета провозглашалось, что средний балл школьников в пятом классе увеличился с 62,6 до 70,8 процента, а седьмого класса — с 63 до 73,9 процента [Республика моя Бурятия 1998: 64–65]. Некоторые учителя были уверены, что переход с русского на бурятский действительно помог этим ученикам, позволив глубже освоить школьные предметы [Дугарова 2005: 51–53].

В ходе образовательной реформы на бурятский язык были переведены и изданы учебники по всем предметам, хотя не всегда удачно по некоторым дисциплинам. В частности, не хватало учебников по математике и естественным наукам, и переведены они часто бывали очень плохо. Поэтому многие учителя продолжали преподавать эти предметы на русском языке. Однако учебников по другим предметам было более чем достаточно [Андреев 1964: 522–525; Дугарова 2005: 55]. Например, в 1951 году для учащихся средней школы на бурятском языке было напечатано 1700 экземпляров учебников по советской Конституции, 2000 учебников по географии и 2000 учебников по истории[16]. Для того времени это было большое количество учебников, учитывая

---

[15] В Восточной Бурятии бурятский язык был первым языком, на котором велось преподавание в большинстве национальных школ до четвертого класса, а русский вводился как предмет со второго класса. С пятого класса все предметы велись на русском, а бурятский язык преподавался как предмет. См. [ГАРБ. Ф-60. Оп. 1. Д. 1689. Л. 19–20]. В Западной Бурятии, где русский язык был более распространен, в начальных классах преподавали и на русском, и на бурятском языках. См. [Тармаханов, Дамешек, Санжиева 2003: 152].

[16] [ГАРБ. Ф. П-1. Оп. 1. Д. 5777. Л. 44].

то, что в 1950 году сокращения бюджета были постоянной проблемой и с пятого по седьмой класс училось всего 4076 бурятских детей [Республика моя Бурятия 1998: 64–65]. Также для учителей печатались педагогические материалы, помогающие им готовить учебные планы и проводить выпускные экзамены для учащихся средних школ с преподаванием на бурятском языке[17].

Несмотря на то что в отчетах писали о повышении балла выпускников, не все педагоги, родители и государственные чиновники были убеждены в успехе реформы. В частности, некоторые беспокоились, что, хотя балл выпускников средней школы и повышается, реформа ставит под угрозу будущие успехи бурятских студентов в высших учебных заведениях страны. Первый секретарь обкома республики в то время, бурят по национальности — Александр Уладаевич Хахалов критиковал реформу. В 1952 году он утверждал, что бурятский язык все еще находится на стадии формирования, в нем слишком много диалектов, слишком много вопросов грамматики ждут своего решения, к тому же слишком мало учителей знают литературный бурятский язык. Его огорчало, что многие учителя средней школы с трудом понимают учебники на бурятском языке. Они недостаточно хорошо знают литературный бурятский язык и часто сначала обращаются к русскому учебнику, перед тем как вести урок по учебнику на бурятском. Хахалов продолжал сокрушаться, что в некоторых школах учителя пользуются русскими учебниками в классе, а потом хотят, чтобы ученики обсуждали материал на своем особом диалекте бурятского языка. Во многих школах, по словам учителей, ученики ведут конспекты на русском языке. Хахалов жаловался, что такое смешение языков запутывает учащихся и мешает их образовательному прогрессу. Кроме того, он считал, что бурятское население плохо знает русский язык, и поэтому буряты мало представлены в программах высшего образования и профессиональной подготовки[18]. Вместе с Хахаловым недовольство реформой выразили и некоторые учителя.

---

[17] [ГАРБ. Ф. П-1. Оп. 1. Д. 5777. Л. 153].
[18] [ГАРБ. Ф. П-1. Оп. 1. Д. 5923. Л. 10–15].

В частности, учителя математики и естественных наук считали, что преподавать эти предметы на бурятском языке затруднительно [Дугарова 2005: 52]. Хахалов хотел изменить к лучшему преподавание и бурятского, и русского языков. Чтобы устранить некоторые проблемы, связанные с бурятским языком, Хахалов предлагал обучать ему больше учителей. Но, кажется, это предложение на практике не воплотилось, потому что в 1950-х годах в бурятских школах не хватало учителей для преподавания предметов на бурятском языке. В итоге качество образования на бурятском было неравномерным. В школах, где хватало учителей, владевших бурятским языком, все предметы велись на бурятском, но в других школах это было невозможно. Поэтому, хотя и предполагалось, что во всех национальных бурятских школах обучение должно идти на бурятском до седьмого класса, у ряда школ хватало ресурсов только на преподавание на нем некоторых предметов и только до пятого или шестого класса [Бабушкин 2007: 43]. Несмотря на озвученную Хахаловым потребность в большем количестве учителей, владеющих бурятским языком, в действительности педагогические институты выпускали все меньше и меньше учителей бурятского языка и литературы. Например, в 1951 году Бурятский педагогический институт выпустил 14 учителей со специализацией по бурятскому языку и литературе. В 1952 году их было всего 11. В те же годы в Кяхтинском педагогическом техникуме не было выпускников с этой специализацией. Такое сокращение привело к общему снижению количества учителей в республике, специализировавшихся на преподавании бурятского языка. В 1950 году в бурятских школах было 956 учителей, но к 1955 году их количество сократилось до 828 [Бальхаева 2001: 47]. Также были проблемы с квалификацией учителей бурятского языка. Например, в статье в «Правде Бурятии» школьный инспектор жаловался, что в некоторых национальных бурятских школах преподавание бурятского языка годами оставляло желать лучшего, потому что сами учителя плохо знали бурятский. Из-за этого, сокрушался автор статьи, учащиеся часто совершали ошибки и в письменной, и в разговорной речи на бурятском. Автор статьи винил школьное руководство в недостаточном внимании к образованию на бурятском языке и призывал, как Хахалов, лучше готовить учителей[19].

Отмечая педагогические проблемы реформы, многие родители, работники образования и местной администрации полагали, что дети слишком много времени проводят за изучением бурятского языка в ущерб другим предметам, особенно русскому [Андреев 1964: 524–525]. Для того чтобы дети регулярно изучали бурятский язык и литературу, учителям приходилось забирать учебные часы у других предметов. Так, для бурят в национальных школах в два раза меньше времени отводилось русскому языку и литературе, чем для учащихся русских школ, на час меньше в неделю было математики в классах с первого по третий, на один или два часа меньше иностранного языка и примерно на час меньше изобразительного искусства. Однако количество часов в неделю, уделявшихся изучению истории, Конституции СССР, географии и естественным наукам, было в целом одинаковым[20].

Также часто звучали жалобы на учителей национальных бурятских школ, слишком плохо знавших русский язык, чтобы учить ему своих учеников. Например, один инспектор образовательных учреждений, докладывая о ситуации в национальной бурятской школе в Джидинском районе, писал, что учительница русского языка в третьем классе «сама не знает русского языка» и делает много «простых и нелепых ошибок»[21]. В другом случае об одном из учителей бурятской школы Улан-Удэнского района говорили, что он едва знает русский, хотя и преподает его шесть лет[22]. Родители, педагоги и местная администрация были обеспокоены ситуацией с обучением русскому языку, потому что хорошее владение русским было необходимо для успеха в старшей школе, где бурятский преподавался только как один из предметов. Русский язык был также необходим для поступления в высшие

---

[19] Табдаев С. Знать родной язык // Правда Бурятии. 1960. № 5. Январь. С. 3.

[20] См. образцы типового расписания того периода в [ГАРБ. Ф. Р-60. Оп. 1. Д. 442. Л. 2–5].

[21] [ГАРБ. Ф. П-1. Оп. 1. Д. 4907. Л. 36].

[22] [ГАРБ. Ф. П-1. Оп. 1. Д. 4907. Л. 49].

образовательные учреждения [Затеев 1989: 64]. Кроме того, знание русского языка в то время многими считалось престижным. Хорошее владение русским языком не только повышало возможности получить высшее образование, но способствовало и карьерному росту [Хубриков 2001: 70]. Русский язык считался языком межнационального общения в стране и был необходим для успеха. Поскольку буряты в Бурятии составляли меньшинство и русские обычно не учили бурятский язык, русский был необходим для общения с большей частью населения республики. По этим причинам ситуация с обучением языку в Бурятии вызывала у многих бурят беспокойство. Некоторые родителя предпочли отправлять своих детей в русскоязычные школы.

При Хрущеве, в конце 1950-х годов, советская языковая политика стала меняться. Русский язык стал настойчивее продвигаться в образовании, научных исследованиях и пропаганде. Также он выступал основной составляющей воспитания советского гражданского общества и укрепления советского интернационализма [Бабушкин 2007: 45]. Хрущев подчеркивал, что сейчас русский язык стал намного важнее, чем раньше, и критиковал своего предшественника Сталина за поддержку слишком большого количества национальных языков в ущерб русскому языку. Правительственная пропаганда продолжала продвигать билингвизм, но теперь отстаивая безусловную необходимость свободного владения русским языком [Kreindler 1989: 47–49]. В 1958 и 1959 годах Хрущев также издал новые законы, официально дававшие родителям право выбирать, отправлять ли своих детей в русскоязычную школу или в школу с преподаванием на национальных языках. И хотя за несколько лет до этого некоторые родители уже так делали во многих регионах, включая Бурятию, новый закон привел к значительному сокращению в 1960-х годах количества учащихся в национальных школах, особенно в Российской Федерации [Андреев 1964: 526; Бабушкин 2007: 53–55, 59; Дугарова 2005: 57–59; Bilinsky 1962: 38–57]. За несколько лет реформы некоторые этнические группы, например карелы, кабардинцы и балкарцы, вообще отказались от школ с преподаванием на родном языке [Silver 1974: 28–32]. Это изменение в политике также обозначило начало конца широкого распространения образования на бурятском языке для бурят.

С увеличением поддержки образования в Советском Союзе в 1960-х годах многие проблемы национальных бурятских школ могли бы быть исправлены. Дополнительная финансовая и материальная поддержка, которая оказывалась в то время, могла бы привести к разработке более успешных образовательных программ с эффективным обучением и бурятскому, и русскому языкам. Вместо этого местное бурятское правительство приступило к процессу сокращения образования на бурятском языке и продвижению изучения русского языка. Процесс продолжался даже тогда, когда само же правительство активно поддерживало учиелей, организуя для них повышение квалификации, конференции и семинары[23]. Во-первых, правительство поэтапно к середине 1960-х годов сократило преподавание всех предметов на бурятском языке в средней школе. Тем самым оно положило конец реформе 1948 года, по которой обучение на бурятском языке продлевалось до седьмого класса [Бабушкин 2007: 53]. Во-вторых, в 1967 году Министерство просвещения Бурятии выпустило приказ о полном поэтапном сокращении преподавания на бурятском языке всех предметов, кроме родного языка и литературы[24]. В конечном итоге с 1970 по 1978 год бурятские начальные школы по всей республике и в двух бурятских автономных округах прекратили преподавание всех дисциплин на бурятском с первого класса. Вместо этого эти школы перешли на обычную программу русскоязычных школ[25]. В некоторых национальных бурятских школах бурятский язык в качестве предмета сохранялся до десятого класса, но многие школы полностью от него отказались. Доводы в пользу того, что бурятам проще сначала усваивать предметы на собственном языке, к этому времени полностью были вытеснены доводами в пользу того, что погружение в русский язык крайне важно для успешности бурятских учащихся.

---

[23] [ГАРБ. Ф. П-1. Оп. 1. Д. 7624. Л. 2; ГАРБ. Ф. Р-60. Оп. 1. Д. 2293. Л. 33].

[24] [ГАРБ. Ф. П-1. Оп. 1. Д. 10087. Л. 4].

[25] [ГАРБ. Ф. П-1. Оп. 1. Д. 1485. Л. 25].

Андрей Урупхеевич Модогоев, заменивший Хахалова на посту первого секретаря республики в 1962 году и остававшийся у власти до 1984 года, предсказывал отмену бурятского языка в школе в 1970-х годах. В своей автобиографии, написанной на пенсии, он привел еще одну причину реформы образования: сильное давление со стороны родителей и педагогов, выступавших за учебный план на русском языке. Модогоев заявлял, что бурятские дети лишались образовательных возможностей из-за того, что их мало учили на русском языке. Предполагалось, что новая реформа улучшит общее развитие учащихся и увеличит их потенциал в обществе [Модогоев 2004: 184–185][26]. И в самом деле в Республике Бурятия был проведен ряд исследований, изучавших бурятских родителей, и обнаружилось, что около 80 процентов из них желает обучать детей на русском языке [Мангадаев 1983: 20–21]. Хотя очевидно, что родители и власти хотели больше русского языка, до конца непонятно, почему во многих школах полностью прекратили преподавание бурятского языка. В своих воспоминаниях Модогоев винил в этом Министерство просвещения Бурятии. Он утверждал, что центральное правительство Бурятии рекомендовало увеличить часы изучения бурятского языка и литературы после перевода национальных бурятских школ на русскоязычную программу, поскольку для бурятских детей было жизненно необходимо одинаково хорошо понимать русский и бурятский языки. Он добавил, что, несмотря на это, Министерство просвещения Бурятии так и не осуществило этот план. Наоборот, оно разрешило многим бурятским школам по собственной инициативе полностью прекращать изучение бурятского языка [Модогоев 2004: 185–186].

Может быть, объяснения Модогоева и правда, но он занимал влиятельный пост в местной администрации и мог вмешаться в образовательную политику республики. Скорее всего, Модогоев просто хотел повысить уровень образованности бурят и счи-

---

[26] Также см. документ в [ГАРБ. Ф. Р-60. Оп. 1. Д. 2499. Л. 1–2], в котором приводятся доводы в пользу того, что новая реформа повысит показатели учащихся и их будущий успех в обществе.

тал, что обучение на русском языке должно этому способствовать. Также возможно, что Модогоев опасался, что внесение изменений в образовательную политику может привести к проблемам с московскими властями. Когда в 1958–1959 годах обсуждались и приводились в действие советские законы о языке, руководители некоторых ССР и АССР подвергли их критике и пытались смягчить их внедрение в своих регионах. Вскоре после этого, в 1959–1960 годах, те, кто критиковал законы, — например, латышский политический деятель Эдуард Берклавс, первый секретарь Азербайджанской ССР Имам Мустафаев и первый секретарь Татарской АССР Семен Игнатьев, — все были смещены со своих постов. Хотя официально их сместили якобы из-за недочетов в руководстве хозяйственной деятельностью в своих республиках, их противодействие законам о языке и их культурная политика в целом явно сыграли решающую роль [Bateson 2012: 37–8; Bilinsky 1962: 146–8]. Модогоев усвоил эти примеры и поэтому проводил политику, продвигаемую в национальном масштабе и ограничившую обучение бурятскому языку.

На принятие решений Модогоевым и другими руководящими работниками Бурятии также влияло то, какую важность русскому языку придавал в 1970-е годы Брежнев — даже больше, чем Хрущев. При нем русский язык перестал преподаваться как второй язык — он теперь стал первым языком страны. На обучение русскому языку властями выделялись значительные ресурсы: создавались новые учебники, кабинеты технических средств обучения русскому языку и методические материалы для учителей. Также поддерживалась и поощрялась внеучебная деятельность — организация фестивалей, клубов и конкурсов по русскому языку [Bilinsky 1981: 317–332; Kreindler 1989: 54–55]. Русский язык официально стал составной частью культуры всех многочисленных национальностей Советского Союза, призванный сплотить их вместе. Теперь власти также провозглашали основополагающую роль русского языка в понимании коммунизма. Больше было не нужно читать Ленина на одном из национальных языков, — наоборот, русский язык был языком Ленина и каждый советский гражданин должен был уметь читать его в оригинале

[Kreindler 1979: 19–24]. То же самое касалось и русской литературной классики. В 1979 году на Съезде бурятских работников просвещения один школьный директор описывал стремление своих учеников знать русский язык, приводя слова бурятского третьеклассника: «Хочу знать русский язык в совершенстве, чтобы с полным пониманием читать сказки А. С. Пушкина, Л. Н. Толстого и других писателей» [Шойнжонов 1983: 39]. Потребность читать произведения на русском языке кардинальным образом противоречила предыдущей языковой политике. Та политика, существовавшая с самого основания Советского Союза, требовала перевода важных произведений на коренные языки.

Особое значение, придававшееся обучению русскому языку в 1970-е годы, сказалось не только на Бурятии, но также и на школах по всей стране. Между 1974 и 1979 годами 1100 национальных языковых школ Советского Союза перешли на учебный план русских школ [Дырхеева 2002: 28]. Исключение преподавания на нерусских языках особенно остро проявилось в АССР Российской Федеративной Республики. В начале 1960-х годов в России преподавание велось на 47 разных языках. К 1982 году это число упало до всего лишь 16 [Kreindler 1989: 54]. Хотя сокращение преподавания национальных языков из-за языковых законов и продвижения русского языка происходило во всех АССР, в некоторых их продолжали преподавать. Например, в Татарской АССР, особенно в сельской местности, в начальной школе сохранялось обучение на татарском языке, и сам язык иногда изучался в старшей школе [Bateson 2012: 38–39; Faller 2011: 45; Rorlich 1986: 159–160]. У башкирских, тувинских и якутских школьников также была возможность учиться в средней школе на своих родных языках [Kaiser 1994: 257; Мантыков, Маланов 2006: 39; Silver 1978: 258]. Поэтому можно предположить, что, если бы местное бурятское республиканское правительство по-настоящему захотело преподавать бурятский язык или если бы преподаватели и работники просвещения активно выступали за его продвижение, это было бы возможно. Вместо этого Модогоев, правительственные чиновники, работники просвещения и родители решили усилить обучение русскому языку за счет бурятского. Они поступили так, полагая, что хорошее знание русского языка необходимо для того, чтобы буряты могли воспользоваться преимуществами и возможностями, предлагаемыми советским обществом. Действительно, многие работники просвещения в Бурятии давали положительную оценку реформе по переходу на русскоязычный учебный план в 1970-х годах. Заявлялось, что у школьников улучшились письменные и разговорные навыки, что учащиеся ведут себя активнее в учебном процессе и сильно продвинулись в овладении русским языком. Также власти утверждали, что бурятским учащимся проще учить предметы сначала на русском, а не изначально на бурятском, а только потом на русском [Шойнжонов 1983: 39–42]. Как ни парадоксально, педагоги, поддерживавшие расширение обучения на бурятском языке в 1948 году, утверждали обратное. Но то, что буряты лучше освоили русский язык, действительно помогло им получить доступ к высшему образованию, и уровень их образованности резко поднялся в 1970–1980-х годах. Другие этнические группы, такие как татары, башкиры, тувинцы и якуты, продолжившие обучение на родных языках, были крайне мало представлены в высших образовательных заведениях. Отчасти можно винить в этом сложности прохождения вступительных экзаменов на русском языке [Kaiser 1994: 229; Rorlich 1986: 160].

Хотя бурятское правительство и отменило обучение на бурятском в своих национальных школах, оно в ограниченных масштабах разрешало преподавание бурятского языка как предмета, особенно в сельской области. Кроме того, правительство продолжало поддерживать съезды, семинары и лекции для учителей бурятского языка и литературы. Все еще печаталось некоторое количество бурятских учебников и педагогических материалов[27]. Но переход на русскоязычный учебный план нанес огромный удар по использованию бурятского языка и способствовал быстрому расширению сферы использования русского языка. Также бурятское правительство после реформ 1970-х годов намного больше поддерживало обучение и продвижение русского языка, чем бурятского. В 1978 го-

---

[27] [ГАРБ. Ф. Р-60. Оп. 1. Д. 2294. Л. 1–164; ГАРБ. Ф. П-1. Оп. 1. Д. 8844. Л. 6–11].

ду Министерство просвещения Бурятии приняло второе постановление об укреплении преподавания русского языка. С этим постановлением новый русскоязычный учебный план начали продвигать еще активнее. Ученые уделяли внимание совершенствованию педагогических методов и подготовке учителей русского языка, организовывали конференции и семинары. Кроме того, «Бурятское книжное издательство» печатало намного больше учебников и методических материалов на русском, чем на бурятском[28].

В общем, судя по всему, осуществление реформ в 1970-е годы не встретило никакого общественного сопротивления. Правительственная пропаганда постоянно провозглашала успешное двуязычие бурят — что они свободно владеют и бурятским, и русским языками — и тем самым давала понять, что учить бурятскому языку необязательно. Только в 1979 году некоторые работники просвещения и правительственные чиновники начали официально признавать и публично выражать озабоченность сокращением использования бурятского языка. В сентябре 1979 года на конференции «Актуальные проблемы современной бурятской школы», где предполагалось обсудить обучение русскому языку, несколько участников воспользовались возможностью поднять вопрос обучения бурятскому языку и поговорить о проблемах [Цыренова 2004: 111]. На конференции педагог С. Т. Забадаев говорил о том, что важно, чтобы бурятские дети изучали свой родной язык и литературу и хорошо их знали [Забадаев 1983: 97]. Б. С. Шойнжонов, заведующий Хоринским районом, вместе с учителями своего района считает, что для детских садов необходимо разработать специальную программу обучения русскому языку [Шойнжонов 1983: 38].

Помимо открытой критики со стороны немногих педагогов, местные инспекторы образовательных учреждений также начали в докладах руководству писать о плачевной ситуации с бурятским языком при новой реформе. Школьный инспектор, побывавший в Хоринском районе, докладывал, что и качество уроков бурятского языка, и количество учеников с каждым годом снижаются.

---

[28] [ГАРБ. Ф. П-1. Оп. 1. Д. 8989. Л. 1–30].

Кроме того, все больше и больше школ совсем отменяли уроки бурятского языка. Инспекторы из других районов республики докладывали о схожих ситуациях. В Кяхтинском районе почти не осталось школ, где бы учили бурятскому. Даже на многих дошкольных программах для бурятских детей было много русских детей. В таких случаях занятия проводились полностью на русском[29]. В 1979 году в своем докладе министр просвещения Республики Бурятия П. Ф. Бардаханов признавал, что повышенное внимание к русскому языку вредит знанию бурятского языка школьниками. Он предполагал, что следует печатать больше детских книг на бурятском, что в библиотеках должно быть больше бурятской детской литературы и что необходимо больше поддерживать изучение бурятского языка[30].

В 1980 году Министерство просвещения Бурятии приступило к изучению того, как можно улучшить плачевную ситуацию с бурятским языком. Как часть этого процесса была организована Конференция преподавателей бурятского языка. Участники рекомендовали цели на ближайшие пять лет, а именно улучшить материально-техническое обеспечение учителей бурятского языка, организовывать больше конференций и курсов повышения квалификации учителей и выпускать больше педагогической литературы[31]. По-видимому, основываясь на выводах из доклада школьного инспектора и материалах конференции, а также очевидном сокращении сферы использования бурятского языка, Модогоев и правительство Республики Бурятия издали Постановление от 30 декабря 1981 года об улучшении изучения бурятского языка и литературы в общеобразовательных школах республики[32]. Модогоев в выступлении, связанном с этим постановлением, призвал прекратить отмену уроков бурятского языка и литературы в школах, а также в целом оказывать бо́льшую

---

[29] Доклады инспекторов того времени можно найти [ГАРБ. Ф. П-1. Оп. 1. Д. 9147]. Два упомянутых здесь доклада находятся на с. 2–13.

[30] [ГАРБ. Ф. П-1. Оп. 1. Д. 8844. Л. 10–21].

[31] [ГАРБ. Ф. Р-60. Оп. 1. Д. 2362. Л. 8; ГАРБ. Ф. Р-60. Оп. 1. Д. 2375. Л. 1–12].

[32] [ГАРБ. Ф. П-1. Оп. 1. Д. 9526. Л. 1].

помощь преподаванию и изучению бурятского языка со стороны правительства [Культурное строительство 1983: 515–518]. Получив новую поддержку со стороны правительства, Министерство просвещения Бурятии увеличило количество семинаров и конференций для учителей, на которых обсуждались вопросы улучшения качества преподавания бурятского языка. Затем в педагогических институтах республики ввели или увеличили количество курсов для подготовки учителей бурятского языка. Также в этих институтах организовывались новые курсы для студентов, пожелавших стать учителями бурятского языка, и для учителей, уже преподающих бурятский[33].

Изменение отношения к обучению бурятскому языку у педагогов и государственной администрации можно считать и местным, и всесоюзным явлением. На местном уровне было бесспорно очевидно, что многие буряты, особенно из городской элиты, в конце 1970-х годов переходили с бурятского на русский язык. Проверки, проводимые Министерством просвещения Бурятии, показали, что с каждым годом все меньше бурятских учащихся учат бурятский из-за недостаточного количества уроков бурятского языка и снижения его популярности. Кроме того, бурятские педагоги и чиновники, бесспорно, были в курсе недовольства утратой коренных языков, которое выражали другие советские национальности. Грузины, литовцы и эстонцы в конце 1970-х — начале 1980-х годов выступали с протестами против вытеснения своих языков. Многие другие этнические группы также начали писать статьи, в которых выражали обеспокоенность утратой языков и московской политикой приоритетности русского языка [Bilinsky 1981: 328–30; Simon 1991: 331–333]. Более чем вероятно, что на изменение отношения бурятского правительства к обучению бурятскому языку повлияла волна недовольства, прокатившаяся по всей стране. Однако в реальности меры по его возрождению осуществлялись медленно и не всегда эффективно. В докладе Министерства просвещения Бурятии 1984 года выражалась неудовлетворенность тем, что, несмотря на Постановление

---

[33] [ГАРБ. Ф. П-1. Оп. 1. Д. 9526. Л. 1–3].

1981 года об улучшении изучения бурятского языка, бурятский язык не преподавался в достаточном количестве школ[34]. Часов, выделяемых на бурятский язык, также было мало. В 1984 году уроки бурятского языка ввели 38 школ, но они занимали всего три часа в неделю. В 1985 году еще 19 школ ввели уроки бурятского языка. Однако один документ Министерства просвещения Бурятии того же года свидетельствует, что в большинстве районов республики меньше половины школ с большой долей бурятских учащихся вели уроки бурятского языка[35]. К 1991 году 20 процентов школ республики вели уроки бурятского языка, но количество часов для него все еще было невелико, а также постоянно не хватало учебников и материалов для его изучения [Бабушкин 2007: 76–77, 88; Хубриков 2001: 50, 70]. Также создается впечатление, что, несмотря возросшую обеспокоенность судьбой бурятского языка в целом, не все буряты поддерживали расширение обучения бурятскому языку. В 1984 году был проведен опрос среди 2372 бурятских школьников о том, хотят ли они учить бурятский язык. Только половина из них ответила положительно[36]. Отсутствие заинтересованности со стороны учеников и их родителей в 1980-е годы было настолько критичным, что Министерство просвещения Бурятии рекомендовало проводить более активную работу по убеждению родителей в важности изучения бурятского языка[37].

Тем не менее при свободах, гарантированных политикой гласности Горбачева, значение бурятского языка в конце 1980-х годов стало животрепещущей темой для обсуждения в республике. Утрата языков касалась всей страны, и этнические меньшинства Советского Союза начали высказывать свои жалобы. Было очевидно, что в Бурятии употребление языка находится

---

[34] [ГАРБ. Ф. Р-60. Оп. 1. Д. 2412. Л. 46].

[35] О внедрении уроков бурятского языка в 1985 году см. [ГАРБ. Ф. П-1. Оп. 1. Д. 10087. Л. 2–3]. О недостаточном их количестве см. [ГАРБ. Ф. Р-60. Оп. 1. Д. 2437. Л. 8–13].

[36] [ГАРБ. Ф. П-1. Оп. 1. Д. 10087. Л. 2].

[37] [ГАРБ. Ф. Р-60. Оп. 1. Д. 2499. Л. 31].

в глубоком упадке. По ряду причин языковая статистика затруднительна, но в Бурятии отмечалась общая тенденция к тому, что буряты, особенно в городах, все больше говорили на русском и все меньше — на бурятском[38]. Также сильно сократилось производство и потребление бурятских средств массовой информации. На многочисленных конференциях работники образования предлагали разнообразные идеи по исправлению ситуации. Некоторые полагали, что русский нужно вводить с четвертого класса, другие — что с седьмого. Многие призывали ввести во всей республике больше часов бурятского языка и литературы. Другие выступали за новый план переработки бурятской орфографии и пунктуации. Ученые, писатели и широкая общественность также участвовали в обсуждении — особенно в местной печати — того, как улучшить обучение бурятскому языку. Бурятская писательница Галина Жигмытовна Раднаева, например, была уверена в необходимости того, чтобы учащиеся по окончании старшей школы и для поступления в высшие учебные учреждения сдавали экзамен по бурятскому языку и литературе. Только тогда, по ее мнению, бурятский язык будет изучаться всерьез[39]. Кроме того, в конце 1980-х годов возник целый ряд организаций, популяризировавших бурятскую культуру. Для

---

[38] По многим причинам языковые опросы, проводившиеся в Советском Союзе, крайне сложно проанализировать. Например, в советских опросах часто не спрашивали о том, насколько хорошо человек знает язык. Вместо этого вопрос звучал так: «Какой ваш родной язык?» или «Какой ваш коренной язык?» — что побуждало людей указывать язык их национальности независимо от того, говорили они на нем или нет. Языковую статистику по городу и деревне на 1959 и 1970 годы см. [ГАРБ. Ф. Р-196. Оп. 1/8. Д. 1; Ф. Р-196. Оп. 1/8. Д. 4; Ф. Р-196. Оп. 1/8. Д. 47]. Однако эти опросы показывают, что городские буряты все больше говорили только на русском языке. Например, при опросе 1970 года 16 процентов бурят в Улан-Удэ сообщили, что знают только русский язык. В то же самое время в сельской местности таких было меньше 5 процентов См. [ГАРБ. Ф. Р-196. Оп. 1/8. Д. 47. Л. 1–2, 31–155]. При опросе 1989 года почти 20 процентов городских бурят сообщили, что не говорят по-бурятски. См. [Афанасьева 2004: 121].

[39] Г. Ж. Раднаева написала это в эссе, которое можно найти в [ГАРБ. Ф. П-1. Оп. 1. Д. 10622. Л. 30].

таких групп вопрос языка был жизненно важным — они требовали, чтобы бурятский язык как предмет преподавался во всех общеобразовательных школах республики и в двух бурятских автономных округах [Хамутаев 2005: 79]. Эти группы проводили конференции и круглые столы, изучая вопросы бурятского национального развития, в том числе обучения бурятскому языку. Эта деятельность продолжилась и после распада Советского Союза в 1991 году.

Воспитание веры в прогресс, патриотизм и дружбу народов

Во всех школах Бурятии на уроках и на русском, и на бурятском языках обычно использовались образовательные материалы местного производства, в которых постоянно подчеркивались идеи прогресса, патриотизма и хороших отношений между разными советскими национальностями. Важность воспитания веры в эти идеи подчеркивалась на конференциях, курсах переподготовки и семинарах для учителей. Министерство просвещения Бурятии контролировало осуществление этих идеологических и образовательных задач и иногда принимало решения о том, как их достичь, основываясь на информации от местных учителей и регулярных отчетах местных инспекторов образовательных учреждений. Хотя московские власти снабжали школы большим количеством руководств и стандартов, на местах в регионах — таких, как Бурятия, — дополняли их и создавали свои собственные. В Республике Бурятия также выпускались собственные учебники, педагогические сочинения и другие учебные пособия, применяемые вместе с материалами из Москвы.

«Бурятское книжное издательство» публиковало всю создававшуюся в Бурятии учебную литературу и на русском, и на бурятском языках, хотя количество последней в 1970-х годах сократилось из-за отмены преподавания на бурятском языке. Содержание выпускаемых материалов регулярно тщательнейшим образом проверялось в издательстве на предмет соответствия идеям интернационализма, экономического и технического прогресса и преданности своей стране. Часто редакторы учитывали мнение местных специалистов. Например, в одном издательском документе от 1948 года фигурирует рецензия некоего профессора Тимофеева на серию учебников. В ней Тимофеев приходит к заключению, что в учебниках «недостаточно идейно-политических материалов» и что их необходимо переработать[40]. Можно представить, что на его заключение могла повлиять политика того времени, но этот пример показывает, что в издательский процесс были вовлечены не только работники издательства, но и другие, далекие от него люди.

Местная администрация, работники просвещения и другие специалисты особое внимание уделяли учебникам и аудиторным занятиям по таким предметам, как история, география, литература и Конституция СССР. Холмс утверждает, что советские политические деятели были склонны ставить курсы по гуманитарным наукам выше прочих, потому что они «больше подвержены политизации» [Holmes 2005: 62]. В Бурятии чиновники и педагоги придавали гуманитарным наукам большое значение, потому что они существенно влияют на жизнь индивидуума. Местный бурятский педагог Д. Г. Номтоев подтверждал, что это действительно происходит в Бурятии. Он писал, что «с детских и юношеских лет» педагогические коллективы школ Бурятии воспитывают в учащихся веру в идеи «социалистического интернационализма» и что это помогает детям понимать, что мы одна «большая семья народов». Кроме того, он настаивал на том, что дети должны знать «о расцвете экономики и культуры» Бурятии и быть готовыми достойно трудиться ради еще большего прогресса [Номтоев 1971: 2, 5, 8]. Такие же идеи фигурируют во многих документах Министерства просвещения Бурятии. В докладе 1948 года говорится, что в курсах по Конституции СССР должно уделяться пристальное внимание идеям советского патриотизма и экономического успеха. Там же звучали предложения

---

[40] [ГАРБ. Ф. П-1. Оп. 1. Д. 5213. Л. 8].

продемонстрировать преимущества советской Конституции на уроках[41]. В другом докладе от 1955 года объяснялась полезность изучения книг бурятских авторов — таких, как Хоца Намсараев, — которые в своих произведениях касались темы дружбы между народами[42]. В документе 1971 года пояснялось, что на уроках истории, географии и литературы постоянно используются местные материалы и темы для воспитания интернационализма и советского патриотизма[43]. В другом документе 1983 года говорилось, что идеи дружбы между народами важны для учащихся и что изучение биографии Ленина, «величайшего интернационалиста», может способствовать передаче этих идей[44].

Особенно эти темы выделялись властями в курсах по истории, потому что эта дисциплина предоставляла идеальную возможность продемонстрировать ход советского прогресса. В докладе 1969 года Министерство просвещения Бурятии объясняло, что для того, чтобы учителя истории могли передать эти идеи, они «должны иметь глубокое понимание исторических фактов и законов общественного развития». В докладе приводились примеры хороших и плохих учителей в Бурятии. «Хорошие учителя используют много материалов: фильмы, историческую литературу, документы, фотографии, таблицы, карты и т. д.». Плохие учителя используют мало таких материалов. Упоминался один учитель, который плохо провел урок на тему кризиса капитализма 1929–1933 годов. В докладе объяснялось, что, поскольку у этого учителя не было материалов и точных цифр или фактов, он не мог качественно проиллюстрировать тему и удержать внимание своих учеников[45].

Учителям истории не только предписывалось больше использовать материалы — им также давались темы и планы уроков.

---

[41] [ГАРБ. Ф. П-1. Оп. 1. Д. 5213. Л. 15].
[42] [ГАРБ. Ф. Р-60. Оп. 1. Д. 442. Л. 18].
[43] [ГАРБ. Ф. Р-60. Оп. 1. Д. 2294. Л. 168].
[44] [ГАРБ. Ф. Р-60. Оп. 1. Д. 2400. Л. 26–27].
[45] [ГАРБ. Ф. Р-60. Оп. 1. Д. 1429. Л. 3–6].

В официальном наборе тем для уроков 1948 года, например, присутствовали следующие темы: «Борьба народа России под руководством русского пролетариата против царизма», «Русская культура и развитие других народов СССР», — а на уроках по монгольскому нашествию должна была подчеркиваться «роль народов России в спасении народов Европы от рабства и уничтожения их культуры и цивилизации»[46]. Учитывая, что в Монгольскую империю входили земли бурят и она была частью их истории, эта последняя тема особенно примечательна. Историк Дэвид Бранденбергер объясняет это тем, что именно такая интерпретация монгольского нашествия в русской истории развивалась вскоре после Великой Отечественной войны главой агитпропа Г. Ф. Александровым и что она была частью послевоенной политики популяризации досоветских русских побед в программе школьного курса истории [Бранденбергер 2009: 214–215, 236]. Учителям в Бурятии также было рекомендовано следовать в этом направлении. Кроме более общей исторической тематики местными властями предлагались также региональные исторические темы, несущие особую идеологическую нагрузку. Например, в 1960-х годах учителям рекомендовалось рассказывать о победах большевиков во время Гражданской войны в Сибири, промышленном и экономическом развитии Бурятии, местных бурятских героях Великой Отечественной войны и революции и о том, как «части Красной армии содействовали победе Монгольской народной революции» [Номтоев 1971: 4, 11, 17][47]. История также обычно фигурировала в курсах литературы при изучении исторических поэм, рассказов и романов. В 1960-е годы в школах обычно читали книгу о мальчике по имени Миша Жигжитов из небольшого села. На протяжении повести мальчик узнает об истории Бурятии, в том числе о трудовых достижениях в ее промышленности и экономике, давних «тра-

---

[46] [ГАРБ. Ф. Р-60. Оп. 1. Д. 5213. Л. 13].

[47] Бранденбергер объясняет, что в послевоенные годы учителя в СССР обычно в классе подчеркивали решающую роль русского народа и победы в Великой Отечественной войне [Бранденбергер 2009: 230–238].

дициях дружбы народов» и о том, как «благодаря победе Октября огромное развитие получила культура республики» [Номтоев 1971: 14–15].

Хотя власти и предлагали учителям изобилие руководств и методических материалов, вполне вероятно, что, часто находясь в классе наедине с учениками, они могли по-разному отходить от предписанной схемы уроков, вопросов литературы, исторической проблематики, предлагаемых текстов для чтения и тематики, связанной с прогрессом и интернационализмом. Однако власти регулярно проводили проверки учителей, директоров школ и школьной администрации. Инспекторы образовательных учреждений, работники Министерства просвещения Бурятии и местные чиновники в сфере образования постоянно наблюдали за ними и критически оценивали их. Они также требовали, чтобы учителя и другие педагоги посещали курсы переподготовки, конференции и семинары, стараясь добиться того, чтобы обязательные вопросы и темы были соответствующим образом представлены на уроках. Учащимся также периодически приходилось проходить определенные нормативные тесты, в первую очередь вступительные экзамены в высшие учебные заведения, где требовалось показать существенные знания обязательных вопросов. Даже если учителя могли время от времени отходить от обязательного материала, было бы сложно на постоянной основе исключать его бо́льшую часть на занятиях в классе. «Бурятское книжное издательство» также публиковало много педагогических сочинений в помощь учителям, чтобы они использовали правильные материалы. В одном таком сочинении Д. Г. Номтоева об интернациональном воспитании в школах рассказывалось, как в 1960-х годах учительница пятого класса Хандама Дамдинова обычно использовала на уроках стихотворения местных авторов, показывая роль русского народа в Бурятии. Сообщается, что в начале урока она говорила «об истоках дружбы народов, огромном значении помощи русского народа, роли русского языка» [Номтоев 1971: 8]. Затем она приводила строки из стихотворения «Россия» бурятского поэта Цокто Номтоева. Вот отрывок из этого стихотворения:

> Богата Родина, богата,
> Но дружба — самый светлый клад.
> Есть много братьев у бурята,
> Но русский — самый первый брат.
> Он самый близкий,
> Самый старший.
> Друзьям во всем помочь готов.
> Мы с ним шагаем четким маршем
> По гулкой площади веков.
> Его язык мне так привычен,
> Как в мае — звонкие ручьи.
> Язык певуч, раздолен, зычен,
> Но главное — с Россией обручил.

Бесспорно, что в этом стихотворении выражено слишком подобострастное отношение к русским со стороны бурят. Тем не менее его вполне могли использовать на уроке, как говорится в педагогическом сочинении Намтоева. Также в стихотворении заметно отражена политика правительства того времени, направленная на укрепление позиций русского языка в советском обществе и продвигавшая идею о позитивной и благотворной деятельности русских в Бурятии.

Кроме воспитательной работы, проводившейся в классе, учащихся старались привлечь к деятельности различных общественных коллективов. Власти рассчитывали, что в этих общественных организациях молодежь научится ценить труд, соблюдать нравственные нормы, быть достойными гражданами, уважать ветеранов Великой Отечественной войны и понимать важность интернационализма и дружбы между народами. Комсомольские и пионерские организации также рассчитывали, что использование этих методов позволит «достичь более высокого уровня дисциплины и успехов» среди школьников и студентов[48]. Кроме того, в 1970-е годы эти организации старались привить детям знания о своем родном крае, а также о других регионах Советского Союза. Хотя что-то делалось на уроках в рамках обычной

---

[48] [ГАРБ. Ф. П-1. Оп. 1. Д. 6701. Л. 75].

школьной программы, большая часть реализовывалась через клубы, выставки и экскурсии. Бурятские педагоги были уверены, что такие занятия воспитывают патриотизм и любовь к своему краю и стране [Бочеев 2002: 106; Номтоев 1971: 4–5, 11–13].

В частности, в последние десятилетия советской власти повсеместное распространение получили молодежные клубы. К 1970 году, по имеющимся данным, в Бурятии было более 2000 молодежных клубов. В докладе 1973 года по Прибайкальскому району отмечалось, что 77 процентов молодежи участвует в клубной и спортивной деятельности[49]. Возможно, власти и несколько преувеличили эти цифры: отчеты инспекторов начиная с послевоенных лет и заканчивая 1970-ми годами показывают существенный рост количества таких культурных и образовательных учреждений, их общего качества и вовлеченности в их деятельность местных жителей[50]. Некоторые из клубов собирались в школах, но большинство — в домах культуры, домах пионеров и местных сельских или колхозных клубах. В таких организациях были кружки юных автомобилистов, политических агитаторов, химиков и киномехаников. Были также шахматные кружки, кружки авиамоделирования и фотографии[51]. Но многие общественные кружки имели более идеологическую и образовательную направленность. Например, члены разных организаций часто оформляли выставки, стенды и музеи в своих школах и клубах, посвященные природе и истории Бурятии, местным революционерам, Великой Отечественной войне, военной тематике и интернационализму[52]. Также для учащихся проводились художественные конкурсы и фестивали на эти темы. Например, в 1968 году в Новобрянской средней школе Заиграевского района прошел фестиваль под названием «Дружба» в честь 50-летия

---

[49] [ГАРБ. Ф. Р-60. Оп. 1. Д. 62293. Л. 76; ГАРБ. Ф. Р-60. Оп. 1. Д. 1713. Л. 127].

[50] Отчеты инспекторов о культурных учреждениях Бурятии и о том, как они менялись в лучшую сторону с 1950-х до 1980-х годов, см. [ГАРБ. Ф. П-1. Оп. 1. Д. 6701; ГАРБ. Ф. П-1. Оп. 1. Д. 540; ГАРБ. Ф. П-1. Оп. 1. Д. 7325].

[51] [ГАРБ. Ф. 1. Оп. 1. Д. 8991. Л. 5–6; Дондуков 1965: 108–109].

[52] [ГАРБ. Ф. 1. Р-60. Оп. 1. Д. 1485. Л. 69; Бочеев 2002: 105–106; Номтоев 1971: 37].

советской власти. Учащиеся провели выставку рисунков с изображением местных героев и информацией об истории своей деревни и организовали церемонии у местных памятников[53].

Общественные организации также давали возможность путешествовать. Учащиеся посещали региональные ленинские места и памятники Великой Отечественной войны, ездили в Кяхту — побывать в двух городских музеях, посвященных Монгольской революции 1921 года, а также ездили по стране, посещая такие же места в других советских городах[54]. Власти сообщали, что в 1972 году в связи с празднованием 50-й годовщины СССР в поездках по Бурятии и Советскому Союзу приняли участие 42 000 детей и подростков республики. Учащимся обычно перед отъездом нужно было изучить цель своего путешествия, а по возвращении организовать в своей школе или клубе выставку об этих местах[55]. Чиновники в сфере образования утверждали, что такого рода деятельность полезна для воспитания патриотических чувств среди школьников [Бочеев 2002: 106]. Поездки в другие регионы, несомненно, помогали бурятским учащимся ощутить связь с остальной частью страны и почувствовать себя частью большого союза. Именно с этой целью власти и проводили такого рода внеурочные мероприятия, а также выделяли специальное время на уроках.

Учителя и родители

Педагоги, администрация и местные СМИ в Бурятии оказывали значительное давление на учителей и родителей, чтобы те служили хорошим примером для подражания, потому что на них

---

[53] [ГАРБ. Ф. Р-60. Оп. 1. Д. 1358. Л. 40–41].

[54] В Монгольской революции 1921 года активно участвовала Красная армия, и власти регулярно отмечали и проводили мероприятия в честь этого события. Подробнее об этих музеях и посещении учащимися см. [ГАРБ. Ф. Р-60. Оп. 1. Д. 1358. Л. 14; Бочеев 2002: 101; Номтоев 1971: 28].

[55] [ГАРБ. Ф. Р-60. Оп. 1. Д. 1690а. Л. 60].

лежала ответственность за воспитание детей достойными советскими гражданами. В то же самое время у учителей и родителей часто были собственные взгляды на воспитание детей, и они сообщали о них в Министерство просвещения Бурятии. Они делали это на конференциях, на встречах с инспекторами образовательных учреждений, создавая комитеты и обращаясь с письменными заявлениями. Поэтому, хотя образовательная политика и официальное представление о том, как выглядят образцовые учителя и родители, зависели преимущественно от властей в Москве и в Улан-Удэ, иногда учитывались и мнения простых людей. Как говорилось в предыдущем разделе, инспекторы образовательных учреждений обычно оценивали работу учителей и писали в своих отчетах об их достоинствах и недостатках. На основании этих отчетов можно составить представление, какие учителя считались в Бурятии хорошими. В них инспекторы регулярно отмечали конкретных учителей, с которых следовало брать пример. Например, в отчете 1964 года высоко оценивались наглядные пособия и другие материалы, подготовленные учительницей бурятского языка и литературы Надеждой Тульсовой. Также в отчете ставили в пример уже упоминавшуюся выше учительницу бурятского языка и литературы Хандаму Дамдинову за вклад в разработку учебника и учебного плана для уроков бурятского языка и литературы. Обеих учительниц хвалили за активное участие в конференциях[56]. Также представители администрации ценили активное участие учителей в общественной жизни. В 1983 году в отчете инспектора Ц. С. Самбоцыреновой упоминалась учительница бурятского языка и литературы, активно участвовавшая в деятельности местного женсовета и певшая в местном любительском хоре. Также высокую оценку получила общественная работа М. Б. Ботоева, учителя старшей школы Кабанского района. Сообщалось, что он регулярно по вечерам читает лекции в разных учреждениях и в свободное время руководит фольклорным ансамблем[57].

---

[56] [ГАРБ. Ф. Р-60. Оп. 1. Д. 1691. Л. 9–10].
[57] [ГАРБ. Ф. П-1. Оп. 1. Д. 9523. Л. 6].

Педагоги, учителя и администрация из Министерства просвещения Бурятии также много внимания уделяли родителям. Один педагог на Бичурской районной конференции учителей в 1968 году говорил о том, что родители играют решающую роль в процессе воспитания детей и что поэтому администрации «нужно просвещать родителей: они не растят детей просто для собственного удовольствия. Эти дети — новое поколение, которое возьмет на себя инициативу из наших рук»[58]. Чтобы помочь родителям, власти поддерживали активное участие школьной администрации в жизни семей своих школ. Например, в 1969 году директор школы № 2 в Улан-Удэ говорил о том, что «учителя и преподаватели школы должны лучше узнать родителей и семьи» и как это благотворно влияет на детей[59]. Иногда это делалось с определенной идеологической целью. Например, в 1980 году власти просили учителей Мухоршибирского района сообщать о верующих родителях, чтобы заниматься их индивидуальным перевоспитанием в духе атеизма[60].

Не только работников образования отправляли налаживать контакты с родителями — власти также стремились к тому, чтобы родители были больше вовлечены в процесс образования своих детей, участвуя в комитетах и конференциях, посещая лекции о правильном воспитании детей и добровольно выполняя различные обязанности в школах. Учителя и родители часто вместе организовывали вечерние лекции в местных образовательных и культурных учреждениях и участвовали в родительских конференциях. Список тем большинства таких лекций говорит об их идеологической направленности, например: «О коммунистическом воспитании детей», «О воспитании коммунистического отношения к труду» и «О воспитании патриотических чувств у детей», но другие, например: «О роли авторитета родителей в воспитании детей», «О роли отцов в воспитании детей» и «О воспитании детей с моралью», могли быть по-насто-

---

[58] [ГАРБ. Ф. Р-60. Оп. 1. Д. 1358. Л. 14].
[59] [ГАРБ. Ф. Р-60. Оп. 1. Д. 1443. Л. 2].
[60] [ГАРБ. Ф. П-1. Оп. 1. Д. 8984. Л. 38].

ящему полезны[61]. Вполне вероятно, что многие родители хотели стать лучше и могли извлечь из таких лекций полезную информацию.

Также родители могли улучшить образование в Бурятии, предлагая добровольную помощь школе. Родители не только уделяли время организации и посещению лекций, но также с подачи властей их часто привлекали к строительству и уборке школьных зданий и участков, просили помогать в столовых и посещать классы, чтобы поделиться своим профессиональным или личным опытом[62]. Власти рассчитывали, что привлечение родителей улучшит школьную жизнь и успеваемость детей. Не все родители, конечно, шли навстречу этим предложениям, но местные педагоги старались повлиять на тех, кто этого не делал[63]. Один учитель говорил в 1968 году, что «мы проверяем детей, чьи родители плохо их воспитывают — пьют и пренебрегают ими»[64].

Бурятским властям предоставлялось слово в местных газетах, на радио и телевидении, где они могли давать советы учителям и родителям, а также делать репортажи о лучших из них. В районных и республиканских газетах присутствовали постоянные разделы с заголовком «Школьная страница», где обсуждались вопросы образования и воздавалось должное выдающимся учителям и родителям. Например, в статье из «Школьной страницы» Еравнинской районной газеты «Улан Туя» в августе 1981 года было напечатано интервью с учительницей бурятского языка и литературы Мартой Федоровной Андриановой. Она говорила о том, как важно для воспитания молодых людей в духе коммунистической морали научить их «глубокому пониманию» литературы. В статье с гордостью сообщалось о том, что, закончив школу, многие из ее учеников поступали в вузы изучать литературу, потому что она «помогла им полюбить этот предмет».

---

[61] [ГАРБ. Ф. П-1. Оп. 1. Д. 6018. Л. 23; ГАРБ. Ф. Р-60. Оп. 1. Д. 1443. Л. 5, 37; ГАРБ. Ф. П-1. Оп. 1. Д. 6701. Л. 70].

[62] [ГАРБ. Ф. Р-60. Оп. 1. Д. 533. Л. 3; ГАРБ. Ф. Р-60. Оп. 1. Д. 1443. Л 24].

[63] [ГАРБ. Ф. Р-60. Оп. 1. Д. 1443. Л. 25].

[64] [ГАРБ. Ф. Р-60. Оп. 1. Д. 1358. Л. 21].

Марта Федоровна была показана не только как великолепный педагог, но и как прекрасная мать, успешно вырастившая пятерых собственных детей[65].

На радио и телевидении также привлекали внимание общественности к выдающимся учителям и родителям в таких программах, как «Рассказы о коммунистах», «Беседа для родителей», «Коммунист» и «Социалистический образ жизни». В этих передачах зрителей и слушателей знакомили с выдающимися согражданами, которые хорошо зарекомендовали себя в своей профессиональной сфере и добросовестно растили детей. Например, вечерняя радиопередача «Рассказы о коммунистах» 30 сентября 1974 года была посвящена образцовому заводскому рабочему и учителю Тимофею Изотовичу Федорову. Он рассказал, как, желая стать лучше в своем ремесле, он вернулся в школу и как тяжело ему было в начале учиться. У него все получилось исключительно благодаря его наставнику Ивану Васильевичу Иванову, который был «очень хорошим учителем». Закончив учебу, Тимофей Изотович сам стал преподавать. Ведущий передачи рассказал, что теперь он сам помогает ученикам, в том числе стремясь узнать об их семьях и жизни. Тимофея Изотовича также хвалили за то, что он заботливый отец, много времени проводит со своими детьми после работы, а в выходные дни водит их в клуб[66]. Точно так же в телевизионной программе «Коммунист» привлекалось внимание общественности к выдающимся учителям. Например, в передаче 30 октября 1974 года ведущий беседовал с девятью образцовыми коммунистами. Пять из них были учителями. Ведущий хвалил их исключительный педагогический талант и искреннюю заботу об учениках[67].

Хотя власти, образовательные учреждения и средства массовой информации безустанно навязывали свое ви́дение идеального

---

[65] Статью из газеты «Улан Туя» от 25 августа 1981 года можно найти в [ГАРБ. Ф. Р-60. Оп. 1. Д. 2410. Л. 49].

[66] Расшифровку этой передачи можно найти в [ГАРБ. Р-1051. Оп. 1. Д. 1102. Л. 52–61].

[67] Расшифровку этой передачи можно найти в [ГАРБ. Ф. Р-1051. Оп. 1. Д. 1144. Л. 1–37].

учителя и родителя жителям Бурятии, последние не всегда механически действовали в русле этих идей. Это легко заметить по тому, как правительство все время беспокоилось об учителях и родителях и о том, чтобы они постоянно осваивали лучшие методы воспитания трудолюбивых, высоконравственных советских граждан. Кроме того, родители и учителя не всегда соглашались с решениями, которые принимали власти. Активная работа родителей в системе образования давала им возможность иногда формировать школьную политику и влиять на нее. Многие входили в родительские комитеты и принимали решения относительно своих местных школ и образования своих детей. Их выбор, мнения и требования часто приносили свои плоды. Как уже говорилось ранее, желание большинства бурятских родителей, чтобы их дети лучше владели русским языком, привело в 1960–1970-х годах к упадку образования на бурятском языке. Многие родители писали письма в газеты, подавали и подписывали петиции и обращались в местную администрацию, добиваясь удовлетворения своих требований. Например, в 1957 году районная администрация Тарбагатайского района решила снести сельскую среднюю школу, а учащихся отправить в другую. Это вызвало протест родителей, учителей и учеников. Когда разобраться в проблеме приехал школьный инспектор, его окружили родители и дети, требовавшие, чтобы школу не закрывали. Родители и учителя отправили в редакцию «Бурят-Монгольской правды» 150 телеграмм и петиции правительству в Улан-Удэ с просьбами о помощи. В конце концов их активность произвела впечатление на чиновников из центрального правительства Бурятии, которые тогда пересмотрели решение, и школа осталась работать[68].

Инструментами давления на власти для достижения желаемых изменений родителям и учителям служили комитеты, конференции, письма, петиции и даже скромные манифестации. В то же самое время власти настойчиво давали учителям и родителям советы и предлагали примеры того, как следует жить. Какая-то часть этой информации предлагалась самими же учителями

---

[68] [ГАРБ. Ф. П-1. Оп. 1. Д. 6701. Л. 137–48].

и родителями, и бо́льшая часть ее могла быть по-настоящему полезна. Вполне обоснованно будет предположить, что многие учителя и родители хотели следовать образцам для подражания и дать детям наилучшее образование. Однако также легко понять, что пристальное внимание и постоянные советы властей могли казаться им слишком навязчивыми и стесняющими их права.

Образование и высокая культура для молодежи и старшего поколения

Кроме стандартной системы образования местное республиканское правительство создавало широкую сеть учреждений культуры с целью образования и развития всех граждан Бурятии. Хотя власти начали создавать такие организации в 1920–1930-х годах, количество их было ничтожно мало до позднего советского времени, когда у властей республики появились ресурсы для строительства сотен новых музеев, библиотек, театров и общественных центров, таких как дома культуры и клубы[69]. Эти учреждения строились для того, чтобы в развлекательной форме заниматься обучением, идеологическим воспитанием, личностным развитием и иметь возможность продемонстрировать лучшие стороны современной советской культуры и общества. Такие учреждения культуры также были местами повседневного общения и должны были заменить прежние религиозные традиционные организации светскими, что, по мнению властей, повлияло бы на поведение людей в лучшую сторону[70].

Действительно, эти новые культурные учреждения давали много возможностей для просветительской деятельности. Люди могли, например, приходить в книжные клубы обсуждать новинки литературы, петь в любительском хоре или учиться играть на

---

[69] Информацию о росте количества таких учреждений см. в [Асалханов и др. 1983: 180; Культура Бурятии 1983: 159–161].

[70] Больше о задачах, которые Коммунистическая партия ставила перед учреждениями культуры, см. [White 1990: 1–5].

Дом культуры в Железнодорожном микрорайоне Улан-Удэ в 1950-е годы. Наверху лестницы стоит памятник Владимиру Ленину. Статуя посреди фонтана у подножия ступенек изображает мать с детьми

фортепиано в своих местных библиотеках и клубах. Они могли также участвовать в образовательной или культурной деятельности, посещая выставки современного искусства или узнавая о прошлом в региональном историческом музее. Эти культурные институты также способствовали распространению идей, знакомых местным жителям еще со школы, лишний раз укрепляя правильную идеологию. Эта тенденция особенно заметна в том, какого рода музеи создавались властями. В 1973 году местное правительство основало Этнографический музей народов Забайкалья под открытым небом, и в 1975 году оно существенно расширило Художественный музей имени Цыренджапа Сампилова в Улан-Удэ[71]. В этнографическом музее демонстрировались традиционные дома, религиозные сооружения и предметы быта

---

[71] Художественный музей назван в честь Цыренжапа Сампиловича Сампилова (1893–1953), выдающегося бурятского художника, члена Коммунистической партии и кавалера престижной государственной награды — ордена Ленина. Сейчас Художественный музей входит в состав Национального музея Республики Бурятия. Подробнее об этих музеях см. [Культурное строительство 1983: 381, 452; Культура Бурятии 1983: 162].

прошлого, которые уже не использовались в жизни и годились только для музея. Художественный музей имени Сампилова демонстрировал современное искусство бурят, достойное того, чтобы его показывать на западный манер. Эти и другие недавно созданные музеи, посвященные таким темам, как жизнь декабристов и большевиков-революционеров в Сибири и строительство БАМа, подчеркивали ценность социального и экономического прогресса[72].

Чтобы удостовериться, что все эти возникающие культурные институты должным образом управляются и выполняют предписанные им задачи, правительство направляло в них государственных инспекторов для надзора и составления отчетов. Изучение таких документов, созданных инспекторами с 1950-х по 1980-е годы, показывает, что количество и доступность учреждений культуры существенно выросло за этот промежуток времени и, судя по имеющимся данным, управляли ими лучше и они были лучше оснащены[73]. В 1950-е годы, например, инспекторы часто жаловались, что в республике не хватает учреждений культуры, а те, что есть, ютятся в старых зданиях без отопления, мебели или наглядной агитации. Один инспектор, побывавший в колхозном клубе «Заря коммунизма» в 1957 году, обнаружил, что помещение бывшей церкви, которое он занимает, находится в плачевном состоянии. Он сокрушался, что внутри нет столов, что там холодно и грязно[74]. Когда в 1960–1970-х годах финансовое благосостояние республики улучшилось, инспекторы стали меньше писать о подобных проблемах[75]. В одном документе из Бичурского района за 1970 год, например, говорится, что стало больше наглядных пособий, газет и журналов, которые можно было использовать в образовательных целях, и что колхозные

---

[72] Больше именно об этих музеях см. в [Культура Бурятии 1983: 162].

[73] Отчеты инспекторов разных районов за 1950-е годы см. [ГАРБ. Ф. П-1. Д. 6701].

[74] [ГАРБ. Ф. П-1. Оп. Д. 6701. Л. 91–98].

[75] Отчеты инспекторов разных районов за 1960–1970-е годы см. в [ГАРБ. Ф. П-1. Д. 7252; ГАРБ. Ф. П-1. Оп. 1. Д. 8540; ГАРБ. Ф. П-1. Оп. 1. Д. 8984].

клубы постоянно проводят беседы, обсуждения, лекции и концерты для рабочих[76]. В отчете по Мухоршибирскому району говорилось, что организация «Знание» активно вела лекции для местного населения — «хотя бы по одной каждую неделю» — на самые разнообразные темы. Также в одном из местных домов культуры незадолго до этого власти успешно провели конференцию под названием «СССР — семья братских народов», в рамках которой проходили лекции, демонстрации наглядных материалов и музыкальные концерты[77]. Однако в отчетах признавалось, что какие-то проблемы еще остаются. В Баунтовском районе не хватало квалифицированных работников культуры, а директор клуба поселка Чикой жаловался на плохое оборудование и «проблемы с пьянством»[78]. Но в целом, судя по отчетам, ситуация значительно улучшилась. Количество участников также указывает на это. К 1980 году жители республики, предположительно, посещали клубные мероприятия не меньше семи раз в год, что было чаще, чем в среднем по Российской Республике, где эта цифра равнялась пяти [Культура Бурятии 1983: 176]. Многие буряты не только участвовали в увеличивающемся количестве мероприятий растущего числа учреждений культуры позднего советского периода, но работали в них и создавали их. Как отмечалось в главе 3, буряты были чрезмерно представлены в культурных профессиях. Они обычно работали библиотекарями, работниками клубов, директорами музеев и театров. Также буряты составляли 48 процентов среди пропагандистов, читавших лекции в культурных учреждениях[79]. Многие буряты — работники культуры и пропагандисты играли роль в более масштабном проекте властей, который был должен вывести культуру и образование Бурятии на более высокий уровень развития. Они добивались этого, предлагая все более образованным бурятам участ-

---

[76] [ГАРБ. Ф. П-1. Оп. 1. Д. 8540. Л. 20–22].

[77] [ГАРБ. Ф. П-1. Оп. 1. Д. 8540. Л. 58–64].

[78] [ГАРБ. Ф. П-1. Оп. 1. Д. 7252. Л. 1–5, 26–27].

[79] За период между 1971 и 1984 годами количество работников культуры в республике выросло вдвое. См. [Бальхаева 2001: 80].

вовать в мероприятиях высокой культуры: играть в шахматы, петь в хоре, слушать по радио классическую музыку, ходить в музеи и смотреть пьесы. Традиционная бурятская культура — музыка, танцы, ремесла — также входили в ведение многих из этих учреждений. В музеях хранились предметы бурятской материальной культуры, а в домах культуры, клубах и театрах исполнялись бурятские песни и танцы. Работники культуры помогали выбрать содержание этих представлений и определиться с тем, как их преподнести.

Кроме того, власти часто также использовали средства массовой информации, чтобы постоянно рассказывать о том, как полезно посещение и участие в культурных мероприятиях. Например, 31 января 1974 года телевизионная программа «Беседа для родителей» настаивала на том, что дети должны ходить на уроки музыки в местные клубы и дома культуры. Музыкальное образование, основанное на западной классической музыке, говорилось в передаче, важно для того, чтобы из детей выросли культурные взрослые[80]. 30 сентября 1974 года в радиопередаче «Рассказы о коммунистах» ведущий хвалил образцового рабочего фабрики, который все свое свободное время посвящал музыке и водил своих детей в клубы и музеи[81]. В сентябре 1960 года «Правда Бурятии» и «Буряад Унэн» широко освещали первый женский съезд и молодежный фестиваль, на которых участники обсуждали свою деятельность в различных культурных организациях[82]. Активное участие регулярно превозносилось как одно из благ современной советской жизни.

Конечно, не все жители Бурятии посещали культурные учреждения и люди проводили свой досуг, как им хотелось. Кто-то участвовал в религиозной жизни независимо от того, посещали они также или нет светские культурные учреждения. Для верующих было открыто несколько православных церквей, и также,

---

[80] Расшифровку передачи см. [ГАРБ. Ф. Р-1051. Оп. 1. Д. 1149. Л. 1–13].

[81] Расшифровку передачи см. [ГАРБ. Ф. Р-1051. Оп. 1. Д. 1102. Л. 54–60].

[82] См. выпуски «Правды Бурятии» и «Буряад Унэн» за первые десять дней июня 1960 года.

как было сказано в главе 2, после войны открылись Агинский и Иволгинский дацаны. В сельской местности люди продолжали соблюдать различные буддистские и шаманские традиции [Humphrey 1998: 402–417, 422–432]. Однако местный КГБ внимательно следил за священнослужителями и верующими. Власти постоянно отслеживали количество людей, ходивших на религиозные церемонии, индивидуально работали с верующими и на постоянной основе пропагандировали атеизм[83]. Кроме того, многих останавливали последствия посещения религиозных учреждений и участия в церемониях. Люди могли подвергнуться аресту, общественному порицанию, лишиться работы. По этим причинам многие выбирали светские культурные институты и предпочитали публично принять новые советские традиции, а не подвергаться преследованиям за открытое исповедование старых.

В определенной степени новые культурные учреждения служили публичными пространствами для проведения церемоний, которые раньше сосредотачивались вокруг религии. В некоторых из них, например в сельских клубах, люди совершали церемонии бракосочетания, регистрировали рождение детей и проводили советские обряды перехода: получение паспорта или проводы призывников в армию. Во всех культурных учреждениях также постоянно отмечались новые советские праздники: Международный женский день, День Красной армии и годовщины дней рождения важных местных и государственных деятелей. Так что культурные институты были полезны не только для образовательных целей, но и для формирования новых общественных традиций. Они также становились местом самовыражения бурят как современных советских граждан, ценивших и создававших официально приемлемую высокую культуру. Бо́льшая доступность культурных учреждений в последние десятилетия советской власти также означала, что у бурят появилось больше перспектив, чтобы продемонстрировать эту отечественную высокую культуру и свою роль в советской истории и обществе.

---

[83] Примеры этого см. [ГАРБ. Ф. П-1. Оп. 1. Д. 4617. Л. 33–40; Республика моя Бурятия 1998: 96].

Заключение

Советское образование, не важно, полученное ли в школах, в организациях дополнительного образования или общественных учреждениях культуры для стариков или молодежи, — приносило бурятам практическую пользу и помогало многим проложить дорогу в успешную современную жизнь. Образование в большей степени, чем другие виды деятельности в Бурятии, было важнейшей составляющей процесса социальной мобильности в послевоенные десятилетия. Власти изо всех сил старались создать образовательную систему, которая помогла бы реализовать желаемые усовершенствования общества. Они использовали организационную структуру образования в его различных проявлениях, чтобы управлять экономическим, социальным и политическим развитием в своем регионе. Многочисленные жители республики были также родителями и/или учителями, что означало, что множество простых людей также непосредственно участвовало в образовательном процессе. Объединенные усилия всех этих людей привели к резкому повышению уровня образования, а также способствовали повсеместному распространению русского языка и снижению владения бурятским. Попытки противостоять этой тенденции были непросты и разнообразны.

Вместе со сменой языка распространение образовательных и культурных институтов по всей Бурятии в культурном плане приблизило местных жителей к их соотечественникам со всего Советского Союза. Практически по всему Советскому Союзу изучались одни и те же предметы, всем предлагался одинаковый набор стандартных кружков для внеклассных занятий и мероприятий в местных домах культуры. Кроме того, через образование правительство регулярно воздействовало на людей идеологически. В Бурятии это воздействие преимущественно касалось идей, связанных с интернационализмом и местом Бурятии в Советском Союзе, а также доказательством неоспоримости положительных результатов советского прогресса.

Глава 5
Бурятская литература для нового общества

Местные власти в Бурятии рассчитывали на то, что благодаря культурным и образовательным институтам получится вырастить квалифицированных рабочих и специалистов, а также изменить поведение и отношения в обществе. Литература играла в этом ключевую роль, и в глазах властей письменное слово пользовалось большим авторитетом. Печатные материалы считались центральным символом советской культуры, основой для строительства нации и главным способом коммуникации, необходимым для повышения культурного уровня простых граждан[1]. По этим причинам руководство по всей стране вкладывало значительные средства в развитие литературы как на русском, так и на национальных языках. Для всего советского народа литература стала признаком культурного своеобразия, определяющей чертой советской нации и в то же время средством достижения ее однородности. Публикации на национальных языках использовались для продвижения национального языка — наверное, самой важной культурной характеристики в советском определении нации. Для народов, не причастных к западной литературной традиции и печатной культуре, создание таких материалов было важной составляющей советского проекта модернизации. Хотя у бурят имелось литературное прошлое, появление новых литературных форм, таких как романы и ли-

---

[1] О значении, которое власти придавали чтению и литературе в Советском Союзе, см. [Lovell 1999].

тературные журналы, например «Байкал», было доказательством того, что официально санкционированные элементы советской высокой культуры проникают в новое бурятское общество послевоенных десятилетий.

На формирование литературы в Советском Союзе влияли идеологические, политические, культурные, экономические и профессиональные обстоятельства. Писатели, а также цензоры, издатели, партийные деятели и другие работники умственного труда совместно разрабатывали соответствующие требованиям жанры и темы. Они внимательно изучали литературные произведения и обсуждали их смысл и ценность для общества. В частности, они озвучивали вполне конкретные идеи — такие, как важность модернизации, дружба народов Советского Союза и мысль о том, что Бурятия естественным образом является частью России. Эти идеи должны были убедить бурят, что в СССР их жизнь стала лучше и что любые альтернативы были бы намного хуже. Писатели Бурятии были ограничены заданными рамками, и исследователи не нашли никакой альтернативной литературы или местного самиздата. Официальная же литература, местная и общегосударственная, была широко доступна. Ее в обязательном порядке изучали в школах, ее легко было найти в книжных магазинах и библиотеках, и ее настойчиво пропагандировали по всей республике.

Высокая культура через литературу

Центральные власти рассматривали развитие национальной литературы как часть успешного перехода народов Советского Союза к социалистической современности. Развитие национальной литературы показывало, как в процессе советской модернизации самые, по общему мнению, «первобытные» народы восприняли блага цивилизации. Высоко оценивая возникновение жанра романа в национальной литературе, советский литературный критик писал в 1974 году, что «наиболее отсталые народы старой России... выходят на широкую дорогу мирового художественного движения, вливаются в общий поток всемирной литературы» и «стремятся с помощью романа художественно осмыслить, осознать свое место в движении народов к коммунизму» [Пархоменко 1972: 4]. Не имело значения, существовала ли у этих «отсталых» народов до революции литературная устная или даже письменная традиция. Главное, что теперь у них была современная западная литературная традиция — в советском духе, — в основе которой лежали такие жанры, как поэма, пьеса, рассказ и роман[2].

Такая достойная восхищения советская литература была для народов Советского Союза символом статуса. Для бурят ее наличие говорило о том, что они современная нация, а не «отсталые народы Сибири». В частности, произведения бурятской литературы печатались в Москве на русском языке для всесоюзной аудитории, — например, очень хвалили и активно рекламировали альманах бурятской литературы 1974 года и вклад бурят в четырехтомное издание «Поэзии народов СССР» 1977 года[3]. Эти произведения показывали, как говорил Н. Г. Дамдинов, председатель Союза писателей Бурятии, как далеко шагнули буряты: от публикации одной книги стихотворений прославленного бурятского писателя Хоцы Намсараева в 1924 году до участия во всесоюзных изданиях, упомянутых ранее[4].

Литература была также важна в Советском Союзе, потому что власти считали, что она способна влиять на формирование личности. Учитель из Северо-Байкальского района Республики Бурятия говорил на учительской конференции в 1960 году, что «литература — один из самых важных предметов в школе, потому что она формирует человеческое сознание, мировоззрение, личность и идентичность. Она дает духовный рост тем, кто ее изучает»[5]. В 1978 году председатель Союза писателей Бурятии говорил,

---

[2] Подробнее о том, почему было так важно, чтобы у нерусских народов были романы, см. [Goble 1990].

[3] О рекламе на радио см. [ГАРБ. Ф. Р-1051. Оп. 1. Д. 1177. Л. 78–98] и в выступлениях см. [ГАРБ. Ф. П-1. Оп. 1. Д. 8688. Л. 30].

[4] [ГАРБ. Ф. П-1. Оп. 1. Д. 8688. Л. 30].

[5] [ГАРБ. Ф. Р-60. Оп. 1. Д. 534. Л. 54].

Известный бурятский писатель Хоца Намсараев (1889–1959) за своим рабочим столом, 1949. Слева лежит выпуск «Буряад Монголой Унэн», другие выпуски висят настене позади него

что «значение литературы социалистического реализма заключается в ее активном участии в коммунистическом воспитании и формировании нового человека»[6]. Этот новый человек должен был представлять собой культурного советского гражданина, и литература могла способствовать его созданию. Хотя сложно точно оценить, как литература влияла на среднего советского человека, некоторое представление об этом можно получить из социологического опроса советской молодежи 1960-х годов. При ответе на вопрос: «Что больше всего повлияло на формирование вашей личности?» — художественная и политическая литература указывались на втором месте, уступая только семье и опережая такие варианты, как учителя, фильмы и друзья [Benn 1989: 200][7]. По этим причинам власти отводили литературе важную роль в гуманитарных науках, использовали ее как орудие пропаганды и сделали основной составляющей в образовании всех уровней.

В Бурятии местным правительством выделялись средства для создания бурятских литературных учреждений. Вскоре после основания Бурят-Монгольской АССР в 1924 году было основано «Бурятское книжное издательство», просуществовавшее все советское время. За все время в издательстве было напечатано больше литературных произведений, чем всего остального, если не считать учебников[8]. Кроме издательской деятельности местные

---

[6] [ГАРБ. Ф. Р-60. Оп. 1. Д. 8688. Л. 29–30].

[7] Опрос проводился в 1960-е годы при содействии комсомольской организации и охватил 1059 человек. Дословно вопрос был сформулирован так: «Что из перечисленного ниже больше всего повлияло на формирование вашей личности?» В качестве ответов предлагались на выбор 12 вариантов. Вот их список, начиная с тех, которые выбирались чаще всего, и заканчивая теми, которые выбирались реже всего: семья, художественная и политическая литература, учителя, школьные друзья, комсомольская организация, отечественные фильмы, трудовой коллектив, зарубежные фильмы, армия, работа в учебном кружке, друзья вне школы, соседи.

[8] См. издательские планы с послевоенных лет до 1980-х годов в [ГАРБ. Ф. П-1. Оп. 1. Д. 5777] и в [ГАРБ. Ф. 869. Оп. 1]. В отчете 1950 года Бурятского отдела пропаганды и агитации говорилось, что литературные произведения составляют 40 процентов всех изданий в республике. См. [ГАРБ. Ф. Р-1. Оп. 1. Д. 5778. Л. 143]. По другим категориям процентное соотношение было следующим: политическая литература — 25 процентов и «остальное» — 15 процентов

власти оказывали значительную поддержку писателям. Бурятское отделение Союза сибирских писателей было создано в 1927 году. Оно поддерживало писателей, давало указания и регулярно проводило встречи и конференции. Власти также ждали от бурятских писателей, что они займут активную гражданскую позицию и будут нести литературу — избранную форму высокой культуры — в массы. Как пишет Деминг Браун, кроме интервью от советских писателей ждали того, что они будут «посещать собрания, заседать в комитетах, выступать с лекциями и участвовать в публичных церемониях и празднествах» [Brown 1978: 11.]. В Бурятии писатели проводили вечерние встречи со студентами, колхозниками и рабочими, занимались популяризацией памятных государственных дат — таких, как основание республики или празднование дня рождения Ленина, — и регулярно принимали участие в литературных фестивалях. Например, в 1981 году руководство Заиграевского района провело фестиваль «Дни литературы и искусства», который посетило более 400 человек. Организаторы фестиваля проводили семинары для писателей и художников, а также устраивали концерты и показывали фильмы[9].

Взамен власти прославляли отдельных писателей и их ремесло. В 1986 году работники культуры в Улан-Удэ планировали провести массовые мероприятия, посвященные празднованию столетия со дня рождения бурятского писателя Хоцы Намсараева, в том числе собирались превратить его бывший дом в музей местной литературы[10]. Лучших бурятских писателей отправляли в поездки по СССР на всесоюзные конференции и встречи с другими советскими писателями. Поездки совпадали с переводом их произведений на русский язык [История бурятской советской литературы 1967: 13, 92; ГАРБ. Ф. Р-1051. Оп. 1. Д. 2605. Л. 2]. Все это делалось для становления новой бурятской литературы и в то же время унификации литературы Советского Союза. В союзах писателей

---

[9] [ГАРБ. Ф. П-1. Оп. 1. Д. 9154. Л. 1–3].

[10] Музей открылся через несколько лет, в 1989 году. [ГАРБ. Ф. П-1. Оп. 1. Д. 10682. Л. 5, 53].

и на конференциях распространялись официально поддерживаемые литературные направления.

Кроме внимания, которое уделялось писателям, местные власти, стремясь распространить грамотность по всей республике, не обходили вниманием и читателей. Хотя в 1920–1930-х годах прогресс шел медленно, сразу после войны местные власти начали требовать, чтобы неграмотные взрослые посещали занятия, где их учили читать. Местные власти следили за их прогрессом и контролировали его[11]. В школах и на мероприятиях для юных пионеров педагоги просили детей сообщать о родителях и соседях, которые не умеют читать, чтобы направить их на программы обучения грамотности[12]. Так, во время кампаний по борьбе с безграмотностью 1940–1950-х годов бурятское население научилось читать бурятские тексты, записанные кириллицей. Например, в Селенгинском районе в 1952 году, по имеющимся данным, 134 бурята не могли читать бурятские тексты, записанные кириллицей, или читали очень плохо. Однако только через два года местная администрация сообщила, что их число сократилось до 54 человек благодаря курсам грамотности[13]. Несмотря на то что во многих районах жаловались на нехватку учебников и плохое преподавание на курсах, кампании по борьбе с безграмотностью оправдали себя. К 1959 году, по имеющимся данным, более 95 процентов населения республики могли читать по-русски и/или по-бурятски (на кириллице) [Бурятская АССР 1967: 79][14].

Доступность печатной продукции в послевоенные годы увеличилась вместе с повышением уровня грамотности. При этом ни городу, ни деревне не хватало книг, что, без сомнения, мешало реализации задачи, стоящей перед властями: воспитанию масс согласно правильной идеологии [Кучмурукова 2002:

---

[11] [ГАРБ. Ф. Р-1051. Оп. 1. Д. 2605. Л. 2–118].
[12] [ГАРБ. Ф. Р-1051. Оп. 1. Д. 2614. Л. 5].
[13] [ГАРБ. Ф. Р-60. Оп. 1. Д. 425. Л. 37].
[14] Среди 5 процентов безграмотных более 80 процентов (бурят или русских) были старше 50 лет. См. [ГАРБ. Ф. Р-196. Оп. 1/8. Д. 10. Л. 1–4].

30; ГАРБ. Ф. П-1. Оп. 1. Д. 5778. Л. 77; ГАРБ. Ф. П-1. Оп. 1. Д. 5777. Л. 8, 92–93][15]. Поэтому правительство увеличивало количество книжных магазинов и библиотек, чтобы они могли удовлетворить потребности растущего числа новых читателей и образованных местных жителей. В частности, среди причин увеличивающейся потребности в книгах правительство отмечало рост интеллигенции в сельской местности. Между 1948 и 1950 годами количество книжных магазинов в сельской местности в Бурятии возросло почти втрое[16]. Кроме того, местные власти контролировали и стимулировали книжную торговлю. Например, в отчете 1951 года Отдела пропаганды и агитации Республики Бурятия выражалось недовольство тем, что в книжном магазине № 26 Улан-Удэнского мясокомбината холодно и грязно, что не располагает к покупке книг[17]. Чтобы повысить продажи, отдел предлагал выбрать для ларьков более выгодное расположение, давать больше рекламы и устраивать среди продавцов книг соревнования[18]. Местное правительство также стремилось увеличить число библиотек в республике. В 1947 году только в Улан-Удэ открылось семь библиотек [Модогоева, Серебряная 1990: 103]. В сельской местности власти также открывали много библиотек в домах культуры или колхозных клубах [ГАРБ. Ф. Р-60. Оп. 1. Д. 411. Л. 63; Культурное строительство 1983: 310, 314]. Советское руководство хотело, чтобы граждане читали и приобщались к высокой культуре. Поэтому оно прилагало значительные усилия, увеличивая объемы публикаций, проводя кампании по борьбе с безграмотностью и вкладывая средства в учреждения, которые бы содействовали развитию и популяризации чтения.

---

[15] Подобное происходило по всей стране. См. [Lovell 1999: 45–51].

[16] [ГАРБ. Ф. П-1. Оп. 1. Д. 5778. Л. 76].

[17] В мясоперерабатывающей промышленности в Бурятии работало больше бурят, чем в других отраслях. О бурятах, занятых в мясоперерабатывающей отрасли, см. [Затеев 2003: 108]. Критические замечания в адрес книжного магазина № 26 см. [ГАРБ. Ф. П-1. Оп. 1. Д. 5777. Л. 116–117].

[18] [ГАРБ. Ф. П-1. Оп. 1. Д. 5777. Л. 133–142].

«Гэсэр»: история национального эпоса

Заставить бурят читать было важно для властей, но еще важнее им казалось контролировать то, что они читают. Это происходило потому, что власти очень полагались на письменное слово, в их представлении, способное изменять людей и общество согласно их идеалам. Фольклор, в особенности национальный эпос, стал в 1920–1930-х годах важной областью для определения этих идеалов, а также самосознания советских народов в целом. И советская власть не первой придумала это. Значение фольклора признавалось намного раньше — с XIX века общеевропейское интеллектуальное движение пыталось определить национальное самосознание, изучая эпос, фольклор и средневековые хроники [Smidchens 2007: 486]. Советская власть продолжила эту традицию, используя эти национальные ориентиры при создании приемлемых образцов национальной литературы. Власти также пытались через национальный фольклор продемонстрировать, что советское правительство сохраняет важные элементы традиционных культур. Во всех научных учреждениях СССР фольклор стал достойной сферой исследования. Фольклор профессионально собирали, изучали, сохраняли, предлагали на обозрение и популяризировали для восприятия образованной грамотной публики. Фольклор преподносили и сам по себе, и в то же время советские писатели, работавшие в русле современного социалистического реализма, брали из фольклора темы, героев и сюжеты для своих произведений. По этой причине ценность фольклора для общества и его значимость для нации подвергались анализу со стороны и партии, и ученых. Показательным примером этого процесса в Бурятии служит популяризация, осуждение, а затем реабилитация бурятского поэтического эпоса «Гэсэр». Эпос «Гэсэр», изначально тибетского происхождения, в равной мере бытовавший среди тибетских и монгольских народов, в Советском Союзе получил известность как бурятский эпос. Существует множество версий «Гэсэра» даже среди бурят, но основная сюжетная линия везде одинакова. Герой Гэсэр когда-то был богом. Чтобы сражаться со злом на земле, он воплотился в отважного человека, обладающего магическими силами. На земле ему приходится пережить множество приключений, без конца сражаясь с чудовищами, злыми духами и другими противниками. В конечном итоге он всех побеждает, и среди его подданных и на его землях воцаряются мир и благополучие. Традиционно сказители пели и разыгрывали истории о Гэсэре. Для бурят «Гэсэр» имел особое значение, потому что действие его происходит на землях вокруг озера Байкал. По некоторым данным, буряты, испытывая крайние трудности, даже произносили отрывки из эпоса, чтобы отогнать злых духов [Dugarov 2002: 281–283; Schoolbraid 1975: 20].

В 1906 году Цыбен Жамцарано, бурятский исследователь, участвовавший в интеллектуальных спорах и бурятских съездах эпохи революции 1905 года, член Бурнацкома, в 1917 году впервые записал полную версию «Гэсэра», которую исполнил для него сказитель Маншуд Эмегеев. Ее напечатали в Ленинграде в 1930 году [Героический эпос о Гэсэре 1969: 3; Жамцарано 1930][19]. Вместе с другими эпическими поэмами «Гэсэр» хорошо вписывался в эпоху социалистического реализма с простыми сюжетами и грандиозными героями. Кроме того, если в 1920-х годах власти доказывали, что в исторических событиях определяющей является роль народных масс, то в 1930-х годах они переосмыслили это представление. В самый разгар культа личности Сталина руководство культуры, наоборот, стало доказывать, что развитие истории определяется великими вождями. В это время пересматривалась и пропагандировалась роль многих значительных фигур русской истории. В 1930-х годах в литературе, прессе, театре и кино прославлялись такие личности, как Петр Великий и Александр Невский. Эти исторические герои стали олицетворять патриотизм в советской пропаганде наравне с более современными героями революции [Platt, Brandenberger 2006: 3–11; Бранденбергер 2009: 101–102]. Как часть этой тенденции можно рассматривать и популяризацию национальных эпосов.

---

[19] Во втором томе приводится текст «Гэсэр». В первом томе, напечатанном в 1918 году, приводились другие произведения бурятского фольклора [Жамцарано 1918]. Подробнее о Цыбене Жамцарано см. главу 1.

Изучение «Гэсэра» поддерживалось на протяжении 1930-х годов и не прекращалась даже в годы жестоких репрессий, когда буряты лишились многих своих лучших фольклористов. В частности, перед учеными была поставлена задача подготовить исследования по «Гэсэру» к Декаде бурят-монгольского искусства и литературы 1940 года, важной для демонстрации бурятской культуры. «Гэсэр» приводился в качестве самого главного примера традиционного бурятского фольклора. Ученые и политические деятели в своих статьях подчеркивали значение эпоса для бурят в прошлом и настоящем [Базаров 1995: 122; Кучмурукова 2002: 88]. Пропаганда «Гэсэра» совпала также с особым вниманием к национальным эпосам в других частях Советского Союза. В конце 1930-х годов популяризировались эпосы многих советских народов. Например, между 1938 и 1940 годами отмечали годовщины своих эпосов такие советские народы, как калмыки, якуты, армяне и киргизы[20]. По этой причине власти на Декаде бурят-монгольского искусства и литературы в Москве решили, что бурятам тоже надо отметить годовщину своего эпоса.

Николасу Поппе, известному монголисту, который позже, во время Второй мировой войны, эмигрировал из Советского Союза, была поручена задача изучить вопрос и предложить дату [Базаров 1995: 122]. К 1941 году он совместно с другими учеными пришел к выводу, что «Гэсэр» появился примерно 600 лет назад[21]. Это предположение частично основывалось на том, что где-то в это же время начала формироваться бурятская нация. В мае 1941 года Сталиным было издано постановление, поддерживающее это решение. В постановлении говорилось о том, что празднование 600-летия бурятского эпоса состоится в ноябре 1942 года и к этому событию будет приурочена подготовка научного издания «Гэсэра» на русском и бурятском языках [Культурное строительство 1983: 213]. 31 мая 1941 года в статье в газете «Правда» было напечатано, что разные ученые Советского Союза со-

---

[20] [ГАРБ. Ф. П-1. Оп. 1. Д. 5158. Л. 67].

[21] Многие исследователи считают предположение о 600-летнем возрасте неверным. Они уверены, что эпос намного моложе.

брались для работы над «Гэсэром», чтобы подготовить «единый текст выдающегося памятника древней культуры и быта бурят-монгольского народа»[22]. После чего правительство Бурятии в преддверии запланированного празднования юбилея поручило нескольким ученым — Сергею Петровичу Балдаеву, Д. Хилтухину, И. Магасону, А. Бальдурову, Алексею Ильичу Уланову и Михаилу Николаевичу Степанову — заняться изучением эпоса [Кучмурукова 2002: 88].

Вторая мировая война нарушила планы по празднованию юбилея «Гэсэра», но про эпос не забыли. Хотя его изучение и замедлилось, а празднования 1942 года отложили, «Гэсэр» приобрел новый смысл и значение. Чтобы поднять боевой дух и патриотизм бурят, местные власти призывали бурятских писателей использовать в своих произведениях образы Гэсэра. Гэсэра изображали отважным и смелым бойцом, и бурятским мужчинам предлагалось быть такими же сильными и мужественными, как он[23]. Гэсэра даже провозглашали «героем Советского Союза». Бурятские писатели, в том числе Хоца Намсараев, призывали использовать образ Гэсэра в литературных произведениях. Намсараев сам его использовал и предлагал остальным писателям поступать так же. Очень быстро была издана книга, состоявшая из первых двух глав «Гэсэра». Композитор Дандар Аюшиев переложил несколько стихотворений о Гэсэре на музыку [Базаров 1995: 124].

В военные годы для поддержания патриотизма и лояльности по всему Советскому Союзу использовались национальные и религиозные символы. В конце войны Сталин, однако, свернул эту более свободную политику в сфере культуры. Вместо этого он возобновил кампанию против космополитизма и национализма. Кампания, известная как «ждановщина» (по имени Андрея Жданова, председателя Центрального комитета, который проводил ее в Москве в 1946 году), была направлена против художников, писателей, музыкантов и ученых, в чьих работах находили «антисоветские», «иностранные» или «буржуазно-национальные»

---

[22] Текст статьи можно найти также в [ГАРБ. Ф. П-1. Оп. 1. Д. 5158. Л. 1a–b].
[23] [ГАРБ. Ф. П-1. Оп. 1. Д. 5158].

элементы [Simon 1991: 204–209; Бранденбергер 2009: 214–219]. Александр Васильевич Кудрявцев возглавил кампанию в Бурятии. Центральные власти в Москве назначили Кудрявцева первым секретарем Бурятии в 1943 году, после того как он занимал важные посты в Средней Азии. Он был вторым по счету первым секретарем обкома Бурят-Монгольской Республики небурятского происхождения — что не могли не заметить представители бурятской элиты — после того, как бурят Ербанов был репрессирован в 1937 году.

Когда политические руководители по всему Советскому Союзу начали осуждать национальные эпосы — киргизский, казахский, татарский, — Кудрявцев последовал их примеру. В начале 1948 года на XV Бурят-Монгольской партийной конференции он начал критиковать «Гэсэр», возмущаясь и заявляя, что неправильно идеализировать прошлое на основе такого эпоса. Затем, в мае 1948 года, Кудрявцев организовал совещание политиков, ученых, писателей и журналистов, в которой принял участие 61 человек, чтобы обсудить «Гэсэр». На встрече участникам задали ряд вопросов для обсуждения, среди них — давно служившие предметом споров вопросы о происхождении, идеологии, отношения «Гэсэра» к историческим событиям, а также, самое главное, прозвучал вопрос, следует ли его публиковать, популяризировать и устраивать в его честь празднования[24].

Этот эпизод оказался крайне унизительной главой в истории Бурятии. Среди тех, кто выступил против «Гэсэра», было много людей, которые раньше его превозносили, а также тех, кто писал и изучал его. В частности, Гэсэр подвергся критике за то, что не подходил на роль советского героя для масс. Хоца Намсараев, который во время войны агитировал бурятских писателей использовать образ Гэсэра, обвинил эпос в «антинародности». Он утверждал, что эпос плох, потому что является продуктом религиозной мысли лам и шаманов[25]. Ц. О. Очиров, глава Отдела

---

[24] Расшифровку встречи см. [ГАРБ. Ф. П-1. Оп. 1. Д. 5158]. Также см. [Базаров 1995: 103, 106, 125–127].

[25] [ГАРБ. Ф. П-1. Оп. 1. Д. 5158. Л. 15].

пропаганды и агитации республики, также осуждал «Гэсэр» за его связь с религией. Он сообщал, что бурятские колхозники из Иволгинского района считали Гэсэра воплощением Будды на земле, а не «народным героем»[26]. Гэсэр не только был связан с религией, но, как объяснял политик Ц. Ц. Цыбудеев, «он принял титул хана», был «богат» и «устроил государственный террор»[27]. Многие старались доказать, что Гэсэр вовсе не олицетворяет собой бурятский народ, а что он просто мифический персонаж. Другие связывали Гэсэра с Чингисханом, который в то время в Советском Союзе тоже подвергался осуждению. Кто-то провозглашал, что «Гэсэр» имеет антирусскую направленность. Некоторые участники также обвинили тех, кто занимался изучением и писал о «Гэсэре», в национализме. Очиров заявил, что некоторые из них «твердо понимали, что „Гэсэр" имеет религиозно-реакционный характер, и хотели использовать это в своих националистических целях»[28]. Заведующий кафедрой истории педагогического института В. П. Тюшев говорил, что националист и «фашист» Николас Поппе в прошлом хотел «использовать „Гэсэр" как оружие, направленное против русского народа, против дружбы народов нашей Родины»[29].

Легко понять, почему так много представителей интеллигенции выступило против «Гэсэра». Они боялись за свою карьеру и даже за свои жизни. Обвинение в пособничестве буржуазному наци-

---

[26] [ГАРБ. Ф. П-1. Оп. 1. Д. 5158. Л. 54].
[27] [ГАРБ. Ф. П-1. Оп. 1. Д. 5158. Л. 28].
[28] [ГАРБ. Ф. П-1. Оп. 1. Д. 5158. Л. 55].
[29] [ГАРБ. Ф. П-1. Оп. 1. Д. 5158. Л. 42]. Николаса Поппе обвиняют в «фашизме» из-за его решения эмигрировать из Советского Союза во время Второй мировой войны. Во время нацистского вторжения Поппе жил на Северном Кавказе, на территории, оккупированной немецкой армией. Когда в 1943 году немецкая армия начала отступать, Поппе с семьей решил уехать вместе с нею. В конце концов он поселился в США. В своих мемуарах Поппе объясняет, что причиной его отъезда был страх преследования со стороны НКВД из-за того, что он оказался на оккупированной немцами территории. Действительно, после отвоевания Красной армией этих районов те, кто оказался на оккупированных землях, даже военнопленные, подвергались притеснениям со стороны советской власти [Poppe 1983: 169–170].

онализму было серьезным пятном на репутации. Хотя самые страшные репрессии были позади, люди боялись. Когда Кудрявцев призвал к осуждению «Гэсэра», большинство приглашенных на собрание ограничились заранее приготовленными выступлениями. Несмотря на всю сложность такого проекта, они подвергли эпос осуждению, что, однако, было также частью большого проекта определения советской бурятской нации. Руководители, ученые, писатели, журналисты и другие присутствовавшие на собрании были сложным образом вовлечены в осуществление этого проекта в своей повседневной работе. Их разоблачение «Гэсэра» было поэтому способом показать центральной власти, что буряты становятся благонадежными, образцовыми советскими гражданами. Осуждая Гэсэра, участники публично признавали, что современные советские буряты не похожи на него или на то общество, в котором он жил. Общество, в котором жили советские буряты, не было религиозным, классовым, безжалостным, воинствующим и антирусским. Напротив, оно было обществом атеистическим, бесклассовым, мирным и дружелюбным среди других себе подобных в Советском Союзе. Подвергая цензуре «Гэсэр» и все, что он собой олицетворял, советские буряты очищались от важных аспектов своего нежелательного традиционного прошлого. Хотя это и было очень унизительно для многих представителей интеллигенции, осуждение «Гэсэра» в то же самое время ускорило для бурятского народа осуществление советской программы модернизации. Оно сохранило им средства к существованию и оставило перспективы для социального прогресса.

Не все, однако, из присутствовавших на собрании просто осудили «Гэсэр». Некоторые ученые ограничили свою критику эпоса, уделив внимание только научным вопросам, поднятым на собрании. Намжил Балдано, к 1946 году составивший из 25 000 строк «Гэсэра» сводный текст, затронул вопрос о дате 600-летней годовщины. Он пришел к заключению, что поскольку не все согласны с такой датировкой происхождения эпоса, то сейчас нет причин торопиться с его публикацией. Он также объяснил: из-за того, что в отношении «Гэсэра» были допущены ошибки, его следует изучить более всесторонне[30]. Г. Ц. Бельгаев сосредоточился на отличительных особенностях «Гэсэра» как бурятского эпоса. Он утверждал, что в силу того, что действие эпоса происходило на бурятских землях, его значение действительно уникально для бурят. Хотя он и поостерегся бы от немедленной публикации, но он вовсе не считает поэму настолько опасной. Наоборот, он указывал на демократический, гуманитарный характер ее идеи и на элементы сатиры, обращенной против ханов и аристократов[31]. Несмотря на принуждение тем или иным образом осудить «Гэсэр», трое ученых упрямо защищали его. Алексей Ильич Уланов, Н. Д. Зугеев и Г. Н. Румянцев утверждали, что как исторический документ «Гэсэр» сохраняет свое значение для бурятского народа. Уланов подчеркивал, что «Гэсэр» был создан для людей всех классов, потому что изначально передавался в устной форме. Поэтому он не мог предназначаться только для элиты. Также Уланов выступал против отождествления Гэсэра с Чингисханом. В основном защитники «Гэсэра» ссылались на то, что он заслуживает дальнейшего изучения и со временем должен быть опубликован [ГАРБ. Ф. П-1. Оп. 1. Д. 5158. Л. 29, 31–34, 76; Базаров 1995: 129]. В конце концов трое ученых объявили, что «Гэсэр» обладает научной ценностью для бурятского народа независимо от его роли в деле пропаганды.

Такие доводы не соответствовали заранее намеченному для собрания заключению, то есть запрету «Гэсэра» по цензурным соображениям. Поэтому в своей заключительной речи Кудрявцев обрушился на защитников «Гэсэра». Он сказал, что «их позиция и защита самих себя странны». Он обвинил их в пропаганде «Гэсэра» в националистических целях. Он заявил, что, продолжив изучение и публикации работ, посвященных эпосу, они «взялись бы за дела буржуазно-националистов»[32]. Кроме того, заключил он, «Гэсэр» нельзя считать однозначно бурятским эпосом и нет нужды отмечать его 600-летие, потому что эта датировка спор-

---

[30] [ГАРБ. Ф. П-1. Оп. 1. Д. 5158. Л. 8, 65; Базаров 1995: 124].
[31] [ГАРБ. Ф. П-1. Оп. 1. Д. 5158. Л. 2–7].
[32] [ГАРБ. Ф. П-1. Оп. 1. Д. 5158. Л. 65–66].

на[33]. Через несколько дней было издано постановление об изъятии ряда опубликованных работ по «Гэсэру» из «библиотек и общественного пользования». В этот список вошли работы ранее упомянутых ученых, таких как Балдано, Галсанов и Шулукшин[34].

После официального запрета «Гэсэра» ученые и представители властей публиковали только статьи, критиковавшие эпическую поэму. В 1949 году Галсанов, чья предыдущая работа по «Гэсэру» теперь была под запретом, написал о нем критическую статью. В этой статье он пытался доказать «антирусскую» природу «Гэсэра». Галсанов утверждал, что борьба Гэсэра с мангатхаями, чудовищами, на самом деле была борьбой против русских, потому что часть бурятского населения называла русских магутами. Такое мнение высказывалось и раньше, но большинство ученых ранее не брали его в расчет как необоснованное [Базаров 1995: 132, 136]. Теперь, в новой политической обстановке, эти доводы принимались всерьез[35]. В другой статье несколько бурятских ученых подчеркивали «феодально-ханское происхождение» Гэсэра и его связи с «жестоким Чингисханом и его ордой». Авторы писали, что из-за таких, как Гэсэр, продолжается «борьба против проникновения в советскую идеологию чуждых влияний»[36]. Положительные оценки «Гэсэра» осуждались как пособничество национализму и идеализация прошлого. Гэсэр перестал быть народным героем для советских бурят.

Затем, в 1951 году, неожиданно власти совершили еще один резкий поворот и пересмотрели статус эпоса «Гэсэр». Однако на этот раз его судьба обсуждалась на собрании ученых в Москве в Институте востоковедения Академии наук СССР. Сотрудники

---

[33] [ГАРБ. Ф. П-1. Оп. 1. Д. 5158. Л. 63].

[34] [ГАРБ. Ф. 803. Оп. 1. Д. 25. Л. 4].

[35] Бранденбергер объясняет, что в период ждановщины власти по всему Советскому Союзу особенно критиковали и осуждали исторические интерпретации в произведениях, где интересы русских сталкивались с интересами других национальностей [Бранденбергер 2009: 214–220].

[36] Статью написали Хоца Намсараев, Галсанов, Д. Цыремпилон и Г. Цыдынжапов. Ее копию можно найти в [ГАРБ. Ф. П.-1. Оп. 1. Д. 5775. Л. 47–49].

Бурят-Монгольского научно-исследовательского института также на нем присутствовали. Участники пришли к заключению, что эпическая поэма имеет историческое значение для бурятского народа. Они отвергли утверждения об антирусской природе поэмы и о сходстве Гэсэра с Чингисханом[37]. В конце собрания его участники признали, что «Гэсэр» опять может быть важной областью научного исследования. После собрания в Москве Союз писателей Бурят-Монгольской Республики объявил, что тематика «Гэсэра» будет допущена к использованию. Ученые, в конце 1930-х и начале 1940-х подготовившие рукописи о «Гэсэре», наконец могли опубликовать свои труды. Уланов опубликовал в 1954 году одну из версий «Гэсэра», а также его характеристику [Базарова 1998: 80–81; История бурятской советской литературы 1967: 210]. В 1955 году Уланов опубликовал еще одну работу о «Гэсэре» под названием «Бурятский героический эпос» вместе с версией «Гэсэра», записанной в деревне в Иркутской области в 1940 году[38]. В 1955 году Институт культуры принял план об издании большего количества научных трудов о «Гэсэре»[39]. В 1959 году Намжил Балдано опубликовал свой перевод «Гэсэра», а 1961 году М. П. Хомонов опубликовал свое исследование эпоса [Балдано 1959; Абай Гэсэр-Хубун 1961–1964]. Все это были работы местных научных работников. Примечательно, что «Гэсэр» был реабилитирован в 1951 году. Сталин в это время был еще жив и вел активную кампанию против буржуазного национализма. К тому же многие другие эпические поэмы Центральной Азии, Кавказа и Сибири все еще подвергались категорическому осуждению. В 1951 году — в год реабилитации «Гэсэра» — власти только начали гонения на азербайджанский эпос «Деде Коркут». Гонения сводились в основном к конфискациям изданий и цензуре. Только в Киргизской Республике в местных газетах велась открытая дискуссия о значении киргизского эпоса [Simon 1991: 206–207].

---

[37] [Семенова 1998: 26; ГАРБ. Ф. П-1. Оп. 1. Д. 5775. Л. 46].
[38] [ГАРБ. Ф. П-1. Оп. 1. Д. 6528. Л. 204].
[39] [ГАРБ Ф. П-1. Оп. 1. Д. 6528. Л. 272].

«Гэсэр», вероятно, удалось реабилитировать в 1951 году потому, что этого добивались ученые Института востоковедения АН СССР в Москве. Текст «Гэсэра» многим из них был хорошо известен, и споры о реабилитации велись в этом институте[40]. Но и местные бурятские ученые, многие из которых тоже присутствовали на собрании, посвященном реабилитации, могли оказать давление на власти, чтобы те пересмотрели этот вопрос. Это давление могло быть особенно действенным на местном уровне, учитывая смену руководства. Первый секретарь Кудрявцев был заменен в 1951 году бурятом по национальности Александром Уладаевичем Хахаловым. Находясь на этом посту, он положительно отзывался о «Гэсэре» в статье для Декады бурят-монгольского искусства и литературы 1940 года [Базаров 1995: 122]. Конечно, то, что он когда-то хвалил «Гэсэр», вовсе не означало, что он поддерживал его в тяжелые времена, но Хахалов мог оказаться более восприимчивым к интересам местных ученых. Кудрявцев, человек со стороны, был крайне непопулярен среди бурятской элиты. Бурятский писатель Хоца Намсараев как-то публично заявил, что «невозможно, чтобы Кудрявцев, приехавший бог его знает откуда, мог бы понимать бурятскую жизнь»[41]. Реабилитация «Гэсэра» в это время, а также другие приведенные выше примеры показывают, что политика, которая навязывалась центральной властью — например, гонения на буржуазный национализм сразу после войны, — зачастую приводила к разным результатам в разных регионах Союза.

С момента реабилитации «Гэсэра» в 1951 году и до конца 1980-х годов местное правительство в Бурятии признавало его культурное значение для бурят. Также эпос был достойной темой для научных исследований. Уланов, Хомонов, Надежда Осиповна Шаракшинова и некоторые другие ученые продолжили свои исследования и публикации «Гэсэра» [Героический эпос о Гэсэре

---

[40] Например, Дамдинсурэн, аспирант из Монголии, примерно в это время писал в Институте востоковедения диссертацию. Он тоже присутствовал на собрании, посвященном реабилитации «Гэсэра» в 1951 году.

[41] Цит. по: [Базаров 1995: 105].

1969: 3]. Студенты филологических факультетов изучали «Гэсэр» из-за его важной роли для литературы. Учителя старшей школы, особенно в бурятских национальных школах, при изучении «Гэсэра» «воспитывают у учащихся чувство патриотизма», используя его героические образы наравне с образами революционеров [Андреев 1964: 531]. Однако после истории с осуждением местные власти не так активно превозносили «Гэсэр» и не использовали его в пропаганде, как во время Великой Отечественной войны. Также герои эпических поэм больше не казались властям полезными для строительства социалистической действительности. Большинство народов, в том числе и буряты, к тому времени начали создавать собственную социалистическую литературу. Основное внимание уделялось новой литературе, а не эпическим поэмам. Когда в ноябре 1959 года в Москве проходила вторая Декада бурятского искусства и литературы, буряты не привлекали внимания к «Гэсэру» и к фольклору в целом. Важнейшим элементом была современная литература. Эта новая литература многое позаимствовала у русской и советской литературы. Один литературный критик, комментируя мероприятие, отметил: «Дело не в фольклоре, а в том, что его художественные средства не могли помочь писателям». К современной жизни, к русской и советской литературе бурятские писатели, по его мнению, обращались не из-за недостатков фольклора, а потому, что могли получить от них намного больше [Базаров 1995: 168]. Бурятская литература перешла на новый этап развития.

Сделать все, как надо: цензура и допустимые сюжеты

Руководству Бурятии эпос «Гэсэр» казался спорным, потому что был связан с прошлым Бурятии, к которому они не хотели привлекать внимание. Власти считали «Гэсэр» и другие произведения бурятского фольклора интересной в культурном отношении, но не очень актуальной частью прошлого современных бурят. Вместо того чтобы заниматься этим прошлым, местное правительство хотело подчеркнуть роль бурят в важных событиях советской истории или показать, как хорошо живется современным бурятам при советской власти. И новая бурятская литература как нельзя лучше для этого подходила. Бурятские ученые, писатели, литературные критики, цензоры и партийные работники внесли свой вклад в создание бурятской литературы. Хотя больше не было таких массовых обсуждений, как обсуждение «Гэсэра», объединившее в свое время лучших представителей различных профессий, в позднесоветский период художественный процесс все еще привлекал множество людей, которые внимательно изучали литературные произведения и продолжали анализировать их значение для нового бурятского общества. Представление властей о необходимости приемлемой местной истории, которая подчеркнула бы роль Бурятии как неотъемлемой части Советского Союза и бывшей Российской империи, привело к тому, что в последние десятилетия существования Советского Союза историческая художественная литература стала одним из самых важных литературных жанров. Исторические романы описывали участие бурят в важных дореволюционных событиях и даже больше — в революционной деятельности до 1917 года и после, в Гражданской войне, строительстве социализма и в Великой Отечественной войне. При описании этих событий особенный упор делался на то, как благодаря усилиям в центре и на местах совершались акты патриотизма, активизировалась социальная мобильность и развивались экономика и технологии. Поэтому первые бурятские романы были написаны в жанре исторической беллетристики. В 1949 году Жамсо Тумунов опубликовал самый первый бурятский роман «Степь проснулась» [Тумунов 1956]. В романе прослеживается жизнь нескольких бурят в годы революции и Гражданской войны, с особым вниманием рассказывается об их роли в становлении советской власти в Бурятии. В 1950 году Хоца Намсараев опубликовал роман «На утренней заре», в котором описывается период с 1903 по 1918 год. В его романе говорится о бедняках-бурятах и их борьбе против эксплуататоров — лам и богачей — за установление в Бурятии коммунизма [Намсараев 1959]. В 1950-е годы Чимит Цыдендамбаев опубликовал два романа из своей трилогии о Доржи Банзарове, человеке, который считается первым бурятским ученым, потому что в XIX веке он окончил знаменитый Казанский университет и преподавал в нем. Хотя Банзаров и жил до Октябрьской революции, автор заостряет внимание на том, что его жизнь была частью революционной традиции бурятского народа. Тема бурятско-русской дружбы также занимает видное место в первых исторических романах[42]. Бурятские писатели, работавшие в жанре исторического романа, могли обращаться к современным, одобренным свыше толкованиям бурятской истории, подготовленным местными исследователями. Один из таких, наиболее важных исторических трудов был завершен в 1950-е годы, когда к работе над большой двухтомной «Историей Бурят-Монгольской АССР» было привлечено множество исследователей[43]. Настолько монументального сочинения с тех пор не создавалось. Поэтому именно из него бурятские писатели в основном и черпали соответствующие требованиям исторические сведения. В нем также уделялось особое внимание таким важным темам, как дружба народов, единство трудящихся классов и прогрессивное развитие бурят при советской власти. В работе списками перечисляются местные достижения и также проводятся частые сравнения с плачевной ситуацией в тех же сферах до революции. Например, во втором томе об истории образования говорится, что «до революции в Бурятии не было никаких высших и средних специальных учебных заведений», а «при советской власти» их стало много (далее они перечисляются и описываются подробно) [История 1959: 572]. Такого рода сравнение преднамеренно представляет данные в таком виде, как бы намекающем на то, что предыдущие образовательные систе-

---

[42] Информацию и краткое изложение некоторых произведений Тумунова, Намсараева и Цыдендамбаева можно найти в [История бурятской советской литературы 1967: 229–237; Базаров 1995: 168; История бурятской литературы 1997: 10, 19, 23–36; Писатели Бурятии 1994: 120].

[43] В это время у многих советских народов издавались большие исторические сочинения, написанные коллективом авторов. Однако в большинстве своем они издавались только на русском, а не на коренных языках. См. [Simon 1991: 281]. Историю Бурятии см. [История 1954] и [История 1959].

мы — буддийская, православная и светская царистская — не были справедливыми, достойными или эффективными только потому, что не вписывались в советское определение современной образовательной системы.

Отдельные историки тоже написали немало значимых научных работ, к которым могли обращаться бурятские писатели. Примечательно, что в работах о национальном единстве давался ответ на вопрос, почему Бурятия является естественной частью Российской империи и Советского Союза. Примером могут служить «Советская Бурят-Монголия в единой семье народов СССР» Бажея Хомхолова и «Нерушимая дружба бурят-монгольского и русского народов» Бимбы Цибикова [Хомхолов 1958; Цибиков 1957][44]. В книге Хомхолова Бурятия представлялась как неотъемлемая часть Советского Союза, а в исследовании Цибикова описывалось, как Бурятия стала частью Российской империи. Трактуя этот период бурятской истории, он опускает наиболее жестокие эпизоды, а также сопротивление бурят русскому вторжению, утверждая, что «трудящийся класс» бурят добровольно присоединился к России. Его интерпретация этого исторического периода весьма отличается от того, что писали в начале XX века, а также в постсоветский период о русской экспансии в Бурятии[45].

Писатели не только должны были придерживаться правильной трактовки истории, но и контролировались цензурой. Цензура существовала в Бурятии с царского времени, но в последние советские десятилетия ужесточилась ввиду ее большей органи-

---

[44] Также см. издательскую документацию и планы того времени, в которых отражены печатавшиеся в республике брошюры и прочие публикации на тему дружбы народов [ГАРБ. Ф. 869. Оп. 1. Д. 6. Л. 18; ГАРБ. Ф. П-1. Оп. 1. Д. 5778. Л. 89].

[45] О первых интерпретациях завоевания Бурятии русскими см. [Богданов 1926]. Примеры постсоветского пересмотра истории: см. серию из четырех частей «Народы Бурятии в составе России: От противостояния к согласию» [Народы Бурятии 2001–2003] и [Нимаев 2000; Хамутаев 2012]. Также общую историографию о советском отношении к коренным народам Сибири см. [Montgomery 2005].

зационной поддержки[46]. Партийные работники, редакторы, научные эксперты, писатели и сотрудники Бурятского издательства — все могли высказаться о допустимости публикации. Власти тщательно анализировали содержание и подвергали сомнению его значение и полезность для общества. У Цыдендамбаева, автора трилогии о Доржи Банзарове, сначала возникли сложности с публикацией первой части «Доржи, сын Банзара». Редактор республиканского литературно-художественного журнала «Байкал» не хотел ее публиковать из-за религиозного содержания[47]. Цыдендамбаев вычеркнул все места, касающиеся лам и шаманов, но этого оказалось недостаточно. На пленуме обкома партии в 1952 году его книгу подвергли критике, заклеймили как «буржуазно-националистическую» и отказали в публикации. Отказ последовал несмотря на то, что эпос «Гэсэр» — тоже считавшийся «буржуазно-националистическим» произведением — год назад был реабилитирован. Отказываясь примириться с этой ситуацией, писатель был вынужден отвезти роман в Иркутск, где он и был опубликован в 1953 году. После этого местное руководство передумало, и уже через год роман был издан в Улан-Удэ [Базаров 1995: 118–120]. Этот пример, как и история с «Гэсэром», показывает, как местная элита и чиновники выносили решения — зачастую меняя их — о публикации литературных произведений для бурятского общества.

Чаще всего запрещались и подвергались цензуре нежелательные трактовки исторических событий. Например, в 1963 году не был опубликован сборник стихотворений Цырен-Базара Бадмаева из-за критических замечаний о жизни при Сталине [Кучмурукова 2002: 102–103, 161]. Константин Карнышев, в 1970-е годы написавший книгу, в которой говорилось об ошибках, допущен-

---

[46] Об ужесточении цензуры в Бурятии см. [Кучмурукова 2002: 160–177].

[47] «Байкал» был основан в 1947 году и стал важной площадкой, где бурятские писатели публиковали свои произведения. Какое-то время он назывался «Свет над Байкалом» по-русски и «Байгалай толон» по-бурятски, но со временем стал называться просто «Байкал» по-русски и «Байгалай» по-бурятски.

ных при коллективизации, смог опубликовать ее только в 1991 году [История бурятской литературы 1997: 113–114]. Публикация таких произведений ограничивалась из-за щекотливости тематики, но цензура также часто зависела от сложных для понимания факторов, в том числе и от мнения руководителей всех уровней Союза писателей и местных издательских учреждений [Brown 1978: 8–9]. В конце 1980-х годов бурятская писательница Галина Жигмытовна Раднаева написала о том, как ее подвергали цензуре в 1970-е годы. Она рассказывала, что, вернувшись в Бурятию в 1975 году после окончания Литературного института имени А. М. Горького в Москве, где она получила высшую оценку за свою выпускную работу — сборник стихотворений «Шелест листьев», — ей отказали в просьбе опубликовать его[48]. Отказывались печатать и другие ее произведения. Она винила в этом «Бурятское книжное издательство» и конкретно одного редактора. Она жаловалась, что он был необъективен и несправедлив и подвергал ее книги цензуре по личным соображениям[49]. В конечном итоге в 1979 году «Шелест листьев» был опубликован, и вскоре после этого она стала членом бурятского Союза писателей [Писатели Бурятии 1994: 95].

Власти тщательно проверяли литературные произведения до публикации, но даже после цензуры и выхода в свет они не переставали критиковать их. Так, изучая записи местных чиновников, посвященные бурятской литературе, можно найти как положительные, так и отрицательные отзывы[50]. Авторы также могли на них ориентироваться, чтобы понимать, что разрешено для публикации. Писателей часто критиковали за излишний идеализм, за то, что они «недостаточно внимательно следят за реальной жизнью», «не занимаются серьезными вопросами» и не создают «великую литературу», которая учила бы правильному поведению на основе современной жизни или важных истори-

---

[48] На бурятском «Набшаһадай һаршаганаан».

[49] [ГАРБ. Ф. П-1. Оп. 1. Д. 10622. Л. 36–39].

[50] См. примеры этого в [ГАРБ. Ф. П-1. Оп. 1. Д. 7252; ГАРБ. Ф. П-1. Оп. 1. Д. 7325; ГАРБ. Ф. П-1. Оп. 1. Д. 8003; ГАРБ. Ф. П-1. Оп. 1. Д. 8389].

ческих событий[51]. Также чиновники считали, что писатели должны помогать людям узнать «о сегодняшней жизни» и «о сложной борьбе между новым и старым»[52]. В частности, местные партийные работники также внимательно анализировали содержание местного журнала «Байкал». В записках 1965 года «очень влиятельных» редакторов журнала критиковали за то, что в нем были напечатаны рассказы, в которых читателям не преподносились важные уроки. Редакции было рекомендовано «работать с этими молодыми авторами, пишущими на бурятском языке», и «помогать им писать лучшие рассказы на актуальные темы современности»[53]. В похожем критическом отзыве 1972 года журнал ругали за то, что он «не уделяет должного внимания темам дружбы народов и интернационализма»[54].

По претензиям, которые звучат в партийных докладных записках, можно понять, чего ждали власти от советской бурятской литературы. Молодых авторов критиковали за то, что они недостаточно «понятны» и мало пишут о положительном развитии современного общества, о «росте экономики и науки» и «межнациональной дружбе»[55]. В одном из партийных документов 1964 года цитировалось несколько рассказов о матерях-одиночках разных молодых бурятских писателей. В рассказах описывалось, как женщины забеременели и с какими трудностями им пришлось столкнуться после этого. И к решению своих проблем они не подходили с позиций современного советского воспитания. Наоборот, женщины в этих рассказах «действуют, не задумываясь, и влюбляются в персонажей Дон Жуана». Поэтому «эти темы плохие, и нашим молодым писателям плохо ими заниматься»[56].

---

[51] [ГАРБ. Ф. П-1. Оп. 1. Д. 7252. Л. 6–12; ГАРБ. Ф. П-1. Оп. 1. Д. 7325. Л. 12–21; ГАРБ. Ф. П-1. Оп. 1. Д. 8003. Л. 3–30; ГАРБ. Ф. П-1. Оп. 1. Д. 389. Л. 1–24].

[52] [ГАРБ. Ф. П-1. Оп. 1. Д. 8389. Л. 13–15].

[53] [ГАРБ. Ф. П-1. Оп. 1. Д. 87325. Л. 12–21].

[54] [ГАРБ. Ф. П-1. Оп. 1. Д. 8003. Л. 21].

[55] [ГАРБ. Ф. П-1. Оп. 1. Д. 389. Л. 19].

[56] [ГАРБ. Ф. П-1. Оп. 1. Д. 7252. Л. 7–9].

В этих официальных документах также даются рекомендации бурятским писателям. В одном докладе 1976 года говорится о том, что партия готова «помочь писателям, особенно молодым», выбирать правильные темы «о быте и характере людей» и об «интернациональных коллективах завода, колхоза, совхоза, БАМа и. т. д.». Автор доклада также предлагает партии уделять серьезное внимание политическому воспитанию писателей[57]. Во многих таких документах также предлагается для примера сравнивать «хороших» писателей с «плохими». Среди хороших писателей фигурировали Цырен-Дулма Дондокова, описавшая в своих произведениях «славных женщин Бурятии», Барадий Мунгонов, писавший о замечательной жизни современных колхозников, Бадлуев, написавший о браке между буряткой и русским, Цыденжап Жимбиев с его историческими романами о Великой Отечественной войне и Михаил Жигжитов с его работами о революции. Несмотря на описание жизненных трудностей, эти произведения получили поддержку властей, потому что показывали, как люди преодолевают невзгоды и становятся лучше[58].

Местные власти, принимая решения о том, какие литературные произведения публиковать и хвалить, учитывали указания и центральных, и местных партийных организаций. На государственном уровне имела значение смена руководства и политики. Например, после того как Хрущев в 1956 году осудил Сталина, по всей стране были реабилитированы ранее репрессированные авторы. Бурятское руководство поступило аналогичным образом, и, например, писатель Солбонэ Туя, репрессированный в конце 1930-х годов, был реабилитирован в 1958 году[59]. Также после смерти Сталина в 1953 году благодаря культурным послаблениям периода «оттепели» при Хрущеве от бурятской литературы не требовалось жестко вписываться в рамки социалистического

---

[57] [ГАРБ. Ф. П-1. Оп. 1. Д. 8389. Л. 20–21].

[58] [ГАРБ. Ф. П-1. Оп. 1. Д. 325. Л. 16–19; ГАРБ. Ф. П-1. Оп. 1. Д. 8003. Л. 9–10; ГАРБ. Ф. П-1. Оп. 1. Д. 8389. Л. 13–16].

[59] Солбонэ Туя (настоящее имя — П. Н. Дамбинов) был реабилитирован 7 марта 1958 года. См. [ГАРБ. Ф. 803. Оп. 1. Д. 38. Л. 5].

реализма. В это время авторам позволялось отклоняться от ранее предписанных тем. Многие так и делали, больше внимания уделяя описанию человеческих чувств и взаимоотношениям между людьми. Писатели чаще стали погружаться в психологию своих героев, выражать внутренние переживания людей, описывать повседневную жизнь и отношение к работе, половым и национальным вопросам, а также прошлому. Например, в повести «Первый снег» Ц. Галанова изображается жизнь обычной бурятки, врача по профессии, которая впервые едет в деревню к родителям своего мужа. Хотя в повести не происходит ничего исключительного или героического, поездка позволяет героине выразить свои мысли о жизни, нравственности и окружающем мире [Бадуева 1996: 155–161; История бурятской литературы 1997: 14–19, 92]. Хотя Брежнев впоследствии во многом ограничил свободы в сфере литературы, установившиеся при Хрущеве, но возращения к жестким рамкам 1930-х годов не произошло [История бурятской литературы 1997: 93]. Наоборот, все время применялись новые литературные приемы — хотя и с ограничениями, — чтобы показать формирование «нового советского человека» и его жизнь.

На местном уровне правительство Бурятии принимало решения о том, сколько печатать, что печатать и на каком языке. Герхард Симон утверждал, что в этом процессе были важны «пожелания и потребности населения», поэтому в разных областях Советского Союза ситуация отличалась, например, по количеству публикаций на коренных языках [Simon 2002: 33]. В Бурятии местные власти явно контролировали издательскую деятельность в республике, и правительство само выбирало объемы и типы публикаций. В частности, власти пристально следили за спросом. Они внимательно наблюдали за книжными магазинами и киосками и учитывали, что продается и покупается. Эти магазины часто получали нормы продаж, но власти анализировали, почему эти нормы выполнялись или нет. Сведения собирались по всем районам, и разница тоже оценивалась[60]. Когда продажи

---

[60] [ГАРБ. Ф. П-1. Оп. 1. Д. 5777. Л. 86–117].

каких-то книг резко падали, руководство критиковало книгопродавцев за то, что они не продали достаточное количество экземпляров. Оно предлагало способы для улучшения пропаганды и создания в магазинах и киосках условий, располагающих к покупке книг[61]. Хотя и руководствуясь тенденциями государственной политики, «Бурятское книжное издательство», цензоры, специалисты по литературе совместно выстраивали местные издательские процессы. Большинство писателей в Бурятии понимали этот процесс и знали, как писать в границах дозволенного. Ученые также не нашли никаких следов самиздата в республике. Бурятская исследовательница Екатерина Александровна Кучмурукова пишет, что за долгое время работы в Государственном архиве Республики Бурятия ей не удалось «обнаружить документов о фактах издания и распространения самиздата» [Кучмурукова 2002: 159]. Мои поиски тоже не увенчались успехом. Примеров самиздата или документов, где о нем говорилось бы, или не существует, или они недоступны. В любом случае неразрешенная литература не имела ни широкого распространения, ни значительного влияния. Наоборот, правительству во многом удалось воплотить в жизнь свою литературную политику. Произведения писателей до публикации подвергались цензуре, а после нее — критике. Зная об этом, многие писатели сами подвергали себя цензуре. Как писал Евгений Добренко, «превращение автора в собственного цензора — вот истинная история советской литературы» [Добренко 1999: 12]. Действительно, многие писатели в Бурятии следовали официальным рекомендациям и предпочитали дозволенные темы, имеющие историческое и современное значение.

Для политических деятелей и представителей элиты важнейшим аспектом литературы Бурятии в 1960–1970-х годах было

---

[61] Например, в партийном отчете 1966 года книгопродавцы критиковались за то, что плохо продавались «История Бурятской АССР», «Современный бурятский театр», «Народное хозяйство Бурятской АССР» и «Антология бурятской поэзии» [ГАРБ. Ф. П-1. Оп. 1. Д. 7415. Л. 23]. Недовольство состоянием книжных магазинов и киосков и предложения по их улучшению см. [ГАРБ. Ф. П-1. Оп. 1. Д. 75777. Л. 116–117, 133–42].

освещение преимуществ современности и советских ценностей. Но это значительно отличалось от заметных тенденций в этнической русской литературе того времени. Русское движение деревенской прозы, начавшееся в хрущевскую «оттепель» и разросшееся в годы правления Брежнева, стремилось привлечь внимание к традиционному образу жизни в русской деревне, а не к современной городской советской жизни. Писатели романтизировали русских крестьян и видели в их труде возможность докопаться до корней русского характера и души. Эти писатели по природе своей критически относились к советскому проекту модернизации и считали, что он привел к отрицательным социальным и экологическим последствиям. Они пытались переосмыслить русское национальное самосознание, основываясь на своем восприятии более традиционных русских ценностей [Brown 1978: 218–221].

Ицхак Брудный считал, что эти русские писатели также значительно повлияли и на политику. Он утверждал, что правительство Брежнева предоставило этим писателям относительную свободу самовыражения, поскольку многие советские руководители считали, что управляемый русский национализм поможет сохранить поддержку режима [Brudny 1998: 2–5]. В Бурятии в то же время не развивалось ничего похожего на деревенскую прозу. Однако это движение в русской литературе, скорее всего, повлияло на бурятских писателей, которые тоже стали выражать беспокойство состоянием окружающей среды. Различные бурятские авторы писали рассказы и стихотворения об отношениях между человеком и природой и иногда критиковали советский экономический прогресс и его последствия для земель и в особенности для озера Байкал. Такие писатели, как Михаил Жигжитов, изучали в своих произведениях последствия рыбного промысла в озере Байкал, а также чрезмерного пушного промысла, в частности добычи соболиных мехов. Другие авторы — такие, как Даша-Дэмбэрэл Дугаров, — изучали методы охоты, в разной степени влияющие на окружающую среду в Сибири. Эти темы Дугаров поднимал в своем сборнике рассказов и стихотворений под названием «Черный соболь», опубликованном в 1969 году

[Дугаров 1977][62]. Но эти рассказы были также частью всесоюзного экологического движения, и значительная часть литературы, поднявшейся на защиту окружающей среды, в том числе и озера Байкал, была написана небурятами[63]. Бурятские авторы, как и представители деревенской прозы, много писали о сельской жизни, но в их сочинениях не критиковалась современность, а преимущественно речь шла о том, как положительно сказалось на бурятском обществе советское время[64]. Также бурятские авторы редко публиковали произведения, идеализирующие традиционный бурятский кочевнический быт или дореволюционное бурятское село. Если центральные власти решили получить поддержку этнических русских при помощи контролируемого русского национализма, выраженного через литературу, с бурятами в Бурятии дело обстояло совсем иначе. Местные авторы не оценивали положительно досоветское или дорусское прошлое бурят, как это делали в послевоенные годы некоторые среднеазиатские или татарские авторы. В тех регионах есть примеры писателей, которые освещали конкретные периоды в дорусском прошлом своих народов и стремились показать, что некогда они были частью политически сплоченных этносов с развитой духовной культурой [Simon 1991: 289–290; Rorlich 1986: 166–171]. Бурятские авторы по большей части не развивали идеи, связанные с таким прошлым, и не обращались, например, к временам Чингисхана и могущественной Монгольской империи. Главным романом об этом периоде, вышедшим в Бурятии в конце советской эпохи, был роман Исаи Калашникова, старовера из Мухоршибирского района. Книга называется «Жестокий век» и нисколько не прославляла Монгольскую империю. Калашников предпочел сосредоточиться на психологии Чингисхана, создав

---

[62] Первоначально книга была опубликована на бурятском языке. Русские переводы были изданы и в Улан-Удэ, и в Москве. См. также [История бурятской литературы 1997: 121–125; Писатели Бурятии 1994: 48].

[63] См., например, [Rainey 1991: 46–60].

[64] См. примеры, которые приводятся в [История бурятской литературы 1997: 114–118].

непростую историю об извращенном и измученном уме тирана [Калашников 1991].

Несмотря то, что в Советском Союзе после смерти Сталина развивались спорные литературные темы, по большей части литература придерживалась идеологических стандартов того времени. В Бурятии литература обычно разрабатывала идеи интернационализма, дружбы народов и пользу, которую буряты получили от своих русских братьев. Руководство и местные партийные чиновники хвалили и пропагандировали эти произведения, а развитию других тем успешно препятствовали, подвергая их цензуре, запрету или осуждению. Например, в партийном документе о современной бурятской литературе 1964 года высоко оценивались работы таких авторов, как Михаил Степанов и Африкан Бальбуров, за демонстрацию дружбы бурят и русских[65]. В другом докладе, 1966 года, превозносился рассказ Шираба-Сэнгэ Бадлуева о бурятке по имени Дулма, которая вышла замуж за русского по имени Иван. Автор доклада объяснял, что «взаимодействие русских и бурят в современности — важная тема. Бадлуев внес большой вклад в эту тему, показав счастье и трудности в жизни Дулмы и Ивана»[66]. В 1978 году в Дни русской литературы в Улан-Удэ первый секретарь Модогоев и члены Бурятского союза писателей подчеркивали важность темы интернационализма в бурятской литературе. Модогоев заявил, что эта тема — дань «великой дружбе» и «помощи великого русского народа в развитии Советской Бурятии»[67]. Другие представители власти, присутствовавшие на мероприятии, назвали интернационализм по-настоящему «главной темой» бурятской литературы 1970-х годов[68].

Многие литературные произведения Бурятии непрестанно прославляли современность, несмотря на то что некоторые бу-

---

[65] [ГАРБ. Ф. П-1. Оп. 1. Д. 7252. Л. 6].
[66] [ГАРБ. Ф. П-1. Оп. 1. Д. 7325. Л. 18–19].
[67] [ГАРБ. Ф. П-1. Оп. 1. Д. 8688. Л. 8–17].
[68] [ГАРБ. Ф. П-1. Оп. 1. Д. 8688. Л. 39–40, 213].

рятские авторы и позволяли себе критические отзывы об экологической ситуации в Сибири. Регулярно появлялись сочинения, описывающие, как советская модернизация в Сибири изменила жизнь народов к лучшему, особое внимание уделяя масштабным современным стройкам — таким как БАМ. Такого рода литература продолжала следовать прежним, постсталинским тенденциям исследования человеческих чувств, но погружение в человеческий характер обычно сводилось к тому, чтобы показать формирование человека нового типа, которому приносят пользу технические открытия и который показывает достойные восхищения и политически правильные качества [История бурятской литературы 1997: 76–77; Культурное строительство 1983: 94–103; Сангадиева 2004: 3–5].

Владимир Шлапентох утверждал, что советское правительство, добиваясь легитимности и поддержки, в своей пропаганде применяло разные стратегии по отношению к русским и нерусским. На русских воздействовали, используя идеи патриотизма и национальных традиций. Для нерусских акцент делался на прогрессивности советской системы и ее выгодном отличии от всех других [Shlapentokh 1986: 24]. В разрешенной бурятской литературе с послевоенных лет и до 1980-х годов эта стратегия была очевидна, и бурятская литература, как правило, расхваливала прогресс, которого буряты добились после большевистской революции. Писать правильным образом на правильные темы было способом достичь профессионального признания и роста, гарантированной занятости и материального благополучия[69]. Действуя должным образом, многие буряты могли сделать карьеру и добиться известности. Центральные и местные власти вынуждали бурятских авторов писать о жизни в современной Бурятии или исторических событиях, сделавших ее возможной. Произведения о чем-то ином повсеместно критиковались или вовсе не доходили до публикации.

---

[69] Гобл пишет, что многие нерусские советские писатели принимали и публично превозносимые советские ценности, и настоящие гарантии — такие, как обеспеченность работой до конца жизни [Goble 1990: 134].

Упадок книгоиздания и литературы на бурятском языке

Бурятская писательница Г. Ж. Рандаева в 1989 году огорчалась, что ей 40 лет, но она все еще один из самых молодых членов Союза писателей Бурятии, пишущих на бурятском языке. И что после нее некому будет писать по-бурятски[70]. Ее слова отражают озабоченность многих представителей интеллигенции стремительным сокращением употребления бурятского языка в поздний советский период. Этот спад хорошо иллюстрируется уменьшением количества публикаций на бурятском языке. К 1980-м годам в Бурятском книжном издательстве только 24 процента книг печатались на бурятском языке. Это было примерно раза в два меньше, чем в послевоенные годы, когда на бурятском языке выходило около 50 процентов изданий[71]. В качестве основной причины Кучмурукова указывает на отсутствие спроса [Кучмурукова 2002: 150]. Это вполне логично, учитывая сокращение и в итоге отмену образования на бурятском языке в 1960–1970-х годах — такое развитие событий привело к тому, что все больше бурят стало читать на русском. В этом упадке свою роль сыграли и переводы. Широкая доступность переводов означала, что у бурят обычно была возможность читать бóльшую часть публикуемой в республике литературы на русском. В поздний советский период большинство сочинений на бурятском языке переводилось на русский, и русскоязычные варианты часто расходились большими тиражами. Например, в плане Бурятского книжного издательства на 1976 год было семь произведений бурятской литературы, с тиражами от 1000 до 2000 экземпляров каждое. В том же плане значились сборники новых произведений бурятских авторов на русском, с тиражами более 15 000 экземпляров. В том же плане рекомендовалось издать на русском от 30 000 до 50 000 экземпляров пяти разных детских книг русских и бурятских авторов и только 1000 эк-

---

[70] Эссе можно найти в [ГАРБ. Ф. П-1. Оп. 1. Д. 10622. Л. 32].

[71] Процентные соотношения составлены по данным в таблице Приложения 10 к [Кучмурукова 2002: 205–206]. В 1980-х годах тиражи изданий на бурятском также были крайне невелики. См. [Кучмурукова 2002: 150].

земпляров четырех детских книг — на бурятском[72]. В 1969 году 30 000 экземпляров «Доржи, сын Банзара» Чимита Цыдендамбаева было напечатано на русском и ни одного — на бурятском[73]. Кроме того, начиная с 1960-х годов на бурятском языке выходило все меньше работ на политические, сельскохозяйственные, промышленные и технологические темы[74]. Работы по бурятской истории и культуре также по большей части писались на русском языке и только изредка переводились на бурятский.

Несмотря на упадок литературы на бурятском и отсутствие спроса на нее, республиканские власти продолжали ставить перед собой цель создавать произведения на бурятском языке. Наличие отдельного республиканского издательства как раз и преследовало цель публиковать произведения на бурятском. Поэтому власти продолжали изучать и развивать литературный бурятский язык и сочинения на нем продолжали появляться. Бурятская литература иногда сначала выходила на бурятском, а потом уже переводилась на русский язык[75]. Выходили такие произведения небольшими тиражами, но они все равно издавались, чтобы подтвердить, что буряты не просто один из советских народов, но народ культурный. В статье в газете «Правда Бурятии» от 20 октября 1967 года это положение подтверждается следующими словами: "«Бурятское книжное издательство» сыграло большую роль в становлении и развитии новой бурятской культуры, социалистической по содержанию, национальной по форме»[76]. Политики и интеллигенция не переставали продвигать эту идею и высоко оценивать печать на бурятском языке[77].

---

[72] [ГАРБ. Ф. П-1. Оп. 1. Д. 8252. Л 124–131].

[73] [ГАРБ. Ф. 869. Оп. 1. Д. 103. Л. 24].

[74] [ГАРБ. Ф. П-1. Оп. 1. Д. 8252. Л. 124–131; ГАРБ. Ф. П-1. Оп. 1. Д. 103. Л. 4–26; ГАРБ. Ф. 869. Оп. 1. Д. 118. Л. 4].

[75] [ГАРБ. Ф. П-1. Оп. 1. Д. 8252. Л. 127–128; ГАРБ. Ф. П-1. Оп. 1. Д. 103. Л. 23–26; ГАРБ. Ф. П-1. Оп. 1. Д. 18. Л. 4].

[76] Статья перепечатана в [Культурное строительство 1983: 371].

[77] Примеры см. в перепечатанных документах в [Республика моя Бурятия 1998: 121].

Тем не менее к 1980-м годам в городах бурятская молодежь знала в основном только русский язык, а книги на бурятском продавались преимущественно в сельской местности [Модогоева, Серебряная 1990: 110]. Местное руководство считало, что частью проблемы является сокращение публикаций на бурятском языке. Как говорилось в главе 4, центральное правительство Республики Бурятия в 1981 году издало постановление об улучшении изучения бурятского языка и литературы. Также в постановлении давались указания увеличить объем публикаций на бурятском, особенно для детей[78]. Однако издательские планы 1986 и 1990 годов показывают только незначительное увеличение количества детских книг в сравнении с предыдущими планами[79]. Общее число публикаций на бурятском языке в 1980-е годы увеличилось крайне незначительно, несмотря на постановление и заявления правительства.

В конце 1980-х годов, когда политика гласности Горбачева, разрешившая свободу слова, привлекла внимание к упадку, в котором находился бурятский язык, члены Бурятского союза писателей публично выступали с жалобами на недостаточное количество публикаций на бурятском языке [Модогоева, Серебряная 1990: 108]. Местное руководство ответило на эти жалобы, а также на многие другие по поводу ухудшения ситуации с бурятским языком, приняв 7 февраля 1990 года еще одно постановление, направленное на развитие языка. В постановлении рекомендовалось увеличить книгоиздание на бурятском, а также расширить преподавание бурятского языка [Кучмурукова 2002: 146]. В 1990 году «Бурятское книжное издательство» строило планы об увеличении публикаций на бурятском языке. В частности, оно планировало публиковать больше литературы для детей и взрослых[80]. К сожалению, эти планы были вскоре нарушены

---

[78] [ГАРБ. Ф. П-1. Оп. 1. Д. 9526. Л. 1].

[79] [ГАРБ. Ф. 869. Оп. 1. Д. 170; ГАРБ. Ф. 869. Оп. 1. Д. 207; ГАРБ. Ф. 869. Оп. 1. Д. 231].

[80] [ГАРБ. Ф. П-1. Оп. 1. Д. 10622. Л. 15–17].

из-за распада Советского Союза. Финансовый кризис в начале 1990-х годов привел к серьезному упадку во всех видах книгоиздания, но особенно в книгоиздании на бурятском языке.

Заключение

В Бурятии много людей участвовало в обсуждении, формировании и определении приемлемого для всех образа современного советского бурятского народа в литературе. Внимание, которое уделялось «Гэсэру» и новой бурятской литературе, показывает, насколько это было важно для ученых, писателей, издателей, педагогов, партийных работников и многих других. Изменения в литературе были связаны с общей для всего Советского Союза задачей заменить старые этнические традиции новыми советскими. Например, одно время власти считали, что эпос «Гэсэр», образец традиционной культуры бурят, необходимо запретить как часть бурятской истории, чуждую современному Советскому государству. По мере развития новой советской бурятской литературы, особенно в жанре романа, «Гэсэр» перестал выглядеть угрозой в глазах властей, поскольку теперь его можно было заменить и вытеснить на задний план чем-то существенным.

Благодаря вкладу множества людей в создание значимых произведений бурятской культуры в поздний советский период бурятская литература и гуманитарные науки стали общепризнанными институтами. Создание новой бурятской литературы позволяло властям утверждать, что буряты своим усердным трудом достигли более высокого культурного уровня. Для них ценно было то, что бурятская литература смогла гордо стоять рядом с литературой других современных советских народов. То, что все больше публикаций выходило на русском языке — и чаще, чем на бурятском, — также делало бурятскую литературу более доступной и подходящей для общесоветской аудитории.

Глава 6
Пути к современности: газеты, радио и телевидение

В 1961 году начала вещание первая в Бурятии телевизионная станция, и люди увидели двигающиеся и говорящие картинки так близко, как никогда раньше. Телевидение было изобретением XX века, ощутимым, доступным в собственном доме. В Бурятии содержание программ местного телевещания также было посвящено современной эпохе и помогало по-новому переосмыслить общество. Это средство массовой информации быстро распространилось по всей республике, и в 1976 году власти объявили, что у 80 процентов населения есть возможность смотреть телевизор — дома или в местном клубе. В том же году власти также заявили, что всем жителям доступно радио [Голубев 1989: 34; ГАРБ. Ф. П-1. Оп. 1. Д. 10823. Л. 11; ГАРБ. Ф. П-1. Оп. 1. Д. 8391. Л. 11]. Благодаря прогрессу в теле- и радиовещании появились новые пути распространения и потребления информации, а также новые возможности проведения досуга для большинства жителей республики. Теперь вместо того, чтобы для развлечения пойти в театр, послушать лекцию или принять участие в читательском кружке в местной библиотеке, люди предпочитали оставаться дома и слушать радио или смотреть телевизор.

Развитие вещательных средств массовой информации, однако, не означало, что от других форм СМИ полностью отказались. Поначалу, правда, власти медлили с развитием радио- и телепрограмм из-за авторитета, которым обладало печатное слово.

В частности, власти считали газеты самым важным средством регулярной коммуникации с населением республики. Они также упорствовали в своем мнении о том, что высшие формы печатных СМИ, такие как литература, наиболее значимы для общества. Поэтому руководители республики продолжали направлять значительные средства на издание газет и книг, несмотря на достижения в сфере вещательных СМИ в 1960–1970-х годах.

В главе 6 рассказывается об истории развития средств массовой информации в Бурятии, а также дается обзор газет и программ радио и телевидения начиная с послевоенных лет и до 1980-х годов. В ней показывается, насколько программы радио и телевидения были похожи на газетные статьи и даже заимствовали сюжеты из произведений бурятской литературы. Даже если по форме эти способы коммуникации и отличалась, то темы, которые они поднимали, по большей части совпадали. В новых СМИ рассказывалось об образцовых советских гражданах, объяснялась правильная идеология, освещались новые промышленные и сельскохозяйственные методы, продвигалась высокая культура и подчеркивалась эффективность советских учреждений. Радио и телевидение прежде всего пропагандировали мысль о том, что в Советском Союзе бурятам живется намного лучше, чем в прошлом, и что Бурятию очень ценят как часть этого союза. Так как СМИ в поздний советский период получили широкое распространение, то эти идеи распространились везде, стали доступны, превратились в неотъемлемую часть повседневной жизни.

Местные газеты, СМИ, бурятская литература были отличительным признаком статуса Бурятии как национального региона в составе СССР. Они выпускали материалы как на русском, так и на бурятском языках. Являясь маркерами национальности, СМИ на бурятском языке в первую очередь должны были формировать чувство национального самосознания — бурятского и советского. СМИ республики должны были работать над тем, чтобы, по известному изречению Бенедикта Андерсона, создать ощущение общности [Андерсон 2016]. Можно было раскрыть газету, послушать радио или включить телевизор и встретиться как с выдающимися, так и с обычными жителями Бурятии. Иногда эти люди могли оказаться даже соседями, коллегами, родственниками и друзьями. Власти в Бурятии также стремились использовать СМИ, чтобы показать, как в советском контексте выглядит образцовое сообщество. Отдельные потребители СМИ могли также стать и участниками, написав письмо в издательство, заметку в газету, став героями передачи или статьи.

С 1920-х до конца 1940-х годов местные СМИ много писали о строительстве новой советской бурятской нации. В СМИ общество представало как крайне современное пространство, отбросившее пережитки прошлого. Журналисты, ученые и партийные руководители в один голос на страницах прессы расхваливали преимущества колхозов перед кочевым скотоводством. Также они оспаривали необходимость таких традиционных маркеров бурятской культуры, как бурятский национальный эпос «Гэсэр» и вертикальное монгольское письмо. К концу 1950-х — началу 1960-х годов внимание местных СМИ переместилось на другие темы. Советская бурятская нация уже не была настолько новой, и многие аспекты прошлого забылись. Среди бурят уже не было кочевников, безграмотных и активных панмонголистов. Очень немногие открыто исповедовали буддизм или шаманизм. Вместо этого теперь существовала большая прослойка городских советских образованных бурят, хорошо представленных на политических постах и во всех сферах профессиональной деятельности, кроме промышленности. В Бурятии работало много бурятских писателей, журналистов, художников и работников культуры[1]. Буряты были грамотны, у них были свои радио и телевидение, а также высокоразвитая литература, созданная на основе русской, советской и западной литератур. Советский бурятский народ полностью сложился в поздний советский период, и СМИ работали над тем, чтобы распространить информацию о всех его положительных свойствах.

Еще одним важным изменением в бурятских СМИ, которое произошло за период с 1920-х до конца советского времени, была смена языка. Все разновидности СМИ все меньше исполь-

---

[1] См. главу 3.

зовали бурятский язык и все больше — русский. Это было непосредственно связано с сокращением и в итоге с отменой образования на бурятском языке в этот период времени. Ввиду того что все меньше детей изучало литературный бурятский язык, спрос на газеты, радио и телевидение на бурятском снизился. Вместо этого буряты стали больше читать и слушать на русском. СМИ на бурятском языке вообще продолжали существовать исключительно по причинам политического и культурного характера. Поскольку самой важной отличительной чертой национальных регионов Советского Союза был язык, им выделялись средства на поддержку развития и популяризации своих языков через такие институты, как пресса, региональные книжные издательства, радио и телестанции. В этих институтах создавались материалы на языке титульной национальности, а сами они являлись символом легитимности народа как нации в составе Советского Союза. Создание произведений на бурятском языке служило доказательством того, что буряты не только один из советских народов, но и, по официальным стандартам, народ преуспевающий. Поэтому создание СМИ, включая его новейшую разновидность — телевидение, продолжалось, пусть и в меньших масштабах из-за уменьшившегося потребления.

Местная печать на бурятском и русском

Власти описывали роль главных газет на русском и бурятском языках как важнейшую для модернизации Бурятии. В 1968 году в программе в честь 50-летия этих газет редактор «Правды Бурятии» Цырен Очиров в общих чертах обрисовал их историческую задачу. Он рассказал, как они помогали «выполнять решения партии и правительства, активно выступать за социалистические преобразования в экономике, культуре, образе жизни и в отношениях между народами»[2]. Он упомянул, как эти газеты помогали в повышении уровня грамотности, коллективизации сель-

---

[2] [ГАРБ. Ф. Р-1051. Оп. 1. Д. 612. Л. 5].

ского хозяйства в 1930-е годы и в организации социалистического соревнования для увеличеения производительности труда[3]. Руководители — такие, как Очиров, — представляли, что эта задача должна реализовываться в статьях, которые бы описывали, популяризировали и передавали — часто слово в слово — решения, принятые партией, а также освещали успехи в сельском хозяйстве и промышленности, призывали к участию в различной деятельности, рассказывали о биографиях выдающихся рабочих, передавали международные новости ТАСС, публиковали письма и отвечали на них.

Обе газеты: «Бурят-Монгольская правда» на русском и «Буряад Монголой Унэн» на бурятском — были основаны большевистским руководством вскоре после создания самой республики в 1923 году. Когда в 1958 году из названия республики было исключено слово «монгольская», то названия газет поменяли на «Правду Бурятии» и «Буряад Унэн»[4]. Это были две главные газеты в Бурятии на протяжении всего советского периода [Дагбаев 1995: 46–47]. В 1930-е годы из-за смены алфавита и диалекта вместе с общей сумятицей, царившей в обществе из-за коллективизации, террора, репрессий и в связи с территориальными изменениями республики, тираж «Буряад Монголой Унэн» сократился на 50 процентов по сравнению с 10 000 экземпляров в конце 1920-х годов. Хотя к 1952 году тираж газеты вернулся на прежний уровень, за тот же самый период тираж русскоязычной «Бурят-Монгольской правды» вырос с 14 000 экземпляров до 50 000[5].

Кроме этих региональных версий всесоюзной «Правды» Бурятия также гордилась местной комсомольской газетой для своей молодежи — «Бурят-Монгольский комсомолец» (после 1958 года «Молодежь Бурятии»). Начиная с 1950-х годов кроме русскоязычного варианта три раза в неделю выходил ее вариант на бурятском [ГАРБ. Ф. 803. Оп. 1. Д. 25. Л. 7; Семенова 1998: 26]. В 1952 году комсомольская газета выходила тиражом 9000 экземпляров на

---

[3] [ГАРБ. Ф. Р-1051. Оп. 1. Д. 612. Л. 5–7].

[4] Объяснение смены названия см. главу 3.

[5] [ГАРБ. Ф. П-1. Оп. 1. Д. 6013. Л. 1–2].

русском и 3000 экземпляров на бурятском языках. В то же время в разных районах Бурятии выходило два раза в неделю еще 23 газеты. Тираж этих газет был небольшим, от 500 до 1200 экземпляров. Только пять из них были на бурятском языке[6]. У четырех заводов в Улан-Удэ также были собственные еженедельные газеты, но они издавались исключительно на русском языке, что не удивительно, учитывая преобладание этнически русских рабочих в промышленности. В 1952 году тираж заводских газет составлял от 500 до 2000 экземпляров[7]. Жители республики, конечно, могли также читать всесоюзные газеты. Но анализ данных на 1951 год о том, какими тиражами они расходились в республике, показывает, что так поступали немногие. «Правда» расходилась тиражом 4620 экземпляров, «Известия» — 1540 и «Комсомольская правда» — 2560[8]. Несмотря на существование других газет, у двух главных республиканских газет — «Буряад Монголой Үнэн» и «Бурят-Монгольской правды» — была самая большая читательская аудитория. Поэтому в этом разделе речь пойдет преимущественно об этих двух.

Разница между двумя республиканскими газетами была незначительна. «Буряад-Монголой Үнэн» предназначалась специально для бурятской аудитории, а «Бурят-Монгольская правда» была нацелена на русскоговорящих, в том числе и бурят. Газеты были четырехполосными, и верстка, дизайн и шрифт обеих газет были практически одинаковы[9]. Многие статьи в «Буряад-Монголой Үнэн» были переводом статей, выходивших в «Бурят-Монгольской правде». Это были статьи как местных авторов, так присланные из ТАСС. Но партия полностью контролировала эти газеты, заранее планируя статьи, одобряя темы и применяя цензуру. А после публикации их могли еще и раскритиковать.

---

[6] [ГАРБ. Ф. П-1. Оп. 1. Д. 6013. Л. 1–2].

[7] [ГАРБ. Ф. П-1. Оп. 1. Д. 6013. Л. 1–2].

[8] [ГАРБ. Ф. П-1. Оп. 1. Д. 5775. Л. 2].

[9] Томас Вольф пишет, что обычно в советских газетах было немного страниц отчасти из-за того, что в них не было рекламы и крупных иллюстраций [Wolfe, 2005: 6].

Например, в 1951 году в партийном докладе осуждалась «Бурят-Монгольская правда» за то, что в ней недостаточно освещаются вопросы сельского хозяйства[10]. Затем, вероятно потому, что газета исправилась, и даже слишком, партийные работники в том же самом году упрекали ее в избытке сельскохозяйственной и животноводческой тематики[11]. Точно так же в партийном докладе 1951 года о содержании «Буряад-Монголой Унэн» ее критиковали за недостаточное внимание к сельскому хозяйству. Затем, в 1952 году, в другом докладе газету хвалили за освещение сельскохозяйственных тем, но осуждали за недостаточное освещение научной тематики[12]. Хотя этот пример является типичным для Советского Союза, где власти постоянно критиковали руководителей и работников, он также показывает то, как партийное руководство вникало в подробности содержания газет. Строгое регулирование газет со стороны партии оставляло мало возможностей для разнообразия. Основные статьи планировались заранее (как и везде в прессе СССР) и не зависели от новостей. Поэтому обе газеты, находившиеся под влиянием одной и той же местной партии, выглядели очень похожими. Например, сравнение нескольких передовых статей, запланированных на апрель 1951 года, показывает, что в них одинаково повышенное внимание уделялось подготовке и успехам в партийной работе и сельскому хозяйству:

«Буряад-Монголой Унэн»[13]:
1. Борьба за создание кормовой базы для животных — важный вопрос для партийных организаций.
2. Внимательно слушать голос масс.
3. Успешно завершить учебный год в системе партийного просвещения.
4. Больше внимания коммунистическому воспитанию рабочих.

---

[10] [ГАРБ. Ф. П-1. Оп. 1. Д. 5775. Л. 14–5; ГАРБ. Ф. П-1. Оп. 1. Д. 6013. Л. 71–73].
[11] [ГАРБ. Ф. П-1. Оп. 1. Д. 5775. Л. 10–11].
[12] [ГАРБ. Ф. П-1. Оп. 1. Д. 5775. Л. 12–13; ГАРБ. Ф. П-1. Оп. 1. Д. 6013. Л. 112–116].
[13] [ГАРБ. Ф. П-1. Оп. 1. Д. 5775. Л. 20].

5. Лекции и доклады о бурятском языке.
6. Организованно завершим зимовку скота!
7. Организация приема молодняка.
8. Окультуривание лугов — основа повышения производительности трав.
9. Усилить подготовку к весеннему севу.
10. Шире развернем социалистическое соревнование!

«Бурят-Монгольская правда» [ГАРБ. Ф. П-1. Оп. 1. Д. 5775. Л. 21–22]:
1. О совмещении партийной и экономической работы.
2. О роли партии в борьбе за создание устойчивых кормовых баз.
3. О массово-политической работе с животноводами.
4. О соревновании по организации общественной зимовки скота.
5. О строительстве, научной работе и исследованиях.
6. О развитии социалистического соревнования в колхозах.
7. О механизации труда в животноводстве.
8. О роли профсоюзных организаций в развитии социалистического соревнования.
9. О работе в сельскохозяйственных клубах и читальных залах во время весенних посадок.
10. О культурной работе среди животноводов — работа красных уголков и красных палаток.

Судя по выборке заголовков, единственным существенным отличием между двумя газетами была статья в «Буряад-Монголой Унэн» — «Лекции и доклады о бурятском языке». Но списки статей в плане на каждый месяц за период с января по июнь 1951 года свидетельствуют о том, что статьи о бурятском языке, культуре или истории появляются примерно с одинаковой регулярностью в обеих газетах[14]. По сути, обе газеты были одинаковы. Издание на бурятском языке предлагало ту же информацию, что и русскоязычное, для бурят, которые не умели читать по-русски. Но, как уже говорилось ранее, пресса на бурятском языке была

---

[14] См. списки запланированных к публикации статей на эти месяцы в [ГАРБ. Ф. П-1. Оп. 1. Д. 6014. Л. 28–32, 48–51, 102–103].

важна не только для того, чтобы доносить информацию не умеющим читать по-русски. Ее наличие, как и наличие бурятской литературы и книгоиздания, определяло бурят в Советском Союзе как нацию.

Газеты на бурятском языке также имели образовательное, лингвистическое и эмоциональное значение — как памятники культуры. Катрин Элизабет Грабер, которая провела обширное исследование о постсоветских СМИ на бурятском языке, считает, что в бурятских газетах представлен стандартный литературный бурятский язык в физической форме, что позволяет читателям неоднократно использовать эти тексты для обучения. Отдельные люди, библиотеки и учреждения также могут их архивировать, для того чтобы потом воспользоваться как справочными материалами. Кроме того, говорит она, газеты служили способом «материализации языка», так что все буряты, даже не понимающие письменную речь, легко узнают его в газетах и видят в этом важный положительный аспект бурятской самобытной культуры [Graber 2012: 206–210]. По этим различным причинам значение газет в Бурятии не ограничивалось передачей информации. Несмотря на большой символический смысл газет на бурятском языке, их содержание, как и содержание их русскоязычных двойников, часто было скучным и однообразным, как можно судить по приведенным выше заголовкам. Некоторые западные исследователи, занимавшиеся изучением советской прессы, также отмечали этот факт. Кроме этого, они пытались понять, как советские читатели усваивали эту информацию. Читали ли они «между строк»? Пролистывали ли первые разделы, сразу переходя к разделам о культуре и спорте? Или они пропускали идеологическую информацию через себя?[15] Хотя сложно узнать, как именно большинство бурят читало эти газеты, некоторые данные все же есть. В 1968 году проводилось исследование читательской аудитории «Правды Бурятии», в ходе которого было опрошено 1054 человека [Газета «Правда Бурятии» 1971].

---

[15] Различные мнения на этот счет см., например, в [Hopkins 1970; Inkeles, Bauer 1959; Rogers 1968; Shlapentokh 1968; Turpin 1995; Wolfe 2005].

Из общего числа опрошенных примерно две трети жили в Улан-Удэ и одна треть — в сельской местности. Большинство закончило по крайней мере среднюю школу, 37 процентов были членами Коммунистической партии, а средний возраст подписчиков составлял 37 лет. 60 процентов были русскими, 25 процентов — бурятами. В процентном соотношении среди подписчиков газеты было больше бурят, чем русских; также они имели более продолжительный стаж подписки, в среднем являясь подписчиками газеты в течении десяти лет и более. Возможно, это указывает на то, что часть русских, принимавших участие в опросе, недавно иммигрировала в Бурятию, и они не могли так давно читать газету. Или это отражает наличие к 1968 году высокого процента образованных квалифицированных бурят, которые, естественно, регулярно читали местные газеты. На вопрос, почему люди читают газету, самым частым ответом (видимо, из предлагаемых вариантов) был ответ, что для того, «чтобы лучше знать жизнь республики, историю, культуру населяющих ее народов» [Газета «Правда Бурятии» 1971: 25–27]. На вопрос, помогает ли в этом «Правда Бурятии», 69 процентов бурят и 65 процентов русских ответили «да»[16]. Намного более положительный ответ, чем в аналогичных опросах об общегосударственных советских газетах. Например, исследования газеты «Известия» и «Литературной газеты», проводившиеся в национальных масштабах в конце 1960-х годов, показали менее чем 50-процентную удовлетворенность [Shlapentokh 1986: 66–67]. В бурятском исследовании спрашивали читателей и о том, с чего они начинают читать газету. 31 процент ответили, что сначала они просматривают события за рубежом, 18 процентов начинали с передовых статей, десять процентов — со спортивных известий, пять процентов — с материалов на спортивные темы и пять процентов — с экономических вопросов [Газета «Правда Бурятии» 1971: 40]. 88 процентов сказали, что читают раздел о событиях за рубежом полностью, но только около 45 процентов ответили, что читают

---

[16] 14,1 процентов бурят ответили «нет», 9,8 процентов ответили «не знаю», и 7 процентов ответили «да, но недостаточно» [Газета «Правда Бурятии» 1971: 83].

целиком разделы, посвященные политике и идеологии [Газета «Правда Бурятии» 1971: 44]. В бурятском исследовании не поясняется, по каким принципам отбирались опрашиваемые люди, и нет уверенности, что эти люди отвечали честно, но, основываясь на имеющихся данных, вырисовывается картина, показывающая, что большинство читателей газеты обычно были ею довольны и что «Правда Бурятии» служила им основным источником новостей. Хотя большинство читателей также слушали радио, в 1968 году только 12,4 процента указали телевидение в качестве источника новостей. Кроме того, 60 процентов опрошенных не были подписаны ни на какую другую газету [Газета «Правда Бурятии» 1971: 31–34].

Алекс Инкелс и Рэймонд Бауэр, которые в 1950 и 1951 годах интервьюировали послевоенных советских беженцев, обнаружили, что, хотя в большинстве своем люди понимали предвзятость советских газет, они все равно указывали их первыми по важности для получения информации [Inkeles, Bauer 1959: 162][17]. Инкелс и Бауэр также считали, что, даже если люди и относились скептически к содержанию советских СМИ, те все равно влияли на их взгляды [Inkeles, Bauer 1959: 186]. Марк Хопкинс объясняет, что советская пресса «сыграла решающую роль в изменении общественного мнения об агротехнических и технологических методах, управлении производством, распределении, работе и экономическом планировании». Он проводит аналогию с американской рекламой, которая сформировала расхожее суждение, что «новый» является синонимом «хорошего» [Hopkins 1970: 38–40]. В своем роде «Правда Бурятии» и «Буряад Унэн» непрестанно транслировали идею, что новое и современное — прогрессивно и позитивно. Например, в выпусках «Правды Бурятии» и «Буряад Унэн» только за 6 июля 1960 года можно найти статьи о внедрении новых

---

[17] Для этих опрашиваемых ответ о первостепенной важности газет можно считать среднестатистическим. Если делать разбивку по профессии отвечающих, то колхозники и неквалифицированные рабочие на первое место ставили «сарафанное радио», а газеты — на второе. Интеллигенция, специалисты и квалифицированные рабочие указывали газеты на первом месте.

советских технологий, об основании нового важного факультета Бурятского сельскохозяйственного института, об успехах и новаторских методах в различных колхозах и кампаниях [Правда Бурятии. 1960. 6 июля; Буряад Үнэн. 1960. 6 июля]. Особо усиленно расхваливались крупные промышленные проекты, такие как строительство Байкало-Амурской магистрали (БАМа). Только за один 1975 год «Правда Бурятии» напечатала 40 статей об успехах в строительстве железной дороги[18]. Освещая таким образом события, власти могли использовать бурятскую прессу, чтобы продемонстрировать, как хорошо живется в СССР.

Республиканские газеты выполняли еще одну важную задачу — давали шанс обычным бурятам стать участниками сложившейся практики написания писем. Как и всесоюзная «Правда», бурятские республиканские газеты были обязаны принимать письма и по возможности действовать в интересах автора. Журналисты и редакторы газет воспринимали письма очень серьезно. Партия и работники газет рассчитывали, что письма станут связующим звеном между правительством и людьми. По этой причине работники печатных СМИ читали письма, многие из них публиковали и часто отвечали их авторам или действовали в их интересах [Hopkins 1970: 19; Rhodes 1977: 5–6, 40–49][19]. С января по август 1951 года «Бурят-Монгольская правда» получила 4438 писем и опубликовала 1741 из них[20]. За такой же период 1952 года «Буряад-Монголой Үнэн» получила 3010 писем и опубликовала 70 процентов из них под различными заголовками — например, «Письма рабочих» и «Из писем в редакцию». Половина писем, напечатанных в «Үнэн», пришли в издательство написанными по-русски, а затем были переведены на бурятский для публикации[21]. Часть этих писем, вероятно, были переводами

---

[18] [ГАРБ. Ф. П-1. Оп. 1. Д. 8540. Л. 83].

[19] Родес также показывает, что демографический состав авторов писем отличался в зависимости от газеты. Обычно, однако, авторы писем были немолоды и высокообразованны [Rhodes 1977: 60–76].

[20] [ГАРБ. Ф. П-1. Оп. 1. Д. 5775. Л. 74].

[21] [ГАРБ. Ф. П-1. Оп. 1. Д. 6014. Л. 91].

писем из «Бурят-Монгольской правды», другие были написаны русскими, которые хотели быть услышаны бурятской аудиторией, или бурятами, которым было затруднительно писать по-бурятски. Бурятам-профессионалам, например, было проще формулировать свои мысли на русском, потому что на этом языке они получили высшие образование.

Люди писали письма по разным причинам. Иногда они их писали, чтобы поблагодарить других людей или организацию. В других случаях они старались описать что-то исключительное, например высокий урожай зерна одного из колхозов[22]. Другие авторы искали, куда бы пожаловаться, — так, например, государственный служащий из Кабанского района в своем письме жаловался на ошибки в статье о первом школьном дне[23]. Но многие люди писали письма, призывающие к действию. Некоторые авторы обращались с просьбами — например, о том, чтобы в их колхозе показали кино[24]. Но бывали просьбы и серьезнее. Например, в 1951 году сотрудник детского дома отправил в «Бурят-Монгольскую правду» письмо с просьбой не увольнять директора детского дома, которого незадолго до этого критиковали[25]. Газеты часто работали над тем, чтобы помочь авторам писем и удовлетворить их требования. Например, в 1980 году «Правда Бурятии» получила множество писем от рабочих Улан-Удэнского авиационного завода, жаловавшихся на столовую. Газета связалась с руководством столовой, которое пообещало исправить ситуацию[26].

Газетные корреспонденты, используя информацию из писем, проводили исследовательские изыскания[27]. В партийных отчетах 1985 года подробно описывалось, как республиканские газеты изо всех сил старались помочь разобраться с проблемами и вопросами,

---

[22] См. письма в [Буряад-Монголой Унэн. 1950. 1 января. С. 4].

[23] Письмо можно найти в [ГАРБ. Ф. П-1. Оп. 1. Д. 6014. Л. 113].

[24] См. письма в [Бурят-Монгольская правда. 1950. 1 января. С. 3].

[25] Письмо можно найти в [ГАРБ. Ф. П-1. Оп. 1. Д. 5775. Л. 154–158].

[26] Рассказ можно найти в [Правда Бурятии. 1980. 5 июня].

[27] [ГАРБ. Ф. П-1. Оп. 1. Д. 5775. Л. 160–170].

поднятыми в письмах[28]. Разумеется, не всякого рода критику можно было писать и рассчитывать на результат. Но все равно «Бурят-Монгольская правда» и «Буряад-Монголой Унэн» были местной прессой, куда жители республики могли обратиться со своими жалобами. Это была одна из немногих в Советском Союзе возможностей для среднего человека вступить в диалог с партией. В то же время у властей были особые идеи, с которыми они хотели обратиться к гражданам республики через газеты, и они рассчитывали на это средство, чтобы влиять на мнения и взгляды людей.

Изучение содержания «Правды Бурятии» и «Буряад Унэн» за 1950–1980-е годы показывает, что читатели регулярно предлагали тематику, которая подчеркивала прогресс, развитие и модернизацию Бурятии, и примеры того, как хорошо живется при советской власти. Например, в выпуске «Правды Бурятии» за 8 июля 1960 года в одной из статей рассказывалось о том, насколько изменилась жизнь бурятских женщин с приходом Советской власти. На иллюстрации к статье бурят бил бурятку в дореволюционное время. Подпись гласила: «Некому было защитить женщину от побоев» [Правда Бурятии. 1960. 8 июля. С. 2]. В статье акцентировалось внимание на том, что в Советском Союзе были созданы правовые институты, обеспечивающие стабильность и социальную мобильность, благодаря которым некогда бесправные женщины могли рассчитывать на помощь и защиту от насилия. В такого рода статьях усиливались особые идеологические идеи, которые партия хотела донести до бурят, расхваливая выгоды советской модернизационной политики, хвастаясь достижениями, рассказывая об образцовых гражданах Бурятии и выставляя на всеобщее обозрение маркеры высокой культуры. Власти также хотели в прессе выразить значение интернационализма и в особенности русско-бурятской дружбы. Это было очевидно по содержанию статей и по иллюстрациям к ним, на которых изображалась совместная деятельность бурят и русских.

В проанализированных здесь газетах с 1950 по 1980 год фигурирует много показательных примеров советского успеха

---

[28] [ГАРБ. Ф. П-1. Оп. 1. Д. 9838. Л. 11–12; ГАРБ. Ф. П-1. Оп. 1. Д. 9871. Л. 6–7].

мужчин и женщин, бурят и русских. Например, на первой странице «Буряад Унэн» за 15 января 1970 года хвалят доярку Любовь Николаевну за героические удои в связи с празднованием столетия со дня рождения Ленина [Буряад Унэн. 1970. 15 января. С. 1]. В среду 6 июля 1960 года обе газеты — «Буряад Унэн» и «Правда Бурятии» — на первой странице разместили рассказ о русских и бурятских молодых активистах — членах Коммунистической партии [Буряад Унэн. 1960. 6 июля. С. 1; Правда Бурятии. 6 июля. С. 1]. В выпуске за 6 февраля 1980 года передовица сообщала о более чем 30 награжденных рабочих, перечислялись их имена и должности [Правда Бурятии. 1980. 6 февраля. С. 1]. В другой статье «Правды Бурятии» 1970 года, сопровождавшейся фотографиями работников лаборатории, обсуждался научный прогресс в республике [Правда Бурятии. 1970. 17 января. С. 2]. А 10 июня 1970 года вышли статьи с иллюстрациями о бурятской и русской молодежи, работающей на подготовке выборов, а также об ударном труде бурятской работницы текстильной фабрики [Правда Бурятии. 1970. 10 июня. С. 1–2].

На этих примерах — а это всего лишь небольшая выборка — можно проследить, как власти пользовались газетами, чтобы познакомить жителей республики с образцовыми советскими гражданами. Эти образцы служили примерами для подражания и показывали, как люди могут участвовать в общем развитии и модернизации своего региона. Рассказы с фотографиями также демонстрировали общепринятые нормы. Буряты и бурятки почти всегда изображались в западной, небурятской одежде (за исключением некоторых праздников и представлений). Они часто были заняты современной деятельностью — например, смотрели в микроскоп, управляли трактором или работали с заводской техникой. И часто они делали это вместе с русскими. Даже русских и бурятских детей обычно показывали вместе, как, например, в статье «Буряад-Монголой Унэн» 1950 года о пионерском лагере [Буряад Унэн. 1950. 3 июля. С. 3][29].

---

[29] Всю третью страницу занимает статься с изображениями бурятских и русских детей за различными занятиями в летнем пионерском лагере.

Церемония открытия памятника Владимиру Ленину на Площади Советов в Улан-Удэ, 1971 год. Памятник установлен в ознаменование 100-летия со дня рождения Ленина. За памятником стоят республиканские административные здания (слева в процессе строительства)

Такими очерками власти хотели создать у людей ощущение вовлеченности и участия в жизни советского общества. Они рассчитывали внушить чувство преданности Советскому государству и его проекту по модернизации. Кроме того, интернационализм был призван пояснить, что буряты движутся вперед вместе — и с помощью — других советских народов. Эту идею лишний раз подкрепляли изображения русских и бурят, занятых какой-либо совместной деятельностью — сельскохозяйственной, научной, образовательной, церемониальной и пр.

В сопутствующих рассказах, следующих принципам пропаганды дружбы народов, говорилось о том, как русским и бурятам, а также и другим национальностям хорошо работается вместе. Власти давали газетам указания включать эти идеи и проверяли их работу. Например, в партийном докладе 1978 года о «Правде Бурятии» положительно оценивалось качество ее статей по вопросам интернационализма[30]. В «Буряад Унэн» и в «Молодежи Бурятии» с 1970-х годов появились разделы для пропаганды дружеских взаимоотношений и озаглавленные, соответственно, «За дружбу народов» и «Мы — интернационалисты» [Колмаков 2004: 87]. В этих разделах и вообще в газетах регулярно освещалось проведение фестивалей и празднование юбилеев, рассказывалось о том, что было достигнуто совместными усилиями. Отмечались юбилеи основания советской лесозаготовительной промышленности в Бурятии и столетия со дня рождения Ленина, а также шестидесятилетие основания Карельской Республики, в честь чего вышла статья под заголовком «Карелия в братской семье советского народа» [Буряад Унэн. 1970. 13 января. С. 1; Буряад Унэн. 1970. 15 января. С. 1; Буряад Унэн. 1970. 17 января. С. 2; Буряад Унэн. 1970. 9 июня. С. 1; Правда Бурятии. 1980. 5 июня. С. 2]. Юбилеи давали возможность продемонстировать историю эволюции общества к лучшему, отчасти благодаря плодотворным межэтническим отношениям.

Газеты Бурятии также старались наглядно показать достижения республики в области высокой культуры и вовлечь жителей в культурную деятельность. В партийном докладе 1981 года говорится, что «Буряад Унэн» успешно освещала «вопросы культуры советского человека», а также бурятскую литературу в своем разделе «Зеркало»[31]. В статьях 1980 года представлены материалы на такие темы, как выставка бурятского изобразительного искусства в Москве и деятельность двух бурятских исполнительниц — оперной певицы и скрипачки [Буряад Унэн. 1980. 5 февраля. С. 3; Буряад Унэн. 1980. 9 февраля. С. 4]. Когда в том же году в Улан-Удэ приехал ленинградский балет, и «Буряад Унэн», и «Правда Бурятии» хвалили его вступления. В газетах даже появилась фотография главы республики Андрея Урупхеевича Модогоева вместе с артистами балета [Буряад Унэн. 1980. 4 июня. С. 1; Правда Бурятии. 1980. 4 июня. С. 1]. В этих газетах также постоянно печатались образцы бурятской литературы: стихотворения и отрыв-

---

[30] [ГАРБ. Ф. П-1. Оп. 1. Д. 8826. Л. 1].

[31] По-бурятски — «Толи» [ГАРБ. Ф. П-1. Оп. 1. Д. 9129. Л. 1–3, 11, 14].

ки из рассказов и повестей, а также рецензии на книги. Тем самым газеты продвигали высокую культуру, но также могли передавать официальные рекомендации. Например, стихи в «Буряад Унэн» за 13 января 1960 года обращались к проблеме алкоголизма. На иллюстрации к стихотворению был изображен внешне процветающий бурят, запрещающий пить буряту, нездоровому на вид [Буряад Унэн. 1960. 13 января. С. 4].

Хотя местные власти возлагали на «Буряад Унэн» и «Правду Бурятии» важнейшую задачу продвижения в Бурятии высокой культуры и идей модернизации, тиражи газет были не одинаковы. Между 1952 и 1978 годами тираж «Правды Бурятии» вырос с 50 000 экземпляров до 114 000, но тираж «Буряад Унэн» остался на прежнем уровне в 10 000 экземпляров[32]. С версией молодежной республиканской газеты «Молодежь Бурятии» на бурятском языке дела обстояли еще хуже. В 1952 году ее тираж на русском языке составлял 9000 экземпляров, а на бурятском — 3000[33]. К 1978 году русскоязычное издание выходило тиражом 17 365 экземпляров, а издание на бурятском языке сократилось до крошечного тиража в 253 экземпляра[34]. В докладе правительства за 1981 год вина за сокращение тиража «Молодежи Бурятии» на бурятском языке возлагалась на комсомольскую организацию республики. Утверждалось, что она «плохо проанализировала» распространение подписки и мало выпускала статей о бурятском языке и литературе[35]. Могло быть и так, но имелись и другие, более веские факторы, влияющие на это.

В 1975 году в Москве в Союзпечати — Главном управлении по распространению печати — было принято решение увеличить подписку на русскоязычную прессу, а увеличение подписки на нерусскоязычные газеты и журналы приостановить [Szporluk 1986: 47–49]. В последующие за принятием решения годы Союзпечать жаловалась на многочисленные нарушения — в частности, в Татар-

---

[32] [ГАРБ. Ф. П-1. Оп. 1. Д. 8664. Л. 3].
[33] [ГАРБ. Ф. П-1. Оп. 1. Д. 6013. Л. 1–2].
[34] [ГАРБ. Ф. П-1. Оп. 1. Д. 9147. Л. 14].
[35] [ГАРБ. Ф. П-1. Оп. 1. Д. 9147. Л. 15].

ской автономной республике, прибалтийских республиках и Грузии. Но во многих регионах тиражи нерусскоязычных периодических изданий остались прежними или сократились, а подписка на русскоязычные увеличилась. Это особенно касалось нерусскоязычных газет и периодических изданий для молодежи [Szporluk 1986: 52–54]. Хотя темпы роста прессы на бурятском языке уже многие годы отставали от темпов роста русскоязычной прессы, эти данные свидетельствуют о том, что во многих других нерусских регионах местное руководство, несмотря на давление центральных властей, допускало рост нерусскоязычной прессы. Но не в Бурятии[36].

Помимо решения Союзпечати, можно указать и другие причины сокращения тиражей прессы на бурятском языке. В 1960–1970-е годы у учреждений СМИ возникли сложности с поиском специалистов, владеющих бурятским языком. Этому способствовал и упадок образования на бурятском языке. В 1970-х годах, например, в «Молодежи Бурятии» было всего два переводчика бурятского языка — оба работали там многие годы[37]. Даже раньше, в 1962 году, из 59 журналистов республики с высшим образованием (половина из которых были бурятами) только трое были дипломированными специалистами по бурятскому языку и литературе. 14 были специалистами по русскому языку и литературе, 12 — по журналистике и восемь — по истории[38]. Нехватка квалифицированных переводчиков и корреспондентов, знающих литературный бурятский язык, не могла не сказаться на застое и упадке прессы на бурятском языке.

Так же как и в книгоиздании на бурятском языке, не могло не сыграть свою роль и отсутствие спроса. К 1970-м годам большин-

---

[36] В Татарской АССР, где пресса на татарском языке проявила неповиновение центральным властям и в конце 1970-х годов увеличила размер подписки, местное руководство не отменяло обучение на татарском языке. Хотя количество татарских школ и сократилось, особенно в городах, многие татарские дети могли учиться на родном языке вплоть до старшей школы. См. Bateman, "Soviet Language Policy"; Szporluk, "The Press and Soviet Nationalities"; Rorlich, "The Volga Tatars".

[37] [ГАРБ. Ф. П-1. Оп. 1. Д. 9147. Л. 14].

[38] У остальных были дипломы по другим различным специальностям [ГАРБ. Ф. П-1. Оп. 1. Д. 7086. Л. 14–15].

ство бурят хорошо умели читать на русском, и без обучения на бурятском языке многие, вероятно, все хуже читали на родном языке. Поэтому бурятам было проще читать «Правду Бурятии», а не «Буряад Унэн». По содержанию «Правда Бурятии» и «Буряад Унэн», как говорилось ранее, были очень похожи, а содержание «Молодежи Бурятии» часто было одинаковым на обоих языках. Кроме того, планы по развитию и распространению общего бурятского наречия в поздний советский период продолжали сталкиваться с трудностями — особенно ввиду сокращения обучения на бурятском языке, — что нашло отражение и в прессе. Например, на страницах «Буряад Унэн» в 1970-е годы в помощь читателям публиковался словарь недавно появившейся социально-политической терминологии на бурятском языке [Кучмурукова 2002: 141]. Вместо того чтобы учить новые слова, многие буряты могли сделать выбор в пользу более простой русскоязычной прессы. И, читая такие газеты, как «Правда Бурятии», буряты ничего не теряли, поскольку статьи были предназначены в одинаковой мере для бурятских и русских читателей. На их страницах буряты могли узнать о бурятских единоборствах, стрельбе из лука, ювелирном деле, литературе, искусстве и музыке, а также ознакомиться с программой передач радио и телевидения на бурятском языке.

Из анализа бурятской республиканской прессы с 1950-х по 1980-е годы понятно, что «Правда Бурятии» и «Буряад Унэн» были очень похожими изданиями, находились под усиленным контролем и цензурой со стороны партии, были доступнее других газет и ежедневно служили главным источником информации для жителей республики. Несмотря на развитие радио и телевидения, партия высоко оценивала значение местной прессы в качестве основного орудия пропаганды — наравне с литературой. Например, работники просвещения рекомендовали учителям использовать местную прессу в школе на уроках истории и Конституции СССР[39]. Хотя задачи всех СМИ (литературы, прессы,

---

[39] [ГАРБ. Ф. П-1. Оп. 1. Д. 5213. Л. 15].

радио и телевидения) были похожи — показывать успехи и достижения прогрессивной советской системы и социалистического образа жизни, — каждое из них выполняло свое, особенное предназначение. Например, пресса могла предоставлять и предоставляла больше информации, чем вещательные СМИ. В печати публиковались полные тексты партийных постановлений и речей, новая Конституция СССР, списки награжденных и информация о выборах. Так, в 1971 году только в «Правде Бурятии» было напечатано 178 статей, посвященных выборам [Еврасимов 1984: 16]. На протяжении 1960–1970-х годов пресса также все еще была намного доступнее вещательных СМИ, особенно телевидения. Все могли читать стенгазеты, газеты были доступны на работе или в клубе, а многие получали их на дом[40]. Кроме того, информация, представленная в прессе, была разнообразнее, чем в вещательных СМИ. Существовали многочисленные районные, колхозные и заводские газет, затрагивавшие специализированные вопросы, их обсуждать радио и телевидению было нецелесообразно.

Развитие вещательных СМИ

Притом что власти в Бурятии на протяжении всего советского периода постоянно уделяли большое внимание газетам, с поддержкой вещательных СМИ ситуация была намного сложнее. В частности, распространение радио в республике шло довольно медленными темпами[41]. Только с 1931 года началось постоянное официальное радиовещание на русском и бурятском языках. Хотя в 1930-х годах принимались меры, чтобы в деревне появилось радио, но доклады правительства конца 1950-х годов свидетельствуют о том, что многие сельские жители все еще не имели

---

[40] Социологическое исследование, проводившееся в западной части Российской Федерации в 1970-х годах, показало, что три четверти населения, не оформлявшего подписку на газеты, все равно регулярно их читали [Mickiewicz 1981: 43].

[41] Распространение радио шло медленными темпами не только в Бурятии. Оно было медленным по всему Советскому Союзу. См. [Hopkins 1970: 244–248].

возможности слушать радио дома, в клубе или через громкоговорители [Голубев 1974: 12–16]. Например, Отдел пропаганды и агитации в 1957 году жаловался, что по радио они не могут связаться с некоторыми сельскими населенными пунктами Бичурского и Мухоршибирского районов[42]. Только в 1970-х годах власти смогли заявить, что радио доступно всему населению [Голубев 1974: 34; ГАРБ. Ф. П-1. Оп. 1. Д. 10823. Л. 11; ГАРБ. Ф. П-1. Оп. 1. Д. 8391. Л. 11].

В отличие от радио, развитие телевидения в Бурятии шло намного быстрее. Местное правительство поддержало развитие технологии, и телевидение быстрыми темпами распространилось по республике. Однако телевидение возникло в то время — намного позже, чем радио, — когда у республики были ресурсы для его развития. Когда в 1961 году в Улан-Удэ была построена первая телевизионная станция, у многих людей уже были деньги на покупку телевизоров[43]. В 1960–1970-е годы исследователи, статистики, журналисты и партийные руководители считали и хвалились количеством телевизоров — имеющихся в наличии или впервые купленных — в республике. Например, в документе местного правительства от 1963 года говорится, что в республике уже 10 000 телевизоров. В статье из «Правды Бурятии» 1966 года заявляется, что телевизоров 40 000[44]. В другой статье из «Правды Бурятии» 1976 года говорится, что «сейчас телевизионным вещанием охвачено около 80 процентов территории республики, ежедневно его программы смотрят более ста тысяч семей»[45]. Спрос на телевизоры действительно был. В одном из докладов 1964 года руководство города Гусиноозерска жалуется, что люди настолько хотят смотреть телевизор, что даже готовы платить. Писали, что у многих людей в городе теперь есть личный телеви-

---

[42] [ГАРБ. Ф. П-1. Оп. 1. Д. 6701. Л. 96, 126–128].

[43] О росте зарплат в Советском Союзе в 1960-х годах см. [Moskoff 1984: 19–21].

[44] Партийный документ и статья в «Правде Бурятии» от 15 июня 1966 года перепечатаны в [Культурное строительство 1983: 343, 365].

[45] Статья в «Правде Бурятии» от 30 сентября 1977 года перепечатана в [Культурное строительство 1983: 472].

зор и некоторые владельцы берут деньги с других за то, что те приходят к ним смотреть передачи. По этой причине, объясняется в докладе, городу необходимы телевизоры для общественных нужд[46]. Для местных властей наличие телевидения у населения было доказательством того, что Бурятия стала по-настоящему современной.

Руководству в Москве казалось так же. Кристин Рот-Эй считает, что центральное правительство поддерживало телевидение, даже если вначале не было общего мнения о том, как его использовать. Оно было символом современности и отвечало представлениям о «социалистическом счастье», показывало, что Советский Союз во время холодной войны может соперничать с американскими технологиями, и, в отличие от радио, по телевидению советские граждане могли смотреть только отечественные программы (существенное исключение представляла Северная Эстония, где можно было смотреть финское телевидение) [Roth-Ey 2007: 279, 304–305][47]. Она пишет, что во многих регионах Советского Союза местные «энтузиасты» — от чиновников до инженеров — работали над тем, чтобы провести телевидение в свои районы, хотя людей, способных управлять телевизионными станциями, было мало [Roth-Ey 2007: 285–286]. Так было и в Бурятии. Многие бурятские руководители хотели обзавестись новым статусным символом для своего населения и внедрили эту технологическую новинку в Улан-Удэ, хотя там почти не было специалистов по телевидению. Поначалу станция не могла даже обеспечить ежедневное вещание. Однако всего через несколько лет, в 1966 году, на телестанции в Улан-Удэ работало много сотрудников и вещание велось по пять часов каждый день[48].

Вещательные СМИ в итоге широко распространились по территории Бурятии, но задачи, которые ставило перед новыми СМИ местное правительство, почти не отличались от тех, что ставились

---

[46] [ГАРБ. Ф. П-1. Оп. 1. Д. 7252. Л. 27–28].

[47] Также см. ее книгу на эту тему [Roth-Ey 2011]. О том, как смотрели финское телевидение в Эстонии, см. в [Hollander 1972: 121–122].

[48] [ГАРБ. Ф. П-1. Оп. 1. Д. 7415. Л. 10–12].

перед газетами. Как объяснял партийный работник А. А. Бадиев, выступая в 1960-х годах перед бурятскими журналистами, радио и телевидение важны для продвижения научного и технического прогресса, способствуют большей производительности промышленности и сельского хозяйства, необходимы для мобилизации рабочих сил и, высоко оценивая успехи работников, объясняют сельскохозяйственные нововведения и популяризируют важные методы работы[49]. Оценка Бадиевым роли вещательных СМИ практически совпадала с ролью, которую отводил газетам Цырен Очиров, редактор «Правды Бурятии», о чем уже говорилось ранее в этой главе. Оба заявляли, что эти средства массовой информации обладают силой мотивировать рабочих, развивать новые экономические и технические новаторские решения и влиять на мнение людей. Хотя Бадиев и превозносил работу вещательных СМИ, другие чиновники, журналисты и даже работники индустрии развлечений считали их менее престижными и важными, чем печатные СМИ. Например, только в 1960 году центральные власти в Москве позволили радиостанциям сообщать новости раньше прессы. Только в этом году правительство дало указания Информационному агентству ТАСС безотлагательно сообщать о событиях на центральные и местные радиостанции. И даже после этого по радио не сообщали о самых важных решениях партии — их берегли для газет [Hopkins 1970: 242, 244–245]. Советское правительство также, как правило, не придавало первостепенного значения актуальным новостям, и радио с телевидением не были исключением [Hollander 1972: 106]. Кроме ограничений по материалу, который могли передавать вещательные СМИ, в этой сфере работникам зачастую платили меньше и их профессия считалась менее престижной, чем профессия журналиста печатных изданий. В отличие от газетных корреспондентов, которые занимались сочинительством — и поэтому к ним относились с большим уважением, — работа на радио и телевидении не вписывалась в стандартную советскую риторику об интеллекту-

---

[49] [ГАРБ. Ф. П-1. Оп. 1. Д. 10823. Л. 1–28].

альной работе [Hopkins 1970: 236–237; Roth-Ey 2007: 292–293][50]. В партийных выступлениях, восхваляющих развитие современной бурятской культуры, обычно перечислялись «творческие достижения» — в прессе, литературе, театре, — но содержание бурятского телевидения в этот перечень не входило. В партийном докладе 1965 года жаловались на трудности из-за текучки кадров на бурятской телестанции, на проблемы с алкоголизмом, в том числе с пьянством на рабочем месте[51]. Возможно, непрестижность профессии тоже сказалась на сложившейся ситуации. Рот-Эй полагает, что работа на телевидении пользовалась меньшим уважением потому, что телевидение в итоге стало рассматриваться как часть быта [Roth-Ey 2007: 293–296]. В нем видели средство для отдыха советских трудящихся, которым они вознаграждали себя после тяжелой дневной работы, а не среду для творческой деятельности. Такое отношение было очевидным и в Бурятии, когда власти в середине 1970-х годов сочли необходимым вместе со столовыми и жильем для 30 000 рабочих БАМа построить в Северо-Байкальске телевизионную станцию[52].

Несмотря на медленное развитие радио и непрестижность вещательных СМИ, к концу 1960-х годов тысячи жителей Бурятии регулярно слушали радио и смотрели телевидение. Хотя нет региональных исследований о том, как смотрели телевидение в Бурятии, местный ученый Евгений Голубев провел два опроса — один в 1968 году, другой в 1984 — среди радиослушателей. По результатам его исследования, в 1968 году 90 процентов опрошенных радиослушателей (21,7 процента из них были буряты, 60,4 процента — русские) слушали радио не меньше двух часов в неделю, а большинство слушало три часа или больше [Голубев 1974: 31]. На вопрос, где они узнают новости, большинство ответило, что по радио или в газетах. После них люди указывали

---

[50] Холландер также упоминает о критике вещания со стороны «Правды» и «Известий». В частности, говорилось о низком артистическом, идеологическом и техническом уровнях [Hollander 1972: 108].

[51] [ГАРБ. Ф. П-1. Оп. 1. Д. 7325. Л. 31–32].

[52] [ГАРБ. Ф. П-1. Оп. 1. Д. 8160. Л. 166].

в разном порядке «телевидение», «друзья», «коллеги», «семья» и «зарубежные радиопередачи» [Голубев 1974: 35]⁵³. В опросе людям также предлагалось поставить программам оценку «хорошо», «удовлетворительно» или «плохо». Молодежные, спортивные, музыкальные программы получили самую высокую оценку, но ни одна передача — даже на политические или экономические темы — не получила больше 15 процентов оценок «плохо» [Голубев 1974: 32–34]. Возможно, люди испытывали давление, понуждающее их давать более положительную оценку, или отказывались признать, что слушают зарубежные радиостанции, но во многих отношениях в результатах нет ничего удивительного. Они демонстрируют, что люди регулярно слушали радио, узнавая новости по нему или из газет, и самыми популярными были развлекательные радиопередачи.

Опрос 1984 года, охвативший 2 600 радиослушателей (60 процентов русских и 25 процентов бурят) показал сходные результаты. И в 1968, и в 1984 годах люди слушали радио не меньше двух часов в неделю, а большинство — больше [Голубев 1974: 31]. Также они отвечали, что узнают новости преимущественно по радио и из газет, хотя в 1984 году на телевидение пришелся намного более высокий процент, чем раньше [Голубев 1989: 74]. Однако по оценкам удовлетворенности опросы сильно отличались. Опрос 1968 года показал, что большинство людей удовлетворены всеми радиопрограммами, но опрос 1984 года обнаружил бо́льшую неудовлетворенность. Он показал, что люди скорее недовольны, чем удовлетворены передачами на темы здравоохранения, обслуживания населения, народного контроля, расследований коррупции, воспитания и этики. Только половина опрошенных была удовлетворена программами об искусстве и куль-

---

[53] Разбивка ответов опроса по этим категориям следующая (в процентах): 67 — радио, 64,2 — газеты, 31,7 —телевидение, 26,7 — друзья, 24,4 — коллеги, 19,7 — семья, 9,3 — репортажи зарубежного радио, 8 — другое. Результаты этого опроса в том, что касается радио и газет, совпадают с ответами на опрос, который проводился в 1968 году «Правдой Бурятии» (см. выше). Однако в опросе Голубева процент людей, ответивших, что узнают новости по телевидению, был выше.

туре, промышленности и технике и о «проблемах молодежи». Самый высокий показатель удовлетворенности получили новостные, сельскохозяйственные и спортивные передачи. Люди старшего возраста были больше удовлетворены передачами в целом, чем молодые, за исключением передач на темы здравоохранения и обслуживания населения [Голубев 1989: 84]. Люди также выражали большее удовлетворение освещением местных и государственных проблем, чем зарубежных. Около 40 процентов заявили, что недовольны радиопередачами, рассказывающими о событиях и проблемах в других странах. Однако 85 процентов ответили, что они довольны освещением происходящего в Советском Союзе и Бурятии [Голубев 1989: 97]. На вопрос: «Достаточно ли отражаются национальные традиции и обычаи в радиопередачах? Помогает ли радио знакомиться с историей, культурой и бытом народов Бурятии?» — положительную оценку дали почти 60 процентов опрошенных, отрицательную — 17,5 процента, и 14,1 процента ответили «не знаю» [Голубев 1989: 87]. Хотя в публикациях Голубева о его опросах не предлагается для этих ответов разбивка по этнической принадлежности, они все равно весьма показательны. Они демонстрируют, что с 1968 по 1984 год либо выросла неудовлетворенность слушателей радиопередачами, либо в 1984 году люди свободнее высказывали свою неудовлетворенность, чем в 1968-м. Также в результатах, возможно, представлена смена взглядов различных поколений. Опрос 1984 года показал, что удовлетворенность слушателей старшего возраста выше, чем у молодых.

В целом, однако, опрос свидетельствует о том, что многие радиослушатели в 1984 году были недовольны хоть чем-то из того, что слушали. Результаты этого опроса могли повлиять на изменения в программе радиопередач в конце 1980-х годов. Хотя, несомненно, главным фактором, ускорившим изменения, была политика Горбачева, ослабившая цензуру советских СМИ.

Хотя нет работ, изучающих телезрителей в Бурятии, социологические исследования, проводившиеся в других частях России в 1960–1970-е годы, указывают на то, что телевизор смотрели много и в ущерб другим формам проведения досуга. Исследование показывает, что просмотр телевидения зависел от места проживания человека — в городе или сельской местности, — а также от возраста, пола и уровня образования. Но в общем и целом телевизор смотрели все больше, а читали меньше. Телезрители читали меньше книг и — за исключением горожан мужского пола — они также читали меньше газет и журналов. Кроме того, по результатам опроса выходило, что в среднем мужчины смотрели телевизор около 10–12 часов в неделю, а женщины — примерно раза в два меньше[54]. Поскольку большинство женщин в Советском Союзе работали вне дома и еще занимались домашним хозяйством (включая хождение за покупками, отнимавшее много времени), вероятно, у них просто было меньше времени на то, чтобы смотреть телевизор. Хотя в Бурятии телевидение появилось позже, чем в других частях Советского Союза, можно предположить, что картина в республике во многом была похожа.

С развитием вещательных СМИ в Бурятии простые люди стали иным образом получать информацию и проводить свободное время. Они стали больше получать информации из вещательных СМИ, чем из печатных, несмотря на то что власти придавали первым меньше значения. Поскольку власти стремились использовать все формы информационных средств, чтобы приблизить общество к идеальному, в их представлении, им пришлось признать это изменение. Поэтому для достижения этой цели власти составляли соответствующие программы передач радио и телевидения.

Программы радио и телевидения

Содержание программ местных бурятских радио- и телестанций отражало и идеалы партии, и реальность изменений, произошедших в поздний советский период в повседневной жизни.

---

[54] Опросы, проводившиеся в ряде городов, обычно показывали, что сельские жители смотрят телевизор больше, чем городские, а более образованные смотрят телевизор меньше и читают больше, чем менее образованные [Hollander 1972: 110–113].

В радио- и телепередачах, как и газетных статьях или литературных произведениях, жизнь в Бурятии представлялась как трансформация, положительная для общества и выгодная для человека. Программа передач показывает, что к 1960–1970-м годам буряты становились врачами, библиотекарями, районными партийными руководителями и журналистами. В радио- и телепередачах рассказывалось об успехах местных образцовых бурятских граждан и регулярно продвигались повторяющиеся темы о важности высокой культуры, значении советского руководства и дружбы народов.

Как и в других СМИ, вещание на русском языке преобладало — выходило больше передач, чем на бурятском. В 1960-е годы, по спискам из «Буряад Унэн» и «Правды Бурятии», на радиопередачи на бурятском языке в день в среднем приходилось около 45 минут. Телепередачи на бурятском языке вводились вместе с появлением нового СМИ в Бурятии, но в 1970-е годы вещание на бурятском языке и по радио, и по телевидению стало сокращаться [Цыбденова 2003: 95]. Некоторые радио- и телепередачи на бурятском языке были дословным переводом русскоязычных передач. Другие создавались специально. Однако подготовить такие передачи не всегда было просто. Руководители вещательных СМИ жаловались, что сложно найти людей для интервью, которые говорили бы на литературном бурятском и могли общаться, не вставляя русские слова. Буряты — от чиновников до обычных людей — волновались, что им не удастся продемонстрировать должное владение бурятским языком, выступая по радио или телевидению [Graber 2012: 218–221]. Независимо от языка, однако, темы программ на русском и бурятском ничем не отличались. Ничем не отличались они и на радио и телевидении, где часто транслировались передачи с одинаковыми названиями. Например, и там и там шли программы под названием «Коммунист», «Рассказы о коммунистах», «Бурятия литературная» и «Цветок»[55] — передача и на русском, и на бурятском для женщин. Как и в газетах, многие теле- и радиопрограммы предлагали своей

---

[55] По-бурятски — «Сэсэг».

аудитории достаточно скучные темы, подпадавшие под жанр «пропаганды». Около 25 процентов радио- и телепередач в 1970-е годы относились к этой категории и освещали такие темы, как решения партийных съездов, информация о выборах, лекции о марксизме-ленинизме, новости о социалистических соревнованиях, успешно выполненных планах и использовании государственной собственности[56]. Иногда материалом для таких передач становилась работа администрации, как, например, в телепередаче 1979 года, в которой транслировалось партийное собрание в колхозе «Родина» Мухоршибирского района[57].

Также в идеологических целях использовались многие специальные программы на исторические темы и посвященные интернационализму. Власти организовывали передачи с такими названиями, как «Первая бурятская коммунистическая группа» или «Первые колхозы в Бурятии», чтобы рассказать жителям о строительстве социализма в Бурятии; для пропаганды интернационализма создавались такие программы, как «Ленин и образование бурятской социалистической автономии», «Великий Октябрь и духовный прогресс бурятского народа» и «Дружба»[58]. Власти заявляли, что такие программы воспитают «людей в духе социалистического интернационализма и советского патриотизма»[59]. Например, 5 июля 1969 года ведущий радиопрограммы «Бурятия в дружной семье народов нашей страны» рассказывал о том, как «с помощью русского рабочего класса и руководства Коммунистической партии в Бурятии началась социалистическая трансформация». Ведущий высоко оценивает успехи бурят в этом процессе. «Путь бурятского народа в советское время — путь от тьмы, незнания и угнетения к вершине культуры и знаний»[60].

---

[56] См. список телевизионных программ в [ГАРБ. Ф. П-1. Оп. 1. Д. 8826]. О жанрах программ см. [Голубев 1974: 21].

[57] [ГАРБ. Ф. П-1. Оп. 1. Д. 8826. Л. 4].

[58] См. перечень радио- и телепрограмм на 1960–1990-е годы в [ГАРБ Ф. Р-1051].

[59] Цитата касается программы «Дружба». См. [ГАРБ. Ф. П-1. Оп. 1. Д. 8252. Л. 65].

[60] Расшифровку передачи см. в [ГАРБ. Ф. Р-1051. Оп. 1. Д. 66.6]. Цитата взята со с. 4.

Несомненно, такие программы, по замыслу властей, должны были формировать преданность стране, но власти также рассчитывали, что они внушат и региональную гордость за Бурятию.

Программы для детей и молодежи не отличались по тематике и преследовали аналогичные просветительские цели. Например, в молодежной радиопрограмме «Адрес дружбы» 5 июня 1982 года транслировалась передача, в котрой преподаватель истории рассказывал о русском завоевании Сибири. Как и в примере, где говорилось о том, что русский рабочий класс благотворно повлиял на развитие Бурятии, преподаватель объяснял, что вхождение Сибири в состав России благотворно сказалось на бурятах, потому что в конечном итоге поставило их на путь современности. Давая положительную оценку этому имперскому проекту, он утверждал также, что «первые казаки в Сибири были добрыми» и поддерживали «добрососедские отношения» с «аборигенами»[61]. Как говорилось в главе 5, такая трактовка истории Сибири отличается от мнений, звучавших в начале XX века или в постсоветское время.

Как и в газетах, в многочисленных радио- и телепрограммах рассказывалось об отдельных людях и их достижениях. Героями этих передач становились как выдающиеся, так и обычные люди. Например, в радиопередаче «Рассказы о коммунистах» 26 марта 1978 года шла беседа с опытным коммунистом Иваном Васильевичем Ченкировым. Ченкиров рассказывал о том, как стал коммунистом до революции, пережил бурные дни Дальневосточной Республики, как ему представилась возможность, работая на Коминтерн, в 1920-е годы съездить в Монголию[62]. Жизнь Ченкирова была полна приключений, но также служила примером для подражания — как жизнь человека, участвовавшего в строительстве коммунизма в Бурятии.

Чаще в теле- и радиопрограммах рассказывалось о людях, чья жизнь была достаточно обычной, но достойной подражания.

---

[61] Расшифровку передачи см. в [ГАРБ. Ф. Р-1051. Оп. 1. Д. 2052. Л. 9–17].

[62] По-бурятски — «Коммунист тухай хурун». Расшифровку передачи см. [ГАРБ. Ф. Р-1051. Оп. 1. Д. 1613. С 11–19].

Например, вечером 30 октября 1974 года в телевизионной программе «Коммунист» рассказывалось о коммунистах Октябрьского района Улан-Удэ. Среди них была женщина, Моника Васильевна Шаргаева, хорошая пропагандистка, директор школы[63]. Зрители смотрели интервью, которое сопровождалось показом ее школы и кабинета. Ничем не отличались и радиопередачи. В вечерней передаче на бурятском языке «Рассказы о коммунистах» 19 января 1978 года ведущий брал интервью у колхозников-коммунистов. Одной из них была Вера Антоновна Песлева, работящая колхозница, которая в свободное время занималась партийной работой, вырастила двух детей, один из которых служил в Красной армии[64]. В другой вечер, в декабре 1974 года, в той же программе беседовали с Дэмбрэлом Дамжаевичем Будаевым, который рассказывал о своем тракторе модели ДТ-74 и о механизации сельского хозяйства[65]. Еще одна программа 1970-х годов — «Цветок» — предназначалась исключительно для женщин. Она транслировала краткие биографии успешных женщин, работавших в таких важных учреждениях, как лаборатории, фабрики и больницы. Эти женщины делали карьеру, растили детей и соответствовали идеалу современной женщины[66]. Ведущие часто высказывали свое мнение о характере выдающихся тружеников, о том, какие они хорошие родители, как любят свою работу и активно участвуют в жизни своего коллектива.

Кроме передач, освещающих жизнь успешных и образцовых граждан, которые должны были помочь зрителям и слушателям понять, какие индивидуальные черты ценятся в современной Бурятии, были передачи, где в открытую давались советы кон-

---

[63] Расшифровку передачи см. в [ГАРБ. Ф. Р-1051. Оп. 1. Д. 1144. С. 1–37]. Интервью с Шаргаевой на с. 8–9.

[64] Расшифровку передачи см. в [ГАРБ. Ф. Р-1051. Оп. 1. Д. 1613. Л. 1–10].

[65] Расшифровку передачи см. в [ГАРБ. Ф. Р-1051. Оп. 1. Д. 1102. Л. 62–69].

[66] Передача называется «Сэсэг», что по-бурятски означает «цветок». Однако расшифровки передачи за 1974 год в [ГАРБ. Ф. Р-1051. Оп. 1. Д. 1147. Л. 1–69] приводятся на русском языке.

кретной аудитории, например родителям или студентам. В телевизионной программе «Беседа для родителей» обсуждалось, как воспитывать детей и подростков. В передачах 1974 года, например, подчеркивалось, что хорошее воспитание должно включать изучение классической музыки, хороших манер, чтение после школьных занятий и формирование «представления об аморальном капиталистическом прошлом по сравнению с сегодняшней моралью социализма»[67]. В передаче ведущие беседовали с родителями, отвечали на письма, обращались за советами к педагогам и приводили примеры прекрасного родительского поведения. Также в программе осуждались «плохие» родители, которые приходили домой поздно, слишком много времени уделяли телевизору в ущерб детям, и злоупотребляли алкоголем.

Еще одной программой, где регулярно давались советы, была телепередача 1970-х годов «Чем живешь, студент?», предназначенная для студентов высших учебных заведений региона. 26 марта 1974 года ведущий хотел помочь найти ответ на вопрос студента о жизни после выпуска — «о переходе от студенческой жизни к трудовой»[68]. Ведущий пригласил на передачу инженера, который говорил о том, что сначала скучал по студенческой жизни, но потом обнаружил, что это чувство притупилось, потому что ему очень нравится его работа. В программе также рассказывалось об иностранных студентах. 26 ноября 1974 года в программе беседовали с монгольскими студентами, которые учились в Бурятии. Ведущий объяснял, как они приобретают важные навыки в вузах Улан-Удэ, чтобы стать «будущими специалистами институтов новой Монголии»[69].

Вещательные СМИ стали важной площадкой для пропаганды высокой культуры, в частности литературы. Ведущий радиопе-

---

[67] Расшифровку передачи см. в [ГАРБ. Ф. Р-1051. Оп. 1. Д. 1149. Л. 1–105]. Цитата находится на с. 79.

[68] Расшифровку январской передачи см. в [ГАРБ. Ф. Р-1051. Оп. 1. Д. 1168. Л. 10–25].

[69] Расшифровку ноябрьской передачи см. выше, с. 39–48.

редачи, которая транслировалась 5 июля 1969 года, объявил, что после революции «буряты стали грамотные, а дети кочевников теперь читают Маркса, Энгельса и классиков мировой литературы. Они получили более высокий уровень профессионального искусства и литературы»[70]. Радио и телевидение способствовали этому процессу, уделяя внимание местной бурятской литературе, следовавшей западной традиции. В радиопередаче «Новые произведения бурятских писателей», которая выходила и на русском, и на бурятском, ведущий обсуждал литературные произведения, зачитывал отрывки из книг и литературного журнала «Байкал» и беседовал с авторами, которые тоже часто зачитывали отрывки из своих произведений[71]. Например, 14 февраля 1974 года в вечерней радиопередаче на бурятском языке писатель Солбон Ангалаев прочитал свои стихотворения, а после него ведущий прочитал рассказ писателя Георгия Дашибылова[72]. Выбор конкретных произведений для чтения по радио или телевидению часто отвечал пропагандистским задачам партии. 14 августа 1974 года в радиопередаче «Новые произведения бурятских писателей» ведущий прочитал антирелигиозную повесть Доржи Эрдынеева. В повести рассказывается о старом буряте по имени Жаргал, который сначала верил, что в его несчастьях — потере овец — виноваты духи. Однако к концу повести он осознает, что духи тут ни при чем и всему есть логическое объяснение. А заблудившуюся овцу утащил волк[73]. В другой передаче той же программы, вышедшей в эфир в октябре, ведущий читал произведения бурятского поэта Цэдэна Галсанова, переведенные на русский язык. Вместе со стихами о любви и красоте озера Байкал прозвучали и те, где освещались революционные традиции и прославлялось строительство БАМа[74].

---

[70] Расшифровку передачи «Бурятия в дружной семье народов нашей страны» см. в [ГАРБ. Ф. Р-1051. Оп. 1. Д. 66.6. Л. 7].
[71] Расшифровку передачи см. в [ГАРБ. Ф. Р-1051. Оп. 1. Д. 1125. Л. 1–296].
[72] [ГАРБ. Ф. Р-1051. Оп. 1. Д. 1125. Л. 17–33].
[73] [ГАРБ. Ф. Р-1051. Оп. 1. Д. 1125. Л. 157–170].
[74] [ГАРБ. Ф. Р-1051. Оп. 1. Д. 1125. Л. 252–270].

Ничем не отличалась телепередача 1970-х годов «Бурятия литературная». Писателей приглашали, чтобы поговорить об их произведениях и о литературе вообще. Они подробно рассказывали о своей деятельности в Бурятском союзе писателей и часто читали отрывки из своих книг[75]. 27 августа 1974 года ведущий беседовал с бурятским писателем Баиром Дугаровым. Они говорили о природе, и Дугаров прочитал одно из своих стихотворений об озере Байкал[76]. В других подобных передачах рассказывали о книгах, которые скоро должны выйти в Бурятском книжном издательстве, а также о литературной деятельности в библиотеках, районных клубах и домах культуры. Зрителей хотели подтолкнуть к чтению и посещению литературных мероприятий. Эти передачи вносили свой вклад в проводимую правительством политику продвижения литературы — ее содержания и ее значимости для высокой культуры — и повышение престижа писателей.

Хотя содержание программ радио и телевидения было одинаковым, телевидение чаще предлагало что-то новое. В отличие от других форм СМИ, по телевизору зрители могли видеть, как сами писатели читают свои произведения. Они могли заглянуть внутрь фабрик, колхозных клубов, лабораторий и новых современных студенческих общежитий. Телезрители могли увидеть строительство БАМа, появление новых городов, возникавших вдоль его пути, и встретиться с образцовыми советскими гражданами, которые там работали. Люди в Бурятии могли смотреть, как их соотечественники продвигаются по советской дороге к успеху. В то же самое время, однако, буряты могли видеть, чего им не хватает. Деревенские жители могли видеть все те блага цивилизации, которыми обеспечивали работников БАМа, и, возможно, задаваться вопросом о собственной инфраструктуре. Аудитория, которой показывали образцовых директоров фабрик, школ и эффективных должностных лиц, могла сравнить их со своими местными и, испытав недовольство, спросить, почему последние не соответствуют этому уровню.

---

[75] Расшифровку передачи см. в [ГАРБ. Ф. Р-1051. Оп. 1. Д. 1177. Л. 1–159].

[76] [ГАРБ. Ф. Р-1051. Оп. 1. Д. 1177. Л. 119–126].

Если говорить о радио и телевидении, то жители республики могли смотреть трансляции из Москвы. К 1974 году радиослушатели могли выбирать из трех станций — двух бурятских и одной московской[77]. В 1960–1970-х годах телезрители могли смотреть один бурятский канал и один всесоюзный московский канал. После 1981 года стал доступен второй московский канал [Голубев 1989: 45]. Поскольку большинство радио- и телепрограмм бурятского радио и телевидения и всех московских станций велось на русском, то это не могло не внести свой вклад в то, что в поздний советский период буряты стали больше использовать и лучше понимать русский язык.

Благодаря всесоюзному радио и телевидению жители Бурятии могли делать то же самое, что делали другие граждане Советского Союза от Балтийского моря до Тихого океана. Общегосударственные программы могли формировать ощущение того, что буряты являются частью большой страны, разделяя одинаковые интересы и жизненный опыт с другими, близкими по духу гражданами. Этому ощущению способствовали также и фильмы, которые с распространением телевидения буряты часто могли смотреть в собственном доме. В 1970-х годах Центральное московское телевидение транслировало не меньше семи художественных фильмов в неделю [Roth-Ey 2001: 275]. Поскольку среди жителей республики обычно было немного тех, кто подписывался на всесоюзные газеты (см. ранее), телевидение и радио давали возможность приобщиться к общенациональным СМИ. В частности, московское телевидение предлагало телезрителям республики взглянуть на самое лучшее, что мог предложить Советский Союз. Зрителей знакомили с последней модой, новейшей мебелью, самыми современными многоквартирными зданиями и студенческой жизнью в первом университете СССР — Московском государственном университете. Все эти достижения могли произвести впечатление на жителей Бурятии, но также они могли и огорчиться, если бы им показалось, что Бурятия отстает в развитии.

---

[77] [ГАРБ. Ф. П-1. Оп. 1. Д. 7415. Л. 13; Голубев 1989: 34].

Заключение

Обзор газет, радио и телевидения в Бурятии 1950–1980-х годов, прежде всего, дает понять, что множество читателей, слушателей и зрителей постоянно слышали о благотворном воздействии советской модернизации на их повседневную жизнь. Потребителям СМИ всех возрастов регулярно внушалась мысль о том, что в бурятском дорусском и досоветском прошлом не было ничего положительного и что все хорошее появилось при помощи русского народа и благодаря созданию советских институтов. Эти идеи звучали постоянно, несмотря на смену языка и формата. В 1920–1930-х годах небольшой процент грамотных бурят могли получить информацию из газет на бурятском языке; почти все — грамотные или нет — в 1970–1980-х годах имели возможность получить доступ к русскоязычному радио или телевидению. И есть данные, что многие пользовались этой возможностью.

Буряты в своей республике не просто получали послания с этими идеями и были свидетелями процессов изменения форматов СМИ. Они были также хорошо представлены на стороне производства и распределения местных СМИ. Как описывалось в главе 2, многие журналисты, редакторы, писатели и политические деятели республики были бурятами. Бурятские власти помогали создавать местные СМИ и обеспечивать ресурсами их работу и развитие. Также они работали над тем, чтобы удовлетворить растущий спрос на доступ к СМИ, особенно к телевидению. Эти СМИ занимались пропагандой, но также отражали меняющуюся действительность. Об изменениях свидетельствовало само наличие этих СМИ, а также то, что сами буряты в них изображались, их производили и потребляли.

Глава 7
Реформировать, но как?

Бо́льшая часть этой книги посвящена строительству, распространению и функционированию в Бурятии институтов СМИ, культуры и образования с послевоенного времени и до 1980-х годов. К последнему десятилетию советской власти эти институты уже сложились. В этой сфере, ставшей частью быта, работало много бурят. Также эти институты постоянно продвигали культуру прогресса и путь к советскому успеху. Когда в 1985 году М. С. Горбачев возглавил Советский Союз, его реформаторская политика перестройки и гласности повлекла за собой большие изменения в этих институтах как в Бурятии, так и по всей стране. В частности, Горбачев считал, что СМИ должны «играть огромную роль» в осуществлении его реформ, становясь трибуной для выражения новых идей, которые способствовали бы экономическому, социальному и политическому обновлению. Он пытался сделать это, устранив коррумпированных и неэффективных чиновников и заменив их более компетентными [Горбачев 1988: 74]. В Бурятии местное правительство осуществило многие из реформ Горбачева. В самых консервативных СМИ партийное руководство разрешило выражать более широкий спектр идей. Некомпетентные начальники были заменены. Власти откликнулись на некоторые идеи Горбачева, как он и рассчитывал, приблизив их к своим избирателям. В ходе этого процесса также нельзя было обойти требования бурятского национального движения, которое возникло в конце 1980-х годов. Если говорить конкретнее, то местное правительство начало тесно сотрудничать с членами движения, преследуя приемлемые для обеих сторон цели: возрождение бурятского языка, культуры и религий. Но более радикальные цели движения — политические и территориальные пути решения национальных проблем — власти не поддерживали. Также движение не приобрело широкой поддержки своих планов среди населения. К распаду Советского Союза в 1991 году меняющееся местное правительство смогло включить в собственную политическую программу многие требования бурятского национального движения, касающиеся культуры. Политические цели движения в расчет не принимались, а тех, кто пытался их продвигать, оттесняли с политической арены.

В последние годы Советского Союза Бурятия не отличалась радикализмом. Здесь не было вспышек насилия, и мало кто требовал независимости от Союза, как в других местах[1]. Однако многие буряты присоединились к волне национализма, захлестнувшей страну в результате горбачевских реформ. У бурят были свои национальные интересы, и они создали национальное движение, чтобы их озвучить. Движение добилось осуществления многих своих требований в отношении возрождения бурятской культуры, что уже было достижением. Бурятское общество не было настроено особенно революционно, но оно сильно изменилось в конце советского периода. Ученые, журналисты и представители других профессий в Бурятии обнажили местные экономические, социальные и политические проблемы. Они разоблачали коррупцию и предавали огласке «трагические эпизоды» бурятской истории в Советском Союзе. Многие люди в Бурятии также намного громче, чем раньше, выражали сожаление из-за утраты национальных традиций, культуры, религий и языка. Бурятские СМИ предоставили жителям республики возможность поделиться в эфире своими претензиями. К 1991 году местные институты СМИ, культуры и образования стали неотъемлемой частью процесса описания, продвижения и содействия возро-

---

[1] Многие другие ученые также отмечали это в отношении бурят, особенно в сравнении с другими национальностями Советского Союза. См., например, [Balzer 1994: 56–88; Beissinger 2002: 215–217; Fondahl 1997: 209–210; Giuliano 2011: 36, 196–199; Humphrey 1996: 120–124].

ждению в бурятской культуре. Они вводили новые виды общественной деятельности — от уроков брейк-данса до телевизионных шоу знакомств, которые некогда по советским нормам были под запретом. Кроме того, активизировались новые и старые религиозные организации, что тоже повлияло на быстро меняющееся общество. Многое из этого было новым, но не полностью уникальным, поскольку люди по всему Советскому Союзу переживали одинаковый опыт.

Ученые, изучавшие национализм в конце советского и в постсоветский период, пришли к неоднозначным выводам о том, как разные советские народы выражали свои националистические требования. Одни утверждали, что социальная мобильность в Советском Союзе усиливала этнические противоречия и чувство национального самосознания, не способствуя ассимиляции [Burg 1992: 338–339; Simon 1991: 275–279; Suny 1992: 307]. Роберт Кайзер, например, связывает социальную мобильность с сепаратизмом и считает, что там, где титульные национальности преуспели в достижении политических и профессиональных должностей, национальный сепаратизм был развит сильнее [Kaiser 1994: 248–249]. Хотя это и верно в отношении некоторых частей Советского Союза, но не для Бурятии. Исследование Элизы Джулиано о национализме в этнических республиках России показало, что в таких регионах, как Бурятия, где титульная национальность была чрезмерно представлена среди служащих, национализм выражался в более сдержанной форме [Giuliano 2011: 89]. Она полагает, что для широкого распространения националистических движений необходимо, чтобы у большого процента членов этнической группы были основания для недовольства. Также этому способствует убежденность, что личный и групповой статус можно улучшить, если высказать свое недовольство и связать свою судьбу с судьбой своей нации [Giuliano 2011: xi]. У бурят, несомненно, были основания для недовольства, например из-за политики Сталина, приведшей к уничтожению бурятской элиты, религиозным репрессиям, территориальным изменениям и коллективизации, но эти проблемы не разожгли обширное сепаратистское движение. Наоборот, многие буряты повели себя более прагматично, стараясь сохранить политическую стабильность и повысить экономические выгоды от нахождения в составе России. Марк Бейсинджер говорит, что в таких местах, как Бурятия, где титульная национальность составляет меньшинство и гегемония центральной власти сильна, преследование националистических целей и выражение недовольства обидами прошлого людям представляется «невозможным» и даже «нелепым» [Beissinger 2002: 217]. Действительно, многим бурятам идея бурятского государства, независимого от России, в основном казалась нецелесообразной и несбыточной.

Отсутствие радикализма среди большинства бурят в конце советского периода можно отнести на счет советской политики модернизации, которая была им выгодна. Бурятское общество трансформировалось, особенно после Великой Отечественной войны, благодаря активному участию бурят в политических, образовательных и культурных институтах и институтах СМИ. Поэтому они в массе своей не были враждебно настроены к советскому режиму. Бхавна Дейв приводит те же доводы в отношении казахов, объясняя, что затраты Советского государства на модернизацию и развитие помогали сокращению националистического потенциала, а также антирусских протестов [Dave 2007: 161]. Как и у казахов, в конце 1980-х годов у бурят было национальное движение и были основания для недовольства. Однако стремительная социальная мобильность и быстрые темпы повышения уровня образования в послевоенные годы повлияли на то, как националистические идеи были восприняты широкими слоями населения. В Бурятии активисты предъявляли культурные, политические и территориальные требования, но только культурные требования получили широкую поддержку. Более радикальные идеи оттеснялись на задний план, и большинство считало их недостижимыми.

Политика Горбачева и ее местное проявление в конце 1980-х годов привели в Бурятии к стремительным, кардинальным и неоднозначным изменениям. Эта глава состоит из трех разделов и повествует о событиях начиная с 1986 года и заканчивая распадом Советского Союза. В каждом разделе рассказывается о деятельности бурятского национального движения и местного правительства. Кроме того, в них уделяется особое внимание институтам СМИ, культуры и образования. Эти институты важны, поскольку служили основной площадкой для выражения разнообразных мнений, а также продолжали играть роль средства связи между правительственными чиновниками и народом. Представители интеллигенции, государственные власти, журналисты, религиозные лидеры и обычные люди также создавали новые институты, преследовавшие многие общие для бурятского национального движения и правительства цели в отношении возрождения бурятских традиций, религий и языка. В то же самое время местное правительство, хотя его состав и изменился, продолжало продвигать свои интересы — не всегда совпадавшие с интересами бурятского национального движения — через те же самые СМИ и официальные институты.

Ученые Бурятского филиала Советской академии наук в Улан-Удэ первыми в 1968 году подготовили и сформулировали программу бурятского национального движения. В последующие годы многие другие внесли свой вклад в ее формирование, создав множество различных организаций с разнообразными требованиями. Эти организации писали петиции, проводили конференции и печатали статьи в местной прессе. Их деятельность и стремление защитить национальные права бурят в Советском Союзе и считаются бурятским национальным движением. Движение состояло преимущественно из представителей интеллигенции, но также оно поддерживало тесные и взаимосвязанные отношения с местным правительством, так что сложно полностью отделить одно от другого.

Гласность и бурятское национальное движение: 1986–1989 годы

В 1986 и 1987 годах бурятские ученые начали организовываться и публично выражать озабоченность состоянием бурятских национальных дел. Одним из первых шагов было создание в декабре 1986 года небольшой организации — «Группа бурятской интеллигенции». Вскоре после создания группа отправила в Казахстан письмо в поддержку протестов против снятия с должности главы республики, этнического казаха Динмухамеда Кунаева, и назначения вместо него этнического русского [Хамутаев 2005: 71–72, 80][2]. Письмо имело особое значение для «Группы бурятской интеллигенции», потому что главой Бурятской республики в 1984 году был назначен этнический русский — Анатолий Беляков. Впервые со времен Сталина ставленником центрального правительства стал небурят. Многие представители бурятской интеллигенции негласно критиковали его назначение[3]. Поэтому письмо 1986 года, хотя и касалось событий в Казахстане, можно связать с недовольством местной политикой.

На протяжении 1987 года «Группа бурятской интеллигенции» проводила конференции, семинары и круглые столы, на которых обсуждался бурятский вопрос. Эти события привели к созданию в марте 1988 года объединения «Гэсэр», названного в честь героя бурятской эпической поэмы. Опять произошла переоценка значения «Гэсэра» для бурятского общества. В «Гэсэр» вошел более широкий круг интеллигенции: не только ученые, а также студенты, учителя, работники культуры и другие специалисты. Присоединились к нему и бурятские интеллигенты, находящиеся за пределами республики. В мае 1988 года «Гэсэр» провел свою первую конференцию в Центральной публичной библиотеке Улан-Удэ. На конференции руководителями объединения были намечены основные требования, характерные для бурятского национального движения в последние годы Советского Союза. Впервые их сформулировал «Гэсэр», но более поздние организации повторяли и дорабатывали их [Хамутаев 2005: 79–81; Balzer 1994: 76–77].

---

[2] Подробнее о событиях в Казахстане см. [Dave 2007: 84–89].

[3] Небуряты, Семен Денисович Игнатьев (в должности в 1937–1943 годах) и Александр Васильевич Кудрявцев (в должности в 1943–1951 года), были выбраны первыми секретарями Бурят-Монгольской Республики после того, как в 1937 году был репрессирован бурят Михей Николаевич Ербанов. После 1951 года должность первого секретаря занимали этнические буряты. См. главу 3.

Требования движения можно свести к пяти крупным проблемам, которые в целом касались восстановления маркеров бурятской территории и идентичности, ранее установленных советским правительством, но уничтоженных в ходе последующих политических мер, или возрождения традиций, утраченных, как казалось, в ходе осуществления долгосрочного государственного проекта по социалистической модернизации[4]. Самым дискуссионным из пяти требований был призыв к руководству республики пересмотреть конституционность и социальные последствия раздела бурятской территории в 1937 году. В том году из Москвы пришли указания сократить территорию Бурят-Монгольской Автономной Советской Социалистической Республики (АССР) на 40 процентов[5]. Из территории республики были сформированы два новых небольших бурятских автономных округа: Усть-Ордынский Бурят-Монгольский национальный округ и Агинский Бурят-Монгольский национальный округ. Эти территориальные изменения не обсуждались с правительством Бурят-Монгольской Республики. К тому же они осуществлялись в то время, когда бо́льшая часть ее руководства была репрессирована. Этот территориальный раздел нарушал Статью 15 Конституции Бурятской АССР, в которой говорилось, что ее территория не может быть изменена без согласия правительства Бурят-

---

[4] Хотя многие буряты во время горбачевских реформ выражали обеспокоенность из-за экологической ситуации, особенно с озером Байкал, я не включила их в мой список пяти основных требований бурятского национального движения. Зачинателями экологического движения в Сибири были этнические русские еще в 1960-х годах, отчасти оно было связано с русским литературным направлением деревенской прозы. Многие считают развитие экологического движения в горбачевскую эпоху многонациональным явлением, а не делом исключительно одной национальности. Подробнее об этом см. [Balzer 1994: 77; Humphrey 1996: 123; Rainey 1991: 46–60]. Также см. статью Н. Л. Жуковской, которая аналогичным образом, но более подробно разделяет на категории требования бурятского националистического движения в 1990–1991 годы [Zhukovskaya 1992: 27–41]. Жуковская тоже не включает в свой анализ экологические проблемы. Также подробнее о направлении русской деревенской прозы и о бурятах, которые писали в 1960–1970-е годы о проблемах окружающей среды, см. главу 5.

[5] Подробнее о разделе территории в 1937 году см. главу 2.

Монгольской АССР. Решение было принято исключительно в Москве и проводилось в рамках общей политики, направленной против приграничных народов Советского Союза, чья верность в преддверии надвигающейся войны подвергалась сомнению [Палхаева 2000: 28–34; Елаев 2000: 217–218, 221–223]. Кроме потери территории это означало и потерю 40 процентов бурятского населения республики. Когда в 1923 году была сформирована АССР, в республике проживало 90 процентов бурят Советского Союза. После 1937 года — чуть больше 50 процентов [Болхосоева 2002: 94][6].

Второй вопрос, тоже вызывавший много споров, касался названия республики. В 1958 году слово «монгольская» было исключено из первоначального названия основанной в 1923 году республики. Бурят-Монгольская АССР стала просто Бурятской АССР. Это коснулось и названий двух округов[7]. Официальной причиной служило то, что старое название неверно отражало национальный состав республики — как бы в ней жили буряты, а не монголы. Но буряты были монголами, и многие представители интеллигенции конца 1980-х годов хотели подчеркнуть свою связь с общей культурой и историей монгольских народов. По этой причине, как и с вопросом о разделе 1937 года, бурятское национальное движение призывало руководство республики пересмотреть переименование.

Три других требования были менее непримиримы и получили бо́льшую поддержку, чем требования изменить территорию и название. Одним из них было требование возродить бурятский язык. Как говорилось в предыдущих главах, к 1980-м годам в Бурятии употребление языка переживало серьезный упадок. Многие годы образовательные и культурные институты, а также СМИ уделяли русскому языку больше внимания, чем бурятскому.

---

[6] Однако начиная с послевоенных лет большое количество бурят переселяется обратно в Бурятию, что продолжается и в наши дни (см. главу 3).

[7] Смена названия означала также то, что все институты (пресса, издательство и т. д.) тоже должны были быть переименованы. Кроме того, были переименованы и два бурятских автономных округа. Подробнее о переименовании см. главу 3.

В начале 1970-х годов образование на бурятском языке было полностью отменено. Количество газет, книг, радио- и телепрограмм на бурятском языке также неуклонно сокращалось. К 1981 году только около 50 процентов опрошенных бурят регулярно читали газеты, слушали радио или смотрели телевидение на бурятском языке [Голубев 1989: 61][8]. На конференции «Гэсэра» в мае 1988 года участники призвали увеличить количество СМИ на бурятском языке, вторя высказывавшимся уже в начале 1980-х годов опасениям и постановлениям правительства[9]. Члены объединения также предложили ввести бурятский язык как предмет во всех общеобразовательных школах и вернуть обучение на бурятском языке в бурятские национальные школы [Хамутаев 2005: 79].

Четвертым требованием бурятского национального движения был призыв наладить более прочные отношения между бурятами в России, Китае и Монголии, а также между всеми монгольскими народами в целом. Отчасти это было попыткой восстановить связи с тысячами бурят, которые во время коллективизации 1930-х годов бежали со своими стадами в Монголию или Китай, чтобы их не принудили к оседлому образу жизни. Также это был призыв к новым отношениям с монгольскими народами и преодолению негативных ассоциаций с панмонголизмом, появившихся в 1930-х годах. В то время этот термин использовали, предъявляя обвинения важным политическим и культурным лидерам, от которых стремились избавиться[10]. Власти заявили, что «панмонголист» — это националист, «буржуй», а не «интернационалист» или тот, кто поддерживает дружественные отношения среди советских наций. Поэтому клеймо панмонголиста могло испортить человеку карьеру, а то иметь и более неприятные последствия. Теперь, в конце 1980-х годов, многие участники

---

[8] Результаты опроса начала 2000-х годов показывают, что это количество сократилось до 5 процентов См. [Доржиева 2004: 79].

[9] См. главу 5.

[10] Подробнее о коллективизации, оттоке населения, сталинских чистках и последствиях обвинения в «панмонголизме» в 1930-х годах см. главу 2.

бурятского национального движения видели в возрождении панмонголизма, пусть даже ограниченного просто большей свободой общения с заграницей, положительное развитие.

Последним из общих требований движения в горбачевскую эпоху был призыв к возвращению бурятских религий, праздников и традиций. Первоначально практиковавшие шаманизм, многие буряты обратились в буддизм в XVI веке, когда из Тибета и Монголии в Бурятию пришли проповедники. Буддизм получил статус официальной религии в Российском государстве в 1741 году. Однако, как и все религии в Советском Союзе, буддизм и шаманизм существенно пострадали от советской политики пропаганды атеизма. Кроме того, к 1980-м годам многие бурятские праздники и обычаи находились под запретом, были вытеснены или заменены советскими праздниками и обычаями или просто забыты. По этой причине бурятское национальное движение призывало к возрождению религий и традиций. Тогда же несколько участвовавших в движении представителей интеллигенции начали поднимать эти вопросы в республиканских газетах. Статьи писали в основном они, а не журналисты. Бурятская интеллигенция привыкла писать в центральных республиканских газетах, потому что так было принято в Советском Союзе, где интеллигенции вменялось в обязанность регулярно высказываться на различные темы в местных и центральных СМИ [Hopkins 1970: 305].

Когда в Бурятии в это время стала проводиться политика гласности и перестройки, провозглашенная Горбачевым, местная республиканская пресса выглядела так же, как и в прежние годы. Как и раньше, в ней было много статей о дружбе русского и бурятского народов, о роли бурят в советской истории и современных достижениях республики. В СМИ было крайне мало признаков начала формирования бурятского национального движения. В партийном докладе 1986 года «Буряад Унэн», газету на бурятском языке, хвалили за пропаганду русско-бурятской дружбы. В нем одобрительно отзывались о том, как на ее страницах «активно обсуждаются великие учителя русского языка», которые «помогают привить детям интернациональное чувство и любовь к русскому языку». Также в нем говорилось, что в газете «часто публикуются материалы о ведущей роли русского народа в подготовке национальных кадров в экономике, промышленности, сельском хозяйстве, технике, науке и культуре республики». Также в докладе отмечалось, что «Буряад Унэн» регулярно пишет «о совместных усилиях русского и бурятского народов в годы революции и Великой Отечественной войны», «о смешанных браках» и часто публикует фотографии русских и бурят[11].

В другом партийном докладе 1986 года сходным образом хвалили главную русскоязычную газету — «Правда Бурятии» — за «укрепление дружбы народов», «фотографии многих народов разных национальностей» и многочисленные статьи об интернационализме, братской дружбе, о бурятах и русских, работающих вместе и разделяющих одинаковые цели[12]. Анализ содержания главных газет республики, сделанный бурятским ученым Эрдэмом Дагбаевым в 1986 году, подтверждает эту мысль. Анализ Дагбаева показал, что «Правда Бурятии» опубликовала всего пять, а «Буряад Унэн» — всего девять статей на тему бурятской национальной политики [Дагбаев 1995: 66]. Отсутствие внимания к бурятской тематике было типичным, и, возможно, многим было сложно представить, что могло быть иначе. Другой местный ученый, Евгений Голубев, проводивший исследование СМИ и их потребителей в 1985 году, обнаружил, что читатели газет в целом были удовлетворены освещением местных проблем. Только около десяти процентов опрошенных заявило о своей неудовлетворенности[13].

Однако в 1987 году местные власти начали настаивать на изменении редакционной политики и оказали давление на «Правду Бурятии» и «Буряад Унэн», чтобы те отреагировали на новую

---

[11] [ГАРБ. Ф. П-1. Оп. 1. Д. 1088. Л. 43–46].

[12] [ГАРБ. Ф. П-1. Оп. 1. Д. 1088. Л. 53–57].

[13] Голубев, проводивший опрос среди радиослушателей, также обнаружил, что большинство людей были удовлетворены освещением новостей в республиканских газетах. Однако эти опрошенные (26,3 процента) заявили о неудовлетворенности освещением событий и вопросов международной тематики. См. [Голубев 1989: 97]. Подробнее об этом см. главу 6.

политику перестройки и гласности. Данные говорят о том, что это было непросто. В докладе местного отделения пропаганды и агитации 1987 года прозвучали жалобы, что, несмотря на то что отдел «активно работал с Союзом журналистов» по поводу новой политики, тот по-прежнему «не возглавляет дискуссии» о проблемах перестройки, а именно «о радикальной экономической реформе, развитии социальной сферы и распространении социального самоуправления»[14]. Хотя в республиканской прессе в 1988 году некоторым гражданам было позволено писать новые статьи, критикующие советскую политику в Бурятии, в докладах местной партии звучали жалобы на то, что «Правда Бурятии» и «Буряад Унэн» все еще слишком консервативны и не адаптируются к реформам и гласности. В одном из партийных докладов выражалось негодование тем, что даже «перестройка не устранила ее ["Правды Бурятии"] серость». Заявлялось, что «Правда Бурятии» намного хуже, чем газеты расположенных поблизости Иркутска и Читы[15]. В другом партийном докладе выражалось недовольство тем, что «Буряад Унэн», несмотря на хорошие репортажи, касающиеся интернационализма, не опубликовала достаточное количество статей с более глубоким анализом таких вопросов, как проблемы бурятского языка[16]. Местное бурятское партийное руководство предлагало меры по улучшению бурятской прессы, а именно ввести новую регулярную рубрику по истории и культуре Бурятии и публиковать больше статей по здравоохранению и медицине[17].

Примечательно, что местному партийному руководству пришлось оказывать давление на газету на бурятском языке — даже с приходом гласности, — чтобы та начала публиковать больше материалов о бурятской культуре. Но советские журналисты слишком долго находились под жесткой цензурой и строгим руководством со стороны партии — и журналисты, писавшие

---

[14] [ГАРБ. Ф. П-1. Оп. 1. Д. 10226. Л. 42–45].
[15] [ГАРБ. Ф. П-1. Оп. 1. Д. 10479. Л. 10–12].
[16] [ГАРБ. Ф. П-1. Оп. 1. Д. 10622. Л. 40–43].
[17] [ГАРБ. Ф. П-1. Оп. 1. Д. 10622. Л. 1].

на бурятском языке, не являлись исключением. Глэдис Гэнли объясняет, что журналисты в Советском Союзе в чем-то были плохо подготовлены к профессии, потому что в их образовании слишком значительное место занимала политико-идеологическая подготовка, а не приобретение практических навыков [Ganley 1996: 7]. Томас Вольф считает, что самым главным предназначением советского журналиста было проецирование «представления о социалистической личности» [Wolfe 2005: 2]. Возможно, что бурятские журналисты были настолько хорошо обучены изображать бурят как хороших социалистических интернационалистов, что им было сложно представить, как (не влипнув в неприятности) выпустить газету о чем-то другом. Кроме того, Беляков, глава республики, сопротивлялся политике гласности и перестройки, в том числе и в местной партийной прессе [Хамутаев 2005: 76]. Это существенно накаляло обстановку вокруг темпов и осуществления реформ в самой местной партии и ее СМИ.

Несмотря на эти проблемы, газеты все-таки начали в 1988 и 1989 годах публиковать статьи участников бурятского национального движения. В частности, ученый Ширап Чимитдоржиев, ставший ведущей фигурой движения, в это время начал писать статьи в «Правде Бурятии» и «Буряад Унэн» о пяти ранее упоминавшихся требованиях [Хамутаев 2005: 90]. Также публиковались написанные в издательство письма на эти темы. Например, в «Правде Бурятии» в сентябре 1989 года было напечатано письмо от «ветерана партии» Д. Бумбеева и «инженера» Л. Раднаевой, которые призывали вернуть республике название Бурят-Монгольская АССР. Также они критиковали проведенные в 1920–1930-х годах Москвой орфографические реформы бурятского письменного языка, когда бурятский перевели сначала с монгольского письма на латиницу, а затем — на кириллицу[18].

В отличие от газет, в программах местного радио и телевидения не предлагалось регулярного формата для выражения политиче-

---

[18] Письмо перепечатано в [Как исчезла 2004: 55–57]. Подробнее о языковых реформах 1920–1930-х годов см. главу 2.

ских взглядов так, как это делалось в прессе Бурятии в конце 1980-х годов. Ученые, изучавшие бурятское национальное движение, постоянно указывают на прессу как на основное средство массовой информации для публичной защиты бурятских национальных интересов[19]. Это частично объясняется различием форматов прессы и вещательных СМИ. Любой человек в Бурятии мог написать письмо в республиканскую прессу. Представителям интеллигенции — главным лидерам бурятского национального движения — было легко это сделать. Попасть на радио или телевидение было намного сложнее. Программы планировались заранее, и, чтобы принять участие в передаче, нужно было получить приглашение.

Обзор радио- и телепередач 1987 года свидетельствует о том, что, хотя все еще можно было найти множество примеров с передачами на обычные темы — такие, как дружба народов и благотворное влияние советской власти в Бурятии, — в других передачах предлагались альтернативные идеи и трактовки бурятской истории и культуры[20]. Хорошим примером этого служат литературные программы. Во многих передачах продолжали популяризироваться литературные произведения на уже привычные темы — такие, как Великая Отечественная война, атеизм, БАМ и современные сельскохозяйственные методы, — но в других говорилось о произведениях на ранее запретные сюжеты. Например, ведущий «Радиобиблиотеки» знакомил слушателей со стихотворениями о бурятской традиционной культуре,

---

[19] Все исследования, посвященные бурятскому национальному движению в Бурятии, проводившиеся такими учеными, как Ш. Б. Чимитдоржиев, Э. Д. Дагбаев, А. А. Елаев и Е. А. Строганова [Строганова 2001] постоянно указывают республиканскую прессу как основную площадку, где Бурятское национальное движение публично выражало свои интересы. Однако Хамутаев пишет, что телевидение и радио начали играть очень важную роль в месяцы, предшествовавшие отставке Белякова в марте 1990 года. Он рассказывает, что в этот период времени некоторые предводители Бурятского национального движения появлялись в интервью на радио и телевидении [Хамутаев 2005: 84–85].

[20] Расшифровки радио- и телепередач этого периода см. в [ГАРБ. Ф. Р-1051].

в одном из которых описывалось, как отмечают запрещенный праздник Сагаалган (монгольский Новый год по лунному календарю)[21]. В телевизионных программах о литературе с февраля по октябрь 1987 года обсуждались репрессированные писатели, многие из которых подверглись чисткам в 1937 году. В программах освещали их жизнь и хвалили их сочинения. Также зрителям сообщали о выходе в печати их прежде не издававшихся произведений[22].

Наличие таких радио- и телепрограмм, а также попытки сделать партийную прессу менее консервативной отражали изменения позиции правительства в это время. Политика гласности и перестройки призывала к большей открытости и побуждала бурятское республиканское правительство изучать — или хотя бы позволять высказывать — различные точки зрения. Поэтому таким людям, как Читидоржиев, было разрешено публиковать статьи о требованиях бурятского национального движения, и вещательные СМИ могли транслировать в эфире передачи о репрессированных бурятских писателях. Изменения в партии и ее средствах информации открыли перед людьми возможность регулярно затрагивать запрещенные темы. Такое развитие событий было крайне важным для бурятского национального движения, у которого не было независимых СМИ, а также народного фронта или политической партии для организации подобной общественной деятельности. Хотя в октябре 1989 года члены «Гэсэр» и «Группы бурятской интеллигенции» попытались создать политическую партию, эти попытки увенчались успехом только в следующем году [Хамутаев 2005: 92].

Из пяти требований, озвученных бурятским национальным движением между 1986 и 1989 годами, о которых упоминалось в начале раздела, правительство за это время отреагировало положительно на те, которые касались упадка бурятского языка.

---

[21] Расшифровки этих передач см. [ГАРБ. Ф. Р-1051. Оп. 1. Д. 2571; ГАРБ. Ф. Р-1051. Оп. 1. Д. 2850].

[22] Расшифровки этих передач см. [ГАРБ. Ф. Р-1051. Оп. 1. Д. 2622]. Февральская передача — на с. 1–13, а октябрьская — на с. 32–41.

Власти всей страны полностью отдавали себе отчет в том, что утрата языка становится с 1970-х годов все актуальнее для многих народов Советского Союза, в том числе и бурят. В Бурятии руководство стало признавать в начале 1980-х годов — еще до эпохи гласности, — что исчезновение бурятского языка представляет серьезную проблему. В 1981 году правительство издало постановление улучшить преподавание бурятского языка и литературы в общеобразовательных школах. Но реализация этой задачи — образования на бурятском языке — продвигалась медленно[23]. Когда в конце 1980-х годов использование бурятского языка сократилось еще больше, проблемой озаботились широкие слои бурятского общества. Правительство позволило интеллигенции говорить о проблемах языка в статьях, на конференциях и круглых столах. Кроме того, оно поручило своим пропагандистам и лекторам поднимать обсуждение этой темы в культурных и образовательных учреждениях и на рабочих местах[24]. Представители государственной власти изучали этот вопрос на собраниях и делали публичные заявления. Например, глава Кижингинского района в Бурятии публично призвал к повышению статуса бурятского языка в республике и к внесению изменений в Конституцию Бурятской АССР, чтобы обеспечить его преподавание в школе [Хамутаев 2005: 91]. Со стороны властей не потребовалось значительных усилий или изменения идеологии, чтобы ответить на призыв бурятского национального движения повысить статус бурятского языка, потому что они уже занимались этим в течение нескольких лет. Однако для того, чтобы власти услышали другие четыре требования бурятского национального движения в конце 1980-х годов, потребовались более значительные изменения, причем на самом высоком уровне.

---

[23] [ГАРБ. Ф. П-1. Оп. 1. Д. 9526. Л. 1]. Документ Министерства просвещения 1985 года свидетельствует, что в большинстве районов республики меньше половины школ с большим процентом бурятских учащихся преподавали бурятский язык [ГАРБ. Ф. Р-60. Оп. 1. Д. 2437. Л. 8–13]. Подробнее об образовании и языке см. главу 4.

[24] [ГАРБ. Ф. П-1. Оп. 1. Д. 10486. Л. 19–21].

Напряжение нарастает: 1990 год

Одним из самых значительных событиях 1990 года в Бурятии была широкая кампания, в ходе которой был отправлен в отставку глава республики — первый секретарь обкома Анатолий Беляков. Как упоминалось ранее, Беляков не пользовался популярностью среди бурятской интеллигенции. Но его смещение произошло из-за жалоб не одних только бурятских интеллигентов, а также русских и бурятских партийных работников и обычных граждан. Многие жаловались, что Беляков не проводит в республике горбачевских реформ, что он уволил многих талантливых людей и заменил их преданными ему консерваторами и что он допускает коррупцию. Такие люди, как ученый Маркс Мохосоев, начали открыто критиковать правительство Белякова, а журналисты стали печатать статьи, в которых документально доказывались случаи коррупции высокопоставленных партийных работников — подчиненных Белякова, которые получали продукты и другие услуги напрямую от поставщиков, а не по обычным каналам [Болотов, Митыпов 2003: 92–94; Елаев 2000: 265]. В статьях в «Правде Бурятии» также критиковали местных политиков за излишний консерватизм и безынициативность в осуществлении реформ [Humphrey 1996: 121].

В феврале 1990 года несколько тысяч людей — бурят, русских, коммунистов, интеллигентов, стариков, молодежи и многих других — вышли на площадь Советов в Улан-Удэ протестовать против правительства Белякова. Протестующие требовали отставки Белякова. Кроме того, многие протестующие требовали возвращения двух бывших выдающихся партийных работников: Леонида Васильевича Потапова, этнического русского, и Владимира Бизьяевича Саганова, этнического бурята. Беляков считал, что оба представляют для него политическую угрозу, и поэтому перевел их на партийную работу за пределами республики. Некоторые подозревали, что высылка Саганова из республики в 1987 году произошла из-за того, что он поддерживал пересмотр бурятской истории и возрождение бурятских традиций. Зимой 1990 года многие хотели, чтобы эти люди вернулись и сформировали новое местное правительство Бурятской АССР [Елаев 2000: 265–266; Хамутаев 2005: 72–73].

Реакция Белякова на протесты только усугубила его положение. Вскоре после демонстрации «Правда Бурятии» опубликовала статью, в которой Беляков обвинял протестующих в проблемах республики. В ней Беляков называл демонстрантов «националистами» и «шовинистами», которые пытаются «разрушить это вековое согласие» в Бурятии, «разжечь пожар междоусобных распрей»[25]. Критика в адрес Белякова продолжилась в марте, когда 103 человека — опять и буряты, и русские, интеллигенты и партийные работники — подписали открытое письмо бурятскому правительству, в котором выражали недовольство социальным, экономическим, культурным и образовательным развитием республики. Также в нем критиковалось правительство за неэффективность в осуществлении перестроечных реформ [Елаев 2000: 265; Хамутаев 2005: 99–101]. Кроме статьи в «Правде Бурятии» в начале 1990 года на телевидении вышли интервью с лидерами бурятского национального движения. Они смогли высказать недовольство Беляковым, а также поделиться своими взглядами на реформирование Бурятии и возрождение бурятской нации.

Движение протестующих заставило бурятское республиканское правительство созвать в марте пленум обкома КПСС. Власти в конечном итоге согласились освободить Белякова от должности первого секретаря и заменить его более опытным и популярным политиком Леонидом Потаповым. В мае Потапова попросили вернуться из Туркмении, где он тогда работал, чтобы возглавить Республику Бурятия. Саганов тоже вернулся и был назначен председателем Совета министров, исполнительного органа республики [Болотов, Митыпов 2003: 95–97]. У Саганова, хотя он и был этническим бурятом и пользовался поддержкой бурятской интеллигенции, было меньше опыта и политической смекалки, чем у русского Потапова, который был популярен среди широких кругов и русского, и бурятского насе-

---

[25] Статья цитируется в [Хамутаев 2005: 100].

Февраль 1990 года. Акция протеста в Улан-Удэ с требованием отставки первого секретаря обкома Бурятской АССР А. М. Белякова. Он был у власти с 1984 до 1990 года и был освобожден от должности под давлением протестного движения

ления. Потапов вырос в бурятской деревне, немного говорил по-бурятски и хорошо разбирался в бурятских обычаях и традициях. Кроме того, он был известным и искушенным политиком, занимал высокие посты при могущественном и влиятельном бурятском первом секретаре Андрее Модогоеве, возглавлявшем республику между 1962 и 1984 годами. Скорее всего, именно по этим причинам Потапова выбрали на место Белякова.

Новое правительство Потапова немедленно отреагировало на требования перестройки и гласности и приступило к реформированию Бурятии. Начиная с мая 1990 года, при Потапове, правительство намного лояльнее, чем при Белякове, стало относиться к политическим и культурным требованиям бурятского национального движения. Всего через несколько месяцев после прихода к власти Потапова, 8 октября 1990 года, была принята Декларация о государственном суверенитете Бурятской АССР. Декларация провозглашала экономическое самоуправление, защиту окружающей среды, содействие культурному развитию народа Бурятии и повышение статуса Бурятии до союзной республики (с АССР до ССР). Однако московские власти отказались признать эту декларацию — типичная реакция для того времени из-за опасений, которые испытывал Горбачев по поводу намерений националистических движений, активизировавшихся во всей стране [Balzer 1994: 78; Елаев 2000: 268; Строганова 2001: 61]. Помимо стремления к большей автономии Бурятии в составе СССР, правительство Потапова также активнее, чем Беляков, занималось развитием новой бурятской культурной деятельности. В то же время Потапов внимательно выбирал, какую деятельность и реформы он готов поддерживать. В частности, в его планы входила поддержка бурятских традиционных религий и культуры. Помощь правительства в этой сфере была серьезной сменой прежнего политического курса, но в этом не было ничего необычного для Советского Союза в 1990 году. По всей стране региональные власти оказывали поддержку такого рода деятельности в русле общего реформаторского движения, инициированного Горбачевым. Участие Потапова в смене политического курса позволило его правительству сотрудничать с представителями бурятского национального движения в проведении ряда социально значимых культурных мероприятий, которые широко освещались в СМИ и способствовали признанию и росту доверия к правительству, а также к организациям, связанным с бурятским национальным движением за новые культурные свободы. Например, в августе 1990 года бурятское правительство одобрило планы по проведению международной конференции летом 1991 года в честь 250-летия официального признания буддизма Российской империей указом императрицы Елизаветы в 1741 году. Среди главных организаторов этой конференции были ученые Бурятской академии наук[26]. Хотя торжества в честь буддизма шли вразрез с десятилетиями советской атеистической пропаганды, но то, что это был юбилей именно официального признания этой религии в России, демонстрировало преемственность с советской традицией в том, чтобы подчеркивать статус бурят

---

[26] [ГАРБ. Ф. П-1. Оп. 1. Д. 10743. Л. 24].

как неотъемлемой части Российского государства и служить интересам местного правительства. Празднование юбилея было способом узаконить бурятскую традицию на приемлемых для правительства условиях и в то же время в глазах общества и избирателей поддерживало все более популярное возрождение буддизма[27].

Еще один пример сотрудничества правительства и сторонников бурятского национального движения — планирование фестиваля в честь бурятской эпической поэмы «Гэсэр» в 1995 году. 15 ноября 1990 года правительство выпустило официальное постановление о подготовке мероприятия под названием «"Гэсэр" — сокровище народов Центральной Азии»[28]. Хотя идея фестиваля зародилась на научной конференции по «Гэсэру» в 1989 году, правительство оказывало ему более серьезную поддержку после прихода к власти Потапова. Новое признание эпической поэмы означало, что за какие-то 50 лет «Гэсэр» прошел полный цикл различных идеологических интерпретаций: его превозносили в ранний советский период и осуждали в период позднего сталинизма, считали ограничено приемлемым после смерти Сталина и вновь стали превозносить в эпоху горбачевских реформ. Решение правительства устроить празднования в честь «Гэсэра» и буддизма отвечало требованиям бурятского национального движения, призывавшего к возрождению бурятской культуры, традиций и религий, а также способствовало укреплению связей между бурятами и другими монголами Внутренней Азии.

Правительственная поддержка культурных требований бурятского национального движения также отражалась в местных СМИ, которые в конце концов начали активнее выполнять требования политики гласности. Кроме статей с критикой Белякова тематика статей «Правды Бурятии» и «Буряад Унэн» за 1990 год включала

---

[27] Подробнее о празднование 250-летнего юбилея и различных его трактовках см. [Zhukovskaya 1992; Жуковская 1997: 4, 12–13].

[28] Копия постановления перепечатана в [Гэсэриада 1991: 122].

многочисленные рассказы, в том числе написанные местными учеными, на исторические и культурные сюжеты. В обеих газетах публиковались статьи о тибетской медицине, давно практиковавшейся бурятами, но осуждавшейся в бóльшую часть советского периода, серия рассказов о Чингисхане, чья личность представляла интерес и являлась предметом гордости для монгольских народов, но к которой официально в Советском Союзе относились пренебрежительно. Также в газетах было напечатано интервью с Далай-ламой и несколько статей, положительно отзывавшихся о монгольском письме[29]. «Молодежь Бурятии» печатала материалы и рассказы о бурятском Новом годе по лунному календарю — Сагаалгане[30]. Это отражало признание правительством: в 1990 году вышел официальный указ о придании Сагаалгану статуса национального праздника [Сагаалган 1991: 3][31].

В местной прессе также регулярно стали появляться статьи о бурятском языке. В январе 1990 года в «Буряад Унэн» вышла серия статей за авторством ученых о современном бурятском языке и его диалектах[32]. Кроме того, в «Правде Бурятии» и «Буряад Унэн» начиная с 1989 года стали публиковать уроки бурятского языка. Короткие уроки выходили регулярно в обеих газетах по средам или пятницам. «Правда Бурятии» использовала в уроках кириллический алфавит, а «Буряад Унэн» — монгольское вертикальное письмо. Уроки были очень короткими, в некоторых предлагался полезный словарь, а в других — партийные изречения того времени на бурятском. Например, в уроке 31 января 1990 года «Правда Бурятии» стремилась научить своих читателей следующей фразе на бурятском языке: «Мы должны помогать работе перестройки, проводимой в интересах трудящихся, наро-

---

[29] См. «Правду Бурятии» и «Буряад Унэн» за январь, февраль, май и июнь 1990 года.

[30] [ГАРБ. Ф. П-1. Оп. 1. Д. 10479. Л. 13].

[31] Впервые Сагаалган отмечался как официальный выходной день в январе 1991 года. См. также [Республика моя Бурятия 1998: 217].

[32] См., например, статью из этой серии филолога Цырендаши Будаева [Буряад Унэн. 1990. 30 января. С. 3].

да»³³. И у бурят, и у русских, судя по письмам в редакцию, уроки получили положительный отклик, хотя у кого-то возникали сомнения в полезности проекта [Humphrey 1996: 120]. Молодежная газета республики «Молодежь Бурятии» также стала уделять больше внимания вопросам, связанным с бурятским языком. Власти беспокоились, что ее версия на бурятском языке — «Буряадай залуушуул» — предлагает мало оригинальных работ на бурятском и что бо́льшая часть газеты — это просто перевод. Чтобы сделать газету лучше, среди прочего было предложено печатать больше примеров из бурятской литературы³⁴.

В 1990 году вещательные СМИ стали предлагать более обширный набор новых программ и тематик. В духе перестройки и гласности в различных местных радио- и телепрограммах брали интервью выступавших за смещение Белякова, в том числе и у участников бурятского национального движения. Бурятский ученый и участник движения Владимир Хамутаев считает, что эти интервью были особенно полезны для распространения идей движения [Хамутаев 2005: 84–85]. Кроме того, появились программы на новые темы: о репрессиях 1930-х годов в Бурятии, о религиозном возрождении в республике и об экологическом ущербе, нанесенном озеру Байкал³⁵. Например, 19 декабря 1990 года ведущий радиопрограммы «Они защищали нашу Родину» пригласил в студию ветерана Великой Отечественной войны с более сложной жизненной историей, чем у обычных героев таких передач. В 1938 году, во время сталинского террора, ветеран был арестован и сослан в Казахстан. Во время войны его призвали в армию, где он служил в танковой дивизии. Несмотря на героическое военное прошлое, ему не разрешали вернуться в Бурятию до 1966 года³⁶. В другом случае в программе «Радио-

---

[33] Эти наблюдения основаны на изучении выпусков «Правды Бурятии» и «Буряад Унэн» за январь, февраль, май и июнь 1990 года. Цитата взята из урока в «Правде Бурятии» от 31 января 1990 года на с. 3.

[34] [ГАРБ. П-1. Оп. 1. Д. 10479. Л. 13–15].

[35] Обзор передач 1990 года см. [ГАРБ. Ф. Р-1051].

[36] Расшифровку этой передачи см. в [ГАРБ. Ф. Р-1051. Оп. 1. Д. 2822. Л. 25–31].

библиотека» от 16 мая 1990 года ведущий представил вниманию слушателей бурятскую поэзию, затрагивающую буддийские темы. В одном из стихотворений положительно говорилось о Сагаалгане, о том, что он связывает бурят со всеми народами Азии, потому что все они пользуются лунным календарем[37].

В большинстве своем газеты и вещательные СМИ советского периода использовались для того, чтобы пропагандировать социалистический прогресс. Например, власти не допускали никаких сенсационных историй о сексе или преступлениях и ограничивали репортажи о текущих событиях, потому что те не обязательно служили делу пропаганды социалистической системы и созданию современных институтов [Turpin 1995: 6]. Вместо этого в СМИ предлагалась информация об интернационализме, успехах промышленности, образцовых героях войны и труда и высоконравственной молодежи. Вышеприведенный обзор вещательных СМИ и прессы показывает, как начала меняться их тематика в Бурятии при Потапове, незадолго до распада Советского Союза. Более разнообразные статьи и программы были критично настроены, интересны, развлекательны, в них часто предлагалась новая трактовка истории, местных институтов и национального самосознания бурят. Бурятские СМИ, как и аналогичные им институты на большей части страны, тоже начали предлагать больше увлекательной информации и меньше идеологических рассуждений. Кроме того, новая свобода для СМИ имела крайне большое значение для бурятского национального движения, которое стремилось ею воспользоваться — особенно в газетах — для распространения своих идей.

Готовность правительства активнее поддерживать бурятскую культуру, традиции и религию очевидна по местным СМИ 1990 года; также проявлялась и в их помощи новым культурным и образовательным учреждениям. На протяжении всей советской истории культурные и образовательные учреждения, вместе со всеми разновидностями СМИ, использовались правительством для того, чтобы распространять информацию, способствовать

---

[37] Расшифровку этой передачи см. в [ГАРБ. Ф. Р-1051. Оп. 1. Д. 2850. Л. 19–39].

социальной мобильности и побуждать людей знакомиться с высшими формами культуры. Продолжая преследовать эти цели, в 1990 году администрация Потапова и участники бурятского национального движения решили создать новый институт для координации бурятского культурного развития. 15 октября 1990 года правительство издало постановление, разрешавшее создание Центра бурятской национальной культуры в Улан-Удэ. В задачу центра входило стимулировать развитие и проводить дальнейшее изучение бурятских традиций, культуры и истории. В постановлении говорилось, что такая организация необходима, потому что буряты разделены географически и формирование нации и единого языка у них задержалось. Центр возглавил Дашинима Дугаров, этнограф и фольклорист; туда вошли также и другие ученые — такие, как Чимитдоржиев, — правительственные чиновники и журналисты[38]. Центр должен был координировать сотрудничество между бурятами из разных регионов, способствовать развитию отношений между бурятами в России, Монголии и Китае, помогать религиозным организациям и обучать бурят бурятской культуре и национальному самосознанию. Организаторы центра планировали дважды, каждые пять лет, проводить съезды, организовывать регулярные семинары и конференции, издавать книги, брошюры, газету на бурятском языке и журнал «Культура Бурятии». Также они хотели популяризировать бурятские праздники и фестивали, эпос «Гэсэр», бурятские ремесла, искусство и традиционное творчество[39]. Часть этой деятельности противоречила некоторым первоначальным задачам, которые правительство ставило перед советскими культурными и образовательными институтами, как например замещение религиозных и традиционных праздников советскими. Однако тот факт, что в 1990 году правительство продолжало создавать институты для координации культурной деятельности, говорит об их неизменной важности и доступности в обществе,

---

[38] С постановлением можно ознакомиться в [ГАРБ. Ф. П-1. Оп. 1. Д. 10743].
[39] [ГАРБ. Ф. П-1. Оп. 1. Д. 10743. Л. 11–16, 63–67].

даже если какие-то культурные мероприятия и изменились. Вовлеченность правительства также гарантировала, что его обычные цели, такие как продвижение советского патриотизма и интернационализма, будут включены в задачи Центра бурятской национальной культуры. Возможно, для того, чтобы быть полностью в этом уверенными, правительственные чиновники назначили в Центр «консультанта» из идеологического отдела партии[40].

Создание и планы нового Центра бурятской национальной культуры, изменения в местных СМИ, помощь в организации празднования годовщин бурятского буддизма и «Гэсэра» показывают, что осенью 1990 года бурятское правительство уже поддержало три из пяти целей бурятского национального движения, упоминавшихся в начале этой главы: повышение уровня использования бурятского языка, создание связей между бурятами различных регионов СССР, Монголии и Китая и содействие восстановлению бурятских традиций и религий. Такого рода идеи и деятельность в эпоху перестройки пользовались популярностью среди бурят. Также они были доступны для большинства русского населения республики, которое также было занято возрождением собственной культуры и религии. Но ни правительство, ни Центр бурятской национальной культуры никак не поддерживали, не говоря уже о плане действий, воссоединение бурят в границах до 1937 года и переименование республики обратно в Бурят-Монголию. Изменения территории и имени все еще были очень спорными вопросами в это время, учитывая неготовность Москвы признать декларации суверенитета, территориальные притязания и призывы к независимости со всего Советского Союза.

Тем не менее, несмотря на отсутствие правительственной поддержки, многие бурятские интеллектуалы продолжали поднимать вопросы границ 1937 года и названия до 1958 года. Так, 24 августа 1990 года в «Правде Бурятии» было опубликовано письмо, подписанное 58 сторонниками этих требований и адре-

---

[40] [ГАРБ. Ф. П-1. Оп. 1. Д. 10743. 63, 68–69].

сованное как бурятскому правительству, так и правительству в Москве. Авторы письма жаловались на то, что разделение 1937 года было незаконным, противоречило Конституции Бурятской АССР, и, проводя его, никто не интересовался мнением бурятского правительства. Вместо этого «режим, никого не спрашивая, за спиной народа» принял решение о расчленении республики. Еще в письме говорилось, что «дробление республики на четыре мелкие административно-территориальные единицы имело тяжелейшие экономические, социальные, демографические и экологические последствия. Был приостановлен положительный процесс консолидации бурятского народа в советскую социалистическую нацию» с одной культурой, традициями и языком. В заключение было сказано: «Мы просим Верховный Совет СССР отменить решения, принятые в 1937 году, о разделении Бурят-Монгольской АССР», чтобы буряты могли «объединиться под одной крышей»[41]. Центральное правительство в Москве и местное в Улан-Удэ никак не отреагировали на эту просьбу.

Стало ясно, по поводу чего правительство и бурятское национальное движение расходятся во мнениях. Оба поддерживали возрождение бурятской культуры, но только движение требовало воссоединения территорий и смены названия. Это размежевание, видимо, помогло членам «Группы бурятской интеллигенции», «Гэсэра» и другим в ноябре 1990 года сформировать политическую партию с платформой, призывавшей принять требования, которые игнорировало бурятское правительство[42]. Хотя предыдущие попытки создать подобную организацию провалились, на этот раз все получилось. Организаторы назвали партию Бурят-Монгольская народная партия (БМНП) и выбрали Михаила Очирова, профессора и ученого, главой партии. Кроме вопроса 1937 года о границах и 1958 года об изменении названия БМНП предлагала также и другие реформы. Среди них был призыв вернуть утраченный в 1939 году статус нормативного

---

[41] Письмо перепечатано в [Как исчезла 2004: 6–11].

[42] Владимир Хамутаев, автор цитировавшегося здесь исследования «Национальное движение в Бурятии», был одним из ее лидеров.

литературного бурятского языка селенгинскому бурятскому диалекту (более близкому халхинскому диалекту, на котором говорили в Монголии, чем принятый после 1939 года хоринский диалект) и отказаться от кириллицы в пользу вертикального монгольского письма, малоизвестного бурятам в то время (как, впрочем, и сейчас). Также звучали призывы демилитаризации Бурятии [Елаев 2000: 271; Хамутаев 2005: 120–121; Zhukovskaya 1995: 31–32]. Поскольку Бурятия граничит с Монголией и по ее территории проходит Транссибирская магистраль, она являлась для Советского Союза стратегическим пунктом. Поэтому в республике дислоцировались тысячи военнослужащих. Призыв к демилитаризации был достаточно провокационным и должен был бросить вызов основам советской власти в регионе. Но для БМНП демилитаризация привела бы к большей автономии Бурятии, ослабив присутствие центральных властей и позволив установить более свободное сообщение между народами Внутренней Азии.

К концу 1990 года у Бурятии было новое правительство, а также новая политическая партия, особое внимание уделявшая бурятским национальным интересам. Теперь они действительно соответствовали задачам реформаторской политики гласности и перестройки Горбачева и растущей тенденции по демократизации всей страны. Это было видно по местным СМИ и по тому, как создавались новые институты — такие, как Центр бурятской национальной культуры. Потапов к тому же был намного восприимчивее к идеям бурятского национального движения, чем его предшественник Беляков. Он также был готов бросить вызов московским властям, провозгласив суверенитет Республики Бурятия. В то же время участники бурятского национального движения испытывали все большее разочарование из-за отсутствия правительственной поддержки в вопросах, касавшихся изменения территории и названия республики, а также других возможных реформ. Поэтому они организовали в 1990 году политическую партию БМНП и выдвинули еще более смелые и неоднозначные требования. Споры о том, в каком направлении двигаться реформам в Бурятии, разгорелись.

Буряты и конец СССР: 1991 год

Когда в конце 1990 года члены бурятского национального движения основали собственную политическую партию, многие из них также продолжали работать над рядом проектов с государственными чиновниками, а не только оспаривали их авторитет. Показательно, что члены БМНП и другие участники бурятского национального движения сотрудничали с правительством в организации Первого всебурятского съезда по консолидации и духовному возрождению нации. Съезд состоялся 22–24 февраля 1991 года в Улан-Удэ, выборы делегатов проходили в республике и двух автономных округах. Хотя бурятский ученый Александр Елаев заметил, что эти выборы не были вполне демократическими, потому что на всех уровнях была задействована партийная бюрократия, тем не менее съезд был огромным и важным событием, объединившим бурят для обсуждения будущего их нации [Елаев 2000: 275]. На нем присутствовали 592 делегата со всего Советского Союза, а также из Монголии и Китая [Елаев 2000: 274]. Однако от совместной работы с правительством некоторые представители интеллигенции испытывали разочарование, потому что оно официально поддерживало только три требования бурятского национального движения, касавшиеся культуры. В брошюре «Основные направления возрождения и развития бурятской культуры», напечатанной к съезду, не упоминалось разделение 1937 года или переименование 1958 года. В ней излагались только требования, которые разделялись правительством и бурятским национальным движением. В ней призывалось укреплять бурятский язык в образовательных учреждениях и СМИ, популяризировать и изучать бурятскую историю, традиционную медицину и культуру (в частности, упоминалось искусство, одежда, фольклор, архитектура, литература, музыка и театр). Также заявлялось о необходимости возрождения буддизма и шаманизма. Однако не было ни слова о территориальных изменениях или переименовании, демилитаризации, письме и реформировании диалекта, равно как и прочих подобных целях БМНП[43].

---

[43] Копию брошюры см. в [ГАРБ. Ф. П-1. Оп. 1. Д. 10743. Л. 46–58].

Правительство тоже было тоже широко представлено на съезде. Первый секретарь Потапов и партийные руководители из Иркутской и Читинской области произнесли вступительные слова на открытии съезда. Все три дня съезда правительственные чиновники и представители интеллигенции выступали с речами, затрагивавшими вопросы истории, культуры и текущего состояния бурятского народа. Многие докладчики в заключение говорили, что современная бурятская культура переживает кризис, и заявляли о необходимости принять меры для ее возрождения [Елаев 2000: 274–275]. На съезде также учредили несколько организаций, таких как Буддистский союз мирян, который собирался издавать труды по буддизму [Hamayon 1998: 58]. Еще одной основанной организацией была Всебурятская ассоциация развития культуры. Она заменила Центр бурятской национальной культуры, учрежденный ранее, в октябре 1990 года, но Дугаров остался ее руководителем. Как и ее предшественник, Всебурятская ассоциация развития культуры должна была заниматься координацией бурятской культурной деятельности среди всех бурят СССР [Строганова 2001: 65–66]. На съезде также много внимания уделялось деятельности, которая стимулировала бы развитие бурятского языка: проведение семинаров для переводчиков бурятского языка, круглых столов для обсуждения организации углубленного изучения бурятского языка, собраний, участия в создании законов о языке, курсов бурятского языка, собраний бурятских писателей и публикаций на бурятском языке[44].

Хотя правительство практически проигнорировало вопрос о разделении 1937 года и в предварительных материалах к съезду он не фигурировал, несколько участников съезда подняли его и вынесли на обсуждение[45]. В основном его приверженцами были представители бурятской интеллигенции и члены БМНП, но некоторые правительственные чиновники тоже его поддержали. Например, Владимир Саганов, председатель республиканского Совета министров после отставки Белякова, поддержал

---

[44] [ГАРБ. Ф. 1. Оп. П-1. Д. 10743. Л. 1–10].
[45] [ГАРБ. Ф. 1. Оп. П-1. Д. 10743. Л. 78].

идею добиться от государства официального заявления о незаконности акта 1937 года [Хамутаев 2005: 130]. Однако этот шаг поддержали в основном жители Бурятской АССР, но не двух автономных округов. Отрицательное отношение к территориальным изменениям со стороны этих регионов стало ясным еще до съезда, когда в «Правде Бурятии» появилась статья, описывающая негативную реакцию жителей округов на письмо 58 интеллигентов от 24 августа 1990 года, напечатанное в «Правде Бурятии», призывавшее к воссоединению в границах до 1937 года. В статье говорилось, что многие из них считают слияние с Бурятской Республикой проблематичным[46]. На съезде один из представителей Усть-Ордынского Бурятского автономного округа, Л. А. Хутанов, объяснил, что у округа установились прочные экономические связи с Иркутской областью и что объединение с Бурятской АССР поставит их под угрозу. Также он сказал, что идея объединения не пользуется широкой поддержкой среди его избирателей в Усть-Ордынске [Тармаханов, Дамешек, Санжиева 2003: 169]. Кроме экономических проблем возможного воссоединения были также и проблемы культурные. На конференции западных бурят, которая проходила в Иркутске годом раньше, участники выразили опасения, что объединение может привести к общей ассимиляции бурят и тем самым к утрате самосознания западными бурятами. Некоторые делегаты из Агинского Бурятского автономного округа также выражали сходные взгляды [Хамутаев 2005: 124–129]. И хотя многие из делегатов съезда сходились в мысли, что бурятскому республиканскому правительству необходимо серьзно обдумать идею воссоединения, тем не менее это был сложный и спорный вопрос.

После февральского съезда раздел территории 1937 года и переименование 1958 года продолжали подниматься в местной республиканской прессе на протяжении всего 1991 года. И «Правда Бурятии», и «Буряад Унэн» все чаще обсуждали эти и другие вопросы, связанные с бурятскими национальными интересами. К концу 1991 года «Правда Бурятии» опубликовала 78, а «Буряад

---

[46] Статья перепечатана в [Как исчезла 2004: 23–26].

Унэн» — 159 статей на эти темы [Хамутаев 2005: 66]. «Правда Бурятии» также решила сделать серию статей о воссоединении — в их написании участвовали многие ученые-активисты, в том числе Чимитдоржиев [Дагбаев 1995: 101–102; Как исчезла 2004: 26–29]. Так, в «Правде Бурятии» от 1 апреля 1991 года Чимитдоржиев напечатал копию постановления из Москвы о разделении Бурят-Монгольской АССР. Копию он сопроводил своими критическими замечаниями о территориальных изменениях, а также о чистках 1937 года. Также он призвал действующее бурятское правительство сформировать комиссию для изучения этих проблем[47].

Несмотря на эти усилия, бурятское правительство, однако, в течение 1991 года оставляло без внимания вопросы 1937 и 1958 годов. Вместо этого оно, как обычно, работало со сторонниками бурятского национального движения, оказывая помощь в осуществлении их культурных, но не территориальных требований. В 1991 году — до Августовского путча в Москве — бурятское республиканское правительство поддерживало проведение ряда социально значимых культурных мероприятий, получивших широкую огласку в прессе. В мае правительство отправило бурятскую делегацию во Внутреннюю Монголию, чтобы наладить связи с проживающими там бурятами [Елаев 2000: 278–279]. В июне оно помогало кампании по сбору средств для Буддийской церкви[48]. В июле оно способствовало визиту Далай-ламы XIV. И оно организовало и рекламировало празднования в честь юбилея «Гэсэра» [Hamayon 1998: 58–60; Zhukovskaya 1992: 32–36]. В 1991 году большинство чиновников считало приемлемым для себя заниматься продвижением бурятской культуры и религии и организацией поездок для установления связей с бурятами за рубежом. Но переименование и территориальные изменения продолжали оставаться неоднозначными вопросами.

Власти осмотрительно относились к любым территориальным изменениям, включая распад Советского Союза. Когда в марте 1991 года Москва проводила референдум о сохранении Советско-

---

[47] Копию статьи см. в [Как исчезла 2004: 16–19].
[48] [ГАРБ. Ф. П-1. Оп. 1. Д. 10743. Л. 85].

го Союза, местное партийное руководство старалось изо всех сил, чтобы добиться просоюзных итогов голосования. Они тщательно планировали статьи для публикации в «Правде Бурятии», «Буряад Унэн» и других республиканских газетах, а также использовали другие формы пропаганды, чтобы обеспечить голосование за сохранение Союза. Партийные документы показывают, как чиновники объясняли работникам СМИ и пропаганды необходимость донести до жителей республики, что «будут негативные последствия распада СССР», что «Союз обеспечивает стабильно экономику», что он «улучшает социальный уровень жизни». Кроме того, партия настаивала на продвижении идеи того, что Союз все еще жизнеспособен, потому что сейчас в стране «новая демократия»[49]. Этот пример свидетельствует о том, что даже в последние месяцы Советского Союза местная партия все еще продолжала влиять на содержание СМИ. Кроме использования СМИ местные власти провели в это время конференцию, называвшуюся «Россия — консолидирующая сила СССР», участники которой подчеркивали, что «будущее Бурятии» заключается в таком союзе[50]. Аргументы властей в СМИ и на конференции ничем не отличались от тех, которые они регулярно приводили на протяжении всего советского периода. Они акцентировали внимание на том, что Бурятия — неотъемлемая часть России и Советского Союза и что ее положение в этом государственном образовании положительно сказалось на жизни бурятского народа. Когда подсчитали результаты мартовского референдума, оказалось, что около 85 процентов жителей Бурятии — почти на десять процентов больше, чем в среднем по Советскому Союзу, — проголосовали за сохранение СССР[51]. Хотя нет данных об этническом составе голосовавших и мы не можем наверняка знать, почему люди проголосовали

---

[49] [ГАРБ. Ф. П-1. Оп. 1. Д. 10741. Л. 2–5].

[50] [ГАРБ. Ф. П-1. Оп. 1. Д. 10742. Л. 29].

[51] Результаты референдума в Бурятии см. [ГАРБ. Ф. П-1. Оп. 1. Д. 10742. Л. 28]. В референдуме 17 марта участвовало всего девять советских республик. (Армения, Грузия, Молдавия и Прибалтика воздержались от участия в голосовании). В девяти участвовавших в референдуме республиках 76,4 процента голосовавших ответили «да». См. [Suny 1998: 479].

именно так, как проголосовали, тем не менее понятно, что весной 1991 года многие буряты поддержали сохранение Союза. Вероятно, большинство из них считали, что, даже если в Советском Союзе и существуют проблемы, социально-экономические блага, которые он обеспечивает, выгодны для них, — таким образом голосование за Союз перевесило другие варианты.

Само собой разумеется, что успешность референдума в Бурятии не предотвратила распад Советского Союза. Августовский путч 1991 года в конечном итоге привел к гибели страны пятью месяцами позже. В первые годы постсоветской эпохи многие цели участников бурятского национального движения оставались прежними. В частности, они продолжали требовать пересмотра проблем 1937 и 1958 годов — теперь, конечно, в рамках новой Российской Федерации. В 1993 году они смогли заставить бурятское правительство официально заявить о незаконности акта 1937 года. Но правительство так и не предприняло никаких шагов, чтобы изменить ситуацию; не переименовало оно и республику в Бурят-Монголию [Строганова 2001: 63]. Кроме того, что правительство бездействовало в отношении этих вопросов, бурятскому национальному движению так никогда и не удалось заручиться массовой поддержкой ни для воссоединения в границах до 1937 года, ни для переименования 1958 года. Особенно очевидно это было по выборам после распада Советского Союза, когда партия движения, БМНП, не набрала достаточного количества голосов, чтобы влиять на политику. А вот Леонид Потапов трижды избирался на пост Президента новой Республики Бурятия[52]. Владимир Саганов, которого в 1990 году ввели в правительство вместе с Потаповым во время смещения Белякова, скончался в 1999 году.

Местные ученые, которые писали в Бурятии на эту тему, считают, что БМНП провалилась на выборах потому, что избирателям ее платформа казалась невыполнимой, они не видели

---

[52] Леонида Потапова избирали в 1994, 1998 и 2002 годах. В 2004 году В. В. Путин отменил право российских регионов самостоятельно выбирать своих лидеров. Поэтому, когда срок Потапова закончился, Путин в 2007 году назначил его преемника, человека со стороны — Вячеслава Наговицына. См. [Sweet, Chakars 2010: 202–206].

в ней серьезного плана действий. Они полагают, что избирателей больше интересовала политическая и экономическая стабильность, а не идеи культурного возрождения и территориального воссоединения [Елаев 2000: 271; Строганова 2001: 64–65; Дагбаев 1995: 102; Хамутаев 2005: 122, 135]. Это несложно понять, учитывая плачевное состояние бурятской экономики в 1990-х годах, когда центральное правительство в Москве оказывало ей особую финансовую помощь [Politics 2007; Humphrey 1996: 123]. К тому же интеллигенция, составлявшая основную часть бурятского национального движения, была немногочисленна. В конце советского периода ей было трудно организовываться и эффективно рекламировать себя. Она не могла проводить массовые демонстрации, и у нее не было собственных площадок в СМИ, чтобы высказываться. При реализации своих проектов и достижении публичности членам БМНП приходилось полагаться на поддержку государства и на контролируемые государством СМИ. Руководители этого правительства, например Потапов, брали на вооружение их культурную платформу, участвовали и помогали их деятельности и в конечном итоге получали большую поддержку со стороны избирателей, чем они сами.

Заключение

История бурят в горбачевскую эпоху и после нее иллюстрирует схему взаимодействия с центральными властями, а также отсутствие сепаратизма. Буряты обычно вели себя как меньшинство в России, а не как колония, стремящаяся к независимости. В то же время бурят не обошел стороной и национализм, в конце 1980-х годов распространившийся по Советскому Союзу. Буряты создали национальное движение, и оно, вместе с развитием гласности и перестройки, способствовало возрождению бурятской культуры, традиций, языка и религий. Но политико-территориальные требования, выдвигавшиеся наиболее радикальными членами бурятского национального движения, широко освещавшиеся в прессе, не получили общественной поддержки. Эти идеи усложнялись тем, что буряты из двух автономных округов в большинстве своем отрицательно относились к идее территориального воссоединения.

Участие бурят в советской модернизации дало многим из них возможность занять руководящие посты в правительстве, в культурных и образовательных учреждениях и в СМИ. Это означало, что они могли влиять на некоторые решения по управлению бурятским обществом в Советском Союзе. Многие буряты скорее чувствовали свою общность, а не оторванность с советским правительством и обществом. Поэтому, когда в конце 1980-х годов возрождение бурятской культуры заняло прочное место в жизни общества, бурятские правительственные чиновники и члены бурятского национального движения обратились к стандартным способам его продвижения. Они использовали типичные инструменты пропаганды — такие как газеты, лекции, съезды, культурные и образовательные институты — не пытаясь использовать такие варианты, как массовые демонстрации, народный фронт или неофициальные, независимые издания, как это происходило в других частях Советского Союза.

Бурятское национальное движение не создало собственной, независимой от правительства площадки для выражения своих идей, будь то СМИ, массовые демонстрации и прочее, и это могло сказаться на его способности получить поддержку для своих наиболее спорных целей, не одобрявшихся правительством Потапова. Но для того чтобы транслировать, обсуждать и обнародовать свои требования, привлекать внимание к негативным моментам советского прошлого, оно могло использовать контролируемую государством прессу. Усилия, которые движение вкладывало в то, чтобы публиковать статьи, появляться на радио и телевидении и проводить конференции, сыграли важную роль в распространении идей возрождения бурятской культуры, хотя многое было забыто, засекречено властями или игнорировалось многие годы. Бурятское национальное движение способствовало стремительным изменениям, происходившим в обществе в горбачевскую эпоху, выдвигая свои требования и помогая создавать новые организации, культурные и образовательные учреждения и политические партии.

Заключение

Проводя свое исследование в Бурятии, когда были закрыты Государственные архивы Республики Бурятия, Национальная библиотека Республики Бурятия и библиотека при Бурятском национальном центре, я многие дни провела в диссертационном зале Бурятского государственного университета. Благодаря времени, проведенному в диссертационном зале (где на стене висел плакат с вопросом: «Ты пишешь диссертацию?»), я многое узнала о гуманитарных исследованиях в постсоветский период, стремившихся понять современную и историческую идентичность бурятского народа. Исследовательские проекты показывали, как аспиранты в Бурятском государственном университете и других региональных вузах по-разному подходили к изучению этого вопроса. Подборка диссертаций иллюстрировала наметившуюся траекторию исследования Бурятии. В одних диссертациях фигурировали результаты подробнейших опросов, оценивающих актуальное употребление бурятского языка или отношение бурят к гражданству в Российской Федерации[1]. В других содержались данные по оценке и анализу демографической статистики, а также изучались такие темы, как история сельского образования в Советской Бурятии[2]. Многие из этих исследований по-разному ставили вопрос: «Кто такие буряты?»

Конечно, не одни буряты задавались вопросом о национальной идентичности, и этот вопрос вставал не только в постсоветский период. Советская модернизация привела к смешению и трансформации самосознания народов всего Советского Союза на

---

[1] См., например, [Доржиева 2004; Бухаева 2003].

[2] См., например, [Афанасьева 2004; Бочеев 2002].

протяжении всей его истории. Однако эти процессы особенно остро сказались на коренных народах Сибири, немногочисленность которых подвергала большей опасности сохранение их культуры. Кроме того, советские власти считали их особенно отсталыми и примитивными и поэтому много усилий вкладывали в попытки изменить их сообщества и дискредитировать их прошлое. Официальные лица считали необходимой срочную модернизацию сибирских народов, что, по их мнению, должно было вывести народы, подобные бурятам, из их «дымных и темных юрт», чтобы они смогли наверстать упущенное и стать частью современного советского мира со стремительно развивавшейся промышленностью³.

Советские ученые, как этого требовала политика того времени, рассматривали скачок в современность для коренных народов Сибири как важный эволюционный процесс перехода от негативного прошлого к позитивному настоящему и будущему. Хотя их выводы и имеют идеологическую окраску, но их наблюдения были верны в отношении того, что общество стремительно менялось. Советский ученый Владимир Затеев, занимавшийся изучением урбанизации, индустриализации и социальной мобильности бурят, считал, что буряты стали развитой социалистической нацией к 1970-м годам, потому что советская политика и институты «интенсивно интернационализировали» (то есть приблизили к общесоветской, более современной) их повседневную жизнь [Затеев 1989: 152]. Его выводы не лишены оснований. В то же самое время, однако, советские исследователи и официальные лица находились в ограниченных рамках представлений, как следует анализировать модернизацию и интерпретировать неформальное поведение. Например, и ученым, и официальным лицам рекомендовалось истолковывать религиозные обряды, которые соблюдались некоторыми бурятами в течение всего советского периода, как неподходящие для современного советского государства. Западные ученые и/или ученые постсоветского периода, свободные от советских идеологических ограничений,

---

³ См., например, [Grant 1995; Слезкин 2008]. Цит. по: [Затеев 1975: 98].

предпринимали попытки самостоятельно проанализировать наличие советских и несоветских влияний в обществе. Кэролайн Хамфри, проведя полевые исследования в бурятских колхозах в 1960–1970-х годах, пришла к выводу, что советская идеология не просто заменила буддийские и шаманистские верования или народные обычаи вообще. Она считала, что в обществе существовало «сложное пересечение идей», позволявшее людям соединять разные верования [Humphrey 1998: 431–435]. Также она объясняла, что, хотя колхозы служили инструментом интеграции в советское общество, старые традиции продолжали существовать, и чистое бурятское самосознание тоже. Другие ученые тоже отмечали комплексность самосознания коренных народов Сибири в Советском Союзе. Дэвид и Элис Бартелс утверждали, что социально-экономическое развитие среди северных народов Сибири привело к процессам, объединявшим советизацию с этнической и национальной консолидацией [Bartels 1995]. Брюс Грант, во время распада СССР занимавшийся изучением нивхов, доказывал, что политика советского государства сводилась к проведению кампаний, направленных на изобретение и уничтожение различных аспектов культуры нивхов, и что это привело к формированию смешанной формы самосознания, одновременно советского и нивхского.

В Бурятии, конечно, не только диссертации в Бурятском государственном университете отражали изучение бурятского самосознания и этнической самобытности после распада Советского Союза. Многие исследования аспирантов и более маститых ученых посвящены некогда запрещенным вопросам о дореволюционном прошлом бурят, о значении бурят как монгольского народа, роли модернизации в процессах ассимиляции и о проблемах, с которыми сталкиваются меньшинства[4]. Их исследования, как и исследования западных ученых, включая представленное здесь, не дают точного определения тому, кто такие буряты. Наоборот, во многих различных работах говорится о том, что бурятское самосознание

---

[4] См. в особенности [Чимитдоржиев 2001; Елаев 2000; Хамутаев 2012; Скрынникова, Батомункуев, Варнавский 2004; Строганова 2001].

многогранно, сложно и постоянно меняется. Поэтому историю бурятского народа нельзя свести к простому сюжету с противопоставлением сопротивления и контроля или национализма и социализма. Вовлеченность бурят в проект советской модернизации наглядно это показывает.

Особенно показателен пример запутанной истории бурятского языка, рассмотренной в этой книге. Эта история показывает, как значение и важность языка для бурятского самосознания менялись на протяжении десятилетий и как в этот процесс были вовлечены и сами местные буряты, и центральное руководство. В 1920–1930-х годах центральные и региональные власти и ученые рассматривали язык как неотъемлемую составляющую национальной принадлежности. Это очевидно по тому вниманию, которое уделялось тогда языковой политике, которая накануне Второй мировой войны вызвала смену алфавита и диалекта до того, как установилась литературная норма бурятского языка. Потом власти ввели новый нормативный язык, которому обучали во всех бурятских школах в первые послевоенные десятилетия. Это произошло потому, что власти в то время считали изучение нормативного бурятского языка необходимым для создания и консолидации советской бурятской нации, построением которой они как раз и занимались. Однако начиная с конца 1960-х годов бурятские родители, педагоги и чиновники начали оспаривать значение этого нормативного бурятского языка для общества, в котором стремительно шли процессы урбанизации и профессионализации. Многие выступали за приоритетность русского языка, потому что теперь в более развитом, современном обществе без него был невозможен социальный прогресс. Их интересы в 1970-х годах привели к отмене преподавания бурятского языка в школах, что повлияло на резкое сокращение его употребления. Смена языковой политики говорила о том, что значение бурятского языка становится все более символическим и что он перестает быть настоящим средством повседневного общения.

Однако с начала 1980-х годов многие буряты стали призывать к возрождению бурятского языка. Их беспокойство из-за утраты языка стало важной составляющей бурятского национального движения, которое возникло в последние годы Советского Союза. Для некоторых утрата языка свидетельствовала о несостоятельности советской политики. Состояние бурятского языка продолжало внушать беспокойство и в постсоветский период; восстановить его широкое употребление в обществе было затруднительно. В большинстве школ было мало уроков бурятского, а его использование в СМИ резко снизилось.

Исследования из диссертационного зала, проводившиеся аспирантами в начале 2000-х годов, показывают, что по-бурятски почти не говорила молодежь, люди с высшим образованием, государственные служащие и городские жители [Бухаева 2003; Доржиева 2004; Хубриков 2001; Цыбденова 2003]. В одной диссертации 2004 года приводились данные, что меньше 3 процентов опрошенных бурят регулярно получают информацию из СМИ (газет, радио или телевидения) и читают литературу на бурятском [Доржиева 2004]. Такая ситуация привела в 2003 году бурятских исследователей Эржен Хилханову и Доржи Хилханова к выводам, что такого маркера бурятской этнической идентичности, как свободное владение бурятским языком, больше нет. Однако они утверждают, что это вовсе не означает, что буряты не являются отдельной этнической группой. Напротив, они оспаривают необходимость языка как составляющей этнической идентичности [Khilkhanova, Khilkhanov 2003: 29][5].

Политика советской модернизации изменила ряд маркеров бурятской идентичности, например язык, что, однако, не привело к полной ассимиляции. Кроме того, несмотря на сопутствующую советской модернизации утрату языка, многие буряты смогли пожать плоды резкого взлета своей социальной мобильности, произошедшей за счет овладения русским языком. К концу советского периода многие буряты достигли высокого образовательного и профессионального уровня. Также советские

---

[5] Также см. [Graber 2012], которая говорит о символической важности бурятского языка в постсоветский период, особенно в отношении СМИ на бурятском языке, таких как газеты.

СМИ, культурные и образовательные институты, способствовавшие модернизации, породили много новых показателей бурятской идентичности — таких, как романы, радиопередачи и музеи, сохраняющие и развивающие бурятскую историю и культуру. Эти учреждения, которыми управляли и в которых работали преимущественно буряты, обеспечивали распространение литературного, образовательного и культурного знания — практически исключительно на русском языке. Это знание изменило бурятское общество и позволило бурятам достичь успеха в Советском Союзе. И хотя благодаря этим институтам формировалась большая однородность и общесоветская идентификация, они одновременно оставляли место и для бурятской самобытности.

Также процессы ассимиляции и интеграции в Бурятии усложнялись расовыми и этническими противоречиями, реже становившимися предметом обсуждения. Риторика интернационализма и дружбы народов в советский период постоянно избегала публичного рассмотрения этих тем. После распада Советского Союза бурят больше волновала экономическая и политическая стабильность, что препятствовало этническим конфликтам. Но нельзя забывать, что буряты — это азиатский народ, они являются в России меньшинством и в конце царского и в советский периоды истории их регион испытал массовое переселение этнических русских. Хотя этнические противоречия документировались редко и историкам сложно их обнаружить, в этой книге приводятся примеры, свидетельствующие о том, что отношения между бурятами и русскими не были настолько идеальными, как утверждала советская пропаганда. Например, на это указывают споры вокруг бурятского эпоса «Гэсэр», обсуждавшиеся в главе 5. В 1948 году первый секретарь Бурят-Монгольской АССР, этнический русский, человек со стороны — Александр Васильевич Кудрявцев возглавил кампанию по осуждению и разоблачению поэмы. Это особенно негативно сказалось на бурятских ученых, которые на протяжении многих лет занимались изучением «Гэсэра» и считали его выдающимся памятником бурятской культуры. Затем реабилитация «Гэсэра» в 1951 году совпала с заменой Кудрявцева этническим бурятом, Александром Уладаевичем Хахаловым, что привнесло в неожиданное изменение статуса поэмы возможное влияние этнической составляющей. Подобным же образом одно из первых проявлений бурятского национального движения в 1980-х годах, о чем говорится в главе 7, касалось вопроса контроля в области национальной политики. Общество бурятской интеллигенции «Гэсэр» отправило в 1986 году письмо в Казахстан в поддержку протестов из-за замены казахского лидера этническим русским.

Более явный пример этнических противоречий в советский период я нашла в другой работе, прочитанной в диссертационном зале. В диссертации Андрея Бадмаева рассказывается о том, как русская иммиграция, а также повышение уровней урбанизации и образования у бурят привели к возникновению молодежных этнических группировок в Улан-Удэ в 1960–1980-х годах [Бадмаев 1997]. Часть этих группировок была замешана в организованной преступности, но большинство было уличными группировками, которые постоянно враждовали между собой. Эти группировки организовывались в районах Улан-Удэ и часто разделялись этнически: на бурят и русских. В качестве отличительного признака бурятские группировки придумывали себе многозначительные названия: «Баргуты» (монгольское племя, состоявшее на военной службе у Чингисхана) или «Азиаты». Названия обращали внимание на то, что у бурят есть собственная история, культура, расовая и этническая идентичность, отличающая их от русских и общесоветского идеала [Бадмаев 1997: 97–101].

Существование молодежных группировок, недовольство трактовкой национального эпоса и стремление к тому, чтобы руководящие посты занимали представители титульной национальности, говорит о том, что советская модернизация в Бурятии могла привести к противоречиям на расовой и этнической почве. Хотя в целом Бурятия и была мирным регионом — и в советский, и в постсоветский периоды, — буряты и русские не всегда ладили, несмотря на постоянные заявления об обратном. Эти примеры также показывают, что расовая и этническая идентичность имела значение в Советской Бурятии, и аккультурацию нельзя назвать простым процессом. Хотя буряты и могли приобрести общесоветские свойства, как гипотетические синие люди Эрнеста Геллнера, которые не могут с легкостью ассимилироваться, они не могли стать русскими [Геллнер 1991]. В то же время городские группировки, обсуждение значимости национального эпоса и недовольство из-за этнической принадлежности лидеров никогда не превращались в массовые движения. Что касается группировок, то мало кто из студентов продолжал в них участвовать, окончив вузы. Поэтому было бы ошибочно переоценивать их как показатель враждебности между бурятами и русскими. Хотя они и показывают наличие этнического противостояния, именно вследствие советской модернизации стремительно развивалась социальная мобильность, благодаря которой этнические буряты приобрели политический вес, установилась общая экономическая стабильность и возникло чувство общности с Советским Союзом и Россией. Многие буряты были патриотически настроены и положительно относились к благам советской модернизации.

После распада Советского Союза то, что некогда было социалистическим образом жизни, стало разнообразнее. Теперь в Бурятии капиталистическая экономика и возникло много государственных и частных культурных и образовательных институтов и СМИ, а также быстро растет количество новых религиозных организаций. У официальной идеологии, которую некогда продвигала советская модернизация, появилось много альтернатив. Самым впечатляющим было великое возвращение буддизма и шаманизма. Ландшафт усеян будийскими храмами и часовнями, регулярно проходят буддийские и шаманские церемонии, а у лам и шаманов можно получить совет на все случаи жизни. Ученые, изучавшие это явление, считают, что в нем проявляется новое, постсоветское бурятское самосознание. В частности, Дарима Амоголонова, Аня Бернштейн и Наталья Жуковская утверждали, что благодаря обширному росту старых и новых буддийских институтов буряты все чаще приравнивают бурятскую идентичность к религии [Amogolonova 2009: 253–272; Bernstein 2002: 1–11;

Zhukovskaya 1992: 27–41][6]. Они уверены, что, несмотря на ряд сложностей, буддизм стал новым маркером бурятской нации в постсоветский период. Шаманизм тоже упоминается в связи с чувством общности бурятского народа, но связать его с бурятской идентичностью сложнее из-за того, что у него исторически отсутствуют институты и он структурируется вокруг конкретных территорий, мест и родов, а не бурятского этноса в целом (однако и это меняется) [Amogolonova 2009; Justine Buck Quijada 2008: 1–22; Skrynnikova, Amogolonova 2010: 80–112][7].

Хотя религия, особенно буддизм, является определяющей чертой для бурят в постсоветский период, ее значимость не предполагает исчезновения отношений и представлений, развившихся в советскую эпоху, и не уничтожает последствия советской модернизации для бурятского общества. Согласно предложенным Хамфри в поздний социалистический период объяснениям, буряты в свое время не просто променяли буддистские и шаманистские идеи на советскую идеологию, так и в постсоветскую эпоху отката назад не произошло. Джастин Бак Кихада, например, в своем исследовании о Даши-Доржо Итигелове, бывшем Пандито Хамбо-ламе, чье эксгумированное тело чудесным образом не показывало признаков тления и стало священной буддистской реликвией, подчеркивала, что советская значимость науки сохраняется и ее привлекают к объяснению этого необычного явления [Quijada 2012: 138–154]. Вместе с наукой, как и в советское время, для бурят, особенно женщин, сохраняет свою значимость образование. Образование все еще рассматривается многими как

---

[6] Мэрджори Мандельштам Балзер делает похожие заключения в своей работе о хантах. Она полагает, что религиозное возрождение у хантов в первые постсоветские годы привело к созданию новой идентичности [Balzer 1999].

[7] Амоголонова и Кихада пишут, что в постсоветское время сформировались новые шаманские организации, создав ранее не существовавшую организационную структуру. Кихада также утверждает, что родовое самосознание потеряло свою важность ввиду того, что новые шаманские церемонии проводятся в городах и многие буряты не знакомы с историей своего рода. В статье Скрынниковой и Амоголоновой говорится о том, что вопрос, считать ли шаманизм маркером идентичности бурят, остается спорным.

средство достижения социальной мобильности, профессионального прогресса и экономической стабильности. Исключительно большое число бурят, в сравнении с другими национальностями Российской Федерации, также стремится получать высшее образование [Дашиева 2007; Chakars, Sweet 2014].

Еще одним связующим звеном с советским прошлым после распада СССР был вопрос территориальных границ бурятских земель, первоначально установленных советской властью в 1923 году, а затем измененных в 1937 году. Споры о границах обострились в начале 2000-х годов, когда Путин начал централизованную кампанию по слиянию 89 субъектов Российской Федерации в более крупные территориальные объединения и были разработаны планы по расформированию Усть-Ордынского Бурятского автономного округа и Агинского Бурятского автономного округа. Одни буряты выступили с протестами, другие поддержали изменения, что показывает, что среди бурят нет единого мнения о том, как структурировать свои земли и выстраивать отношения с центральными властями.

В 2004 году Объединение молодых ученых (так они сами себя назвали) выступило с протестами против расформирования двух бурятских округов. В 2005 году они написали открытое письмо Путину, собравшее более чем 2000 подписей молодых бурят, многие из которых были исследователями, преподавателями, учителями и студентами. В письме они выступали против расформирования округов и предлагали объединить их с Республикой Бурятия, таким образом вернув ей ее границы до 1937 года. Также в письме они призывали к большей защите бурятского языка и культуры. Кроме того, Объединение молодых ученых и другие националистические организации устраивали демонстрации и иные мероприятия в знак протеста против политики Путина, которая, как они считали, уменьшает бурятскую автономию [Cakars 2005; Sweet, Chakars 2010: 198–209]. Несмотря на политические протесты, власти смогли осуществить свои территориальные планы. В 2008 году Усть-Ордынский Бурятский автономный округ был расформирован и объединен с большей по размерам Иркутской областью, а Агинский Бурятский автономный округ был ликвидирован и стал частью крупного Забайкальского края.

Во многом этот эпизод показывает преемственность с советским прошлым. Как советские власти стремились контролировать национализм, манипулируя границами, так и Путин решил изменить их, чтобы добиться большей целостности страны. Хотя «Молодые ученые» и представляли собой что-то новое (и действительно, организация выбрала название «молодые», чтобы подчеркнуть свою принадлежность к молодому постсоветскому поколению), но их требования об изменении границ возникли из-за советской национальной политики. Их интересы во многом также схожи с интересами бурятского национального движения конца 1980-х годов. И хотя «Молодые ученые» протестовали против слияния, другие буряты поддерживали его, ссылаясь на необходимость хороших отношений с центральными властями, а также утверждая, что слияния повлекут за собой новые возможности и экономические выгоды (некоторые из них были прямо обещаны центральными властями) [Graber, Long 2009: 147–155]. Этот упор на практических вопросах и сотрудничестве с системой для получения наибольшей возможной выгоды, которую она должна предложить, точно такой же, как и у многих бурят, участвовавших в проекте советской модернизации.

В то же время этот случай показывает, что и сейчас, как и в прошлом, у бурят имелись разные взгляды на пути своего развития. Перед Октябрьской революцией и в 1920-е годы многие бурятские лидеры и представители интеллигенции обсуждали и разрабатывали различные точки зрения о будущем бурятского народа. Бурятская интеллигенция, атаман Григорий Семенов, руководство Бурнацкома, религиозные лидеры, бурятские большевики и другие предлагали множество идей развития Бурятии. Но решение Сталина о форсированной индустриализации и коллективизации сельского хозяйства уничтожило многие из этих возможностей. Власти репрессировали бурятских мыслителей и интеллигентов, сделали кочевников оседлыми и заставили бурят, по меньшей мере официально, отказаться от своих религий. Эти меры были призваны не дать бурятам избежать взаимодействия с советскими силами модернизации, и лидеры, институты, обычные люди в Бурятии участвовали в выборе путей ее осуществления. Иногда у них возникали споры, как в случае с «Гэсэром», обучением бурятскому языку или определением границ Бурятии — последнее продолжало оставаться проблемой и в постсоветскую эпоху. Тем не менее даже при наличии разных взглядов на то, какими путями идти, большинство бурят выбирало те, что позволяли воспользоваться преимуществами практических выгод, предлагаемых правительством. Как и все в Советском Союзе, буряты жили, совершая выбор под влиянием эмоций, случая и обстоятельств, и все три причины могли меняться с течением жизни. Эти процессы в ходе XX века привели к великой трансформации социальной, культурной и экономической жизни в Бурятии.

Библиография

Архивные источники

Государственный архив Республики Бурятия (ГАРБ):
Материалы отдела статистики Всесоюзной переписи населения. 1979, 1989.

Текущий архив Территориального органа Федеральной службы государственной статистики по Республике Бурятия:

Фонд 1350: Комитет по средствам массовой информации и полиграфии РБ.

Фонд 509: Бурятское республиканское отделение Всероссийского общества охраны памятников истории и культуры.

Фонд 803: Управление по охране государственных тайн в печати при Совете министров БАССР.

Фонд 869: Бурятское книжное издательство Управления печати при Совете министров ССР.

Фонд П-1: Бурятский республиканский комитет Коммунистической партии РСФСР.

Фонд Р-1051: Телевидение, радиовещание.

Фонд Р-196: Бурятское республиканское управление статистики.

Фонд Р-60: Министерство просвещения БАССР.

Газеты

Буряад үнэн. 1959–1991.
Буряад-Монголой үнэн. 1923–1958.
Бурят-Монгольская правда. 1923–1958.
Правда Бурятии. 1959–1991.

Книги, статьи и диссертации

240 лет 2005 — Институту Пандито Хамбо Лам России. Улан-Удэ, 2005.

Абаева 2004 — Абаева Л. Л. История распространения буддизма в Бурятии // Буряты / редкол. Л. Л. Абаева, Н. Л. Жуковская. М.: Наука, 2004. С. 397–415.

Абай Гэсэр-Хубун 1961–1964 — Абай Гэсэр-Хубун: Эпопея: (Эхирит. булагат. вариант) / Записан Ц. Жамцарано у сказателя Маншута Имегенова; подготовка текста, пер. и примеч. М. П. Хомонова; вступ. ст. А. И. Уланова. Улан-Удэ: АН СССР. Сиб. отд-ние. Бурят. комплекс. НИИ. 1961–1964.

Абзаев, Хандуев 1995 — Абзаев П. Б., Хандуев П. Ж. История, культура, экономика Бурятии: Юбилейный статистический сборник. Улан-Удэ: Госкомстат Республики Бурятия, 1995.

Андерсон 2016 — Андерсон Б. Воображаемые сообщества. Размышления об истоках и распространении национализма / пер. с англ. В. Николаева; вступ. ст. С. П. Баньковского. М.: Кучково поле, 2016.

Андреев 1964 — Андреев В. И. История бурятской школы (1804–1962 гг.). Улан-Удэ: Бурятское книжное издательство, 1964.

Асалханов 1968 — Асалханов И. А. Об аграрной политике царизма в Сибири в конце XIX века // Исследования и материалы по истории Бурятии / ред. И. А. Асалханов. Улан-Удэ: Бурятское книжное издательство, 1968. С. 75–90.

Асалханов и др. 1983 — Асалханов И. А., Максанов С. А., Тармаханов Е. Е. Очерки истории Бурятской АССР периода развитого социализма / редкол. И. А. Асалханов и др. Новосибирск: Наука, 1983.

Афанасьева 2004 — Афанасьева И. П. Особенности социально-демографических процессов в городском населении Бурятии в 60–80-е гг. XX в.: Дис. канд. ист. наук. Бурятский государственный университет, 2004.

Бабушкин 2007 — Бабушкин С. М. Бурятско-русское двуязычие: Формирование и характер развития. Улан-Удэ: Бурятский государственный университет, 2007.

Бадмаев 1997 — Бадмаев А. З. Молодежные организации Республики Бурятии на современном этапе: Дис. ... канд. ист. наук. Улан-Удэ, 1997.

Бадуева 1996 — Бадуева Г. Ц. Новое в изображении человека в бурятском рассказе 1955–1960 // Гуманитарные исследования молодых ученых

Бурятии / ред. Л. Е. Янгутов. Улан-Удэ: Бурятский институт общественных наук, 1996. С. 150–165.

Базаров 1995 — Базаров Б. В. Общественно-политическая жизнь 1920–1950-х годов и развитие литературы и искусства Бурятии. Улан-Удэ: Бурятский научный центр СО РАН, 1995.

Базаров, Шагдуров, Курас 1993 — Базаров Б. В., Шагдуров Ю. П., Курас Л. В. Политика репрессии в Бурятии (20–30-е годы) // Тезисы и доклады научно-практической конференции «Проблемы истории Бурятии». Улан-Удэ: Бурятский научный центр СО РАН, 1993. С. 96–101.

Базарова 1998 — Базарова Г. Д. Формирование и развитие научной интеллигенции Бурятии. 1922–1985. Улан-Удэ: Бурятский научный центр СО РАН, 1998.

Балдано 1959 — Балдано Н. Абай Гэсэр хубуун: Буряад арадай ульгэр. Улан-Удэ: Бурятское книжное издательство, 1959. (На бурятском языке.)

Бальхаева 2001 — Бальхаева И. Х. Формирование кадрового потенциала Республики вузами Бурятии (1932–1996 гг.). Улан-Удэ: Бурятский государственный университет, 2001.

Басаев, Ербанова 1989 — Басаев Г. Д., Ербанова С. Я. М. Н. Ербанов. Улан-Удэ: Бурятское книжное издательство, 1989.

Батуев 1992 — Батуев Б. Б. Мария Михайловна Сахьянова: Страницы политической биографии. Улан-Удэ: Сибирь, 1992.

Батуев 1993 — Батуев Б. Б., Батуева И. Б. Очерк истории селенгинских бурят. Улан-Удэ: Общественно-научный центр «Сибирь», 1993.

Беликов 1980 — Беликов В. В. Повышение культурно-технического уровня рабочего класса Бурятии в период развитого социализма (1959–1975). Улан-Удэ: Бурятское книжное издательство, 1980.

Битуев 1986 – Битуев В. П. История школы Усть-Ордынского Бурятского автономного округа. Улан-Удэ: Бурятское книжное издательство, 1986.

Богданов 1907 — Богданов М. Н. Бурятское «возрождение» // Сибирские вопросы. 1907. № 3. С. 38–49.

Богданов 1926 — Богданов М. Н. Очерки истории бурят-монгольского народа. Верхнеудинкск, 1926.

Болотов, Митыпов 2003 — Болотов С. Х., Митыпов В. Г. Республика Бурятия: Очерки конца столетия. Улан-Удэ: Информ Полис, 2003.

Болхосоева 2002 — Болхосоева Е. Б. Территориальные особенности формирования и расселения бурятского населения Предбайкалья и Забайкалья: Дис. ... канд. географич. наук. Бурятский государственный университет, 2002.

Боронова 1988 — Боронова М. М. Развитие высшего и среднего образования в Бурятии в 1960–1980 гг. // Сборник научных трудов ВСГТУ. 1998. Вып. 4. С. 211–216.

Бочеев 2002 — Бочеев А. И. Особенности процесса становления и развития сельской общеобразовательной школы в 1970–1980 годы (на примере школ Республики Бурятия): Дис. ... канд. пед. наук. Бурятский государственный университет, 2002.

Бранденбергер 2009 — Бранденбергер Д. Л. Национал-большевизм. Сталинская массовая культура и формирование русского национального самосознания (1931–1956 гг.) / пер. с англ. Н. Алешиной и Л. Высоцкого. СПб.: Академический проект, ДНК, 2009.

Бураева 2004 — Бураева О. В. Земледелие // Буряты / отв. ред. Л. Л. Абаева, Н. Л. Жуковская. М.: Наука, 2004. С. 122–135.

Бурятская АССР 1967 — Бурятская АССР за 50 лет: Статистический сборник / отв. ред. А. Д. Скуратов. Улан-Удэ: Статистическое управление Бурятской АССР ЦСУ РСФСР, 1967.

Буряты в зеркале 1996 — Буряты в зеркале статистики / отв. ред. Л. А. Мунаев. Улан-Удэ: Государственный комитет по статистике Республики Бурятия, 1996.

Бухаева 2003 — Бухаева Р. В. Этнокультурная маргинальность в условиях модернизации: Дис. ... канд. социол. наук. Иркутскский государственный университет, 2003.

Варнавский 2002 — Варнавский П. К. Этатизация этничности в дискурсе «национального самоопределения» бурят // Мир Центральной Азии: Материалы междунар. науч. конф. История. Социология. Т. 2. Ч. 2. Улан-Удэ, 2002. № 2. С. 24–31.

Васильев 1931 — Васильев Н. Коллективизация и животноводство Бурятии // Революция и национальности. 1931. № 9 (18). С. 58–68.

Газета «Правда Бурятии» 1971 — Газета «Правда Бурятии» и ее читатели / отв. ред. Д. Д. Лубсанов. Улан-Удэ: Бурятское книжное издательство, 1971.

Геллнер 1991 — Геллнер Э. Нации и национализм. М.: Прогресс, 1991.

Герасимова 1964 — Герасимова К. М. Обновленческое движение бурятского ламаистского духовенства. Улан-Удэ: Бурятское книжное издательство, 1964.

Героический эпос о Гэсэре 1969 — Героический эпос о Гэсэре: Учебное пособие для студентов филологического факультета / сост. Н. О. Шаракшинова. Иркутск: Иркутский государственный университет, 1969.

Голубев 1974 — Голубев Е. А. Радио и его аудитория. Улан-Удэ: Бурятское книжное издательство, 1974.

Голубев 1989 — Голубев Е. А. Активизация социальной роли радио. Улан-Удэ: Бурятское книжное издательство, 1989.

Горбачев 1988 — Горбачев М. С. Перестройка и новое мышление для нашей страны и для всего мира. М., 1988.

Гордеев 1935 — Гордеев Г. С. Бурят-колхозник живет зажиточно // Революция и национальности. 1935. № 11 (69). С. 60–65.

Гущин 1956 — Гущин Н. Я. Рабочий класс Сибири в борьбе за создание колхозного строя. Новосибирск: Наука, 1965.

Гэсэриада 1991 — Гэсэриада: Прошлое и настоящее: Сборник / науч. ред. С. Ш. Чагдуров. Улан-Удэ: Бурятское отделение Всероссийского фонда культуры, 1991.

Дагбаев 1995 — Дагбаев Е. Д. Пресса и национально-политический процесс региона. Улан-Удэ: СО РАН, Бурятский научный центр, 1995.

Дальневосточная политика 1974 — Дальневосточная политика Советской России (1920–1922 гг.): Сборник документов Сибирского бюро ЦК РКП(б) и Сибирского революционного комитета / ред. Д. М. Зольников. Новосибирск: Сибирский хронограф, 1974.

Дашиева 2007 — Дашиева А. Д. Женщины Бурятии в условиях системного кризиса 1990-х гг. Улан-Удэ: Бурятский государственный университет, 2007.

Добренко 1999 — Добренко Е. А. Формовка советского писателя. Социальные и эстетические истоки советской литературной культуры. СПб.: Академический проект, 1999.

Дондуков 1965 — Дондуков Ц. Ц. Улан-Удэ: Историко-краеведческий очерк. Улан-Удэ, 1965.

Доржиев 1993 — Доржиев Д. Л. Крестьянские восстания и мятежи в Бурятии в 20–30 годы (Хроника языком документа). Улан-Удэ: Общественно-научный центр «Сибирь», 1993.

Доржиева 2001 — Доржиева И. Ц. Источники формирования городского населения Бурятии (1970–1990-е гг.) // Вестник Бурятского государственного университета. 2001. Вып. 5. С. 168–173.

Доржиева 2004 — Доржиева И. Ц. Изменения традиционных социокультурных ценностей бурят в условиях урбанизации российского общества. На материалах Республики Бурятия: Дис. ... канд. социол. наук. Бурятский государственный университет, 2004.

Дробижева 1981 — Дробижева Л. М. Духовная общность народов СССР. М.: Мысль, 1981.

Дугаров 1977 — Дугаров Д.-Д. Черный соболь. М.: Молодая гвардия, 1977.

Дугарова 2005 — Дугарова Ц. Ц. Развитие национальной школы Республики Бурятия во второй половине XX века: Дис. ... канд. пед. наук. ФГНУ «Институт национальных проблем образования», 2005.

Дырхеева 2002 — Дырхеева Г. А. Бурятский язык в условиях двуязычия: Проблемы функционирования и перспективы развития. Улан-Удэ: Бурятский научный центр СО РАН, 2002.

Еврасимов 1984 — Еврасимов П. И. Местные Советы Бурятии в условиях развитого социализма. Улан-Удэ: Бурятское книжное издательство, 1984.

Егодурова 2002 — Егодурова М. В. История развития высшего образования в Бурятии в 60–70-е гг. // Будущее Бурятии глазами молодежи: Материалы второй научно-практической конференции / редкол. Н. В. Богоев и др. Улан-Удэ: Бурятский государственный университет, 2002. С. 158–167.

Егоров 2001 — Егоров Е. М. Историческое значение похода хори-бурят 1702–1703 гг. к царю Петру I // Народы Бурятии в составе России: От противостояния к согласию (300 лет Указу Петра I). Т. 1. / редкол. Е. М. Егоров и др. Улан-Удэ: Республиканская типография, 2001. С. 5–17.

Елаев 1994 — Елаев А. А. Бурятия: Путь к автономии и государственности. М.: Антал, 1994.

Елаев 2000 — Елаев А. А. Бурятский народ: Становление, развитие, самоопределение. М.: Российская академия государственной службы, 2000.

Жабаева 1998 — Жабаева Л. Б. Первые Всебурятские съезды 1917 года // Сборник научных трудов ВСГТУ. Серия: общественные науки. Вып. 4. Улан-Удэ, 1998. С. 165–172.

Жамцарано 1906 — Жамцарано Ц. Ж. О правосознании бурят // Сибирские вопросы. 1906. № 2. С. 167–184.

Жамцарано 1907 — Жамцарано Ц. Ж. Бурятское народническое движение и его критик // Сибирские вопросы. 1907. № 25. С. 15–21.

Жамцарано 1918 — Жамцарано Ц. Ж. Произведения народной словесности бурят. Т. 1. Пг.: РАН, 1918.

Жамцарано 1930 — Жамцарано Ц. Ж. Произведения народной словесности бурят // Образцы народной словесности монгольских племен. Тексты: в 2 т. Т. 2. Вып. 1. Л.: АНСССР, 1930.

Жуковская 1997 — Жуковская Н. Л. Возрождение буддизма в Бурятии: Проблемы и перспективы / Исследования по прикладной и неотложной этнологии. Вып. 104. М.: ИЭА РАН, 1997.

Забадаев 1983 — Забадаев С. Т. Некоторые вопросы взаимосвязи родной и русской литератур и процесс их преподавания // Актуальные проблемы современной бурятской школы: Сборник материалов научно-практической конференции (Улан-Удэ, сент. 1979 г. / ред. М. Н. Мангадаев. Улан-Удэ: Бурятское книжное издательство, 1983. С. 96–101.

Зайцева 1994 — Зайцева Л. А. Сельское хозяйство Бурятии и коллективизация деревни (20–30-е годы) // 20–30-е годы: Проблемы региональной истории / ред. Н. Н. Щербаков. Улан-Удэ: ОНЦ «Сибирь», 1994. С. 65–75.

Залкинд 1958 — Залкинд Е. М. Присоединение Бурятии к России. Улан-Удэ: Бурятское книжное издательство, 1958.

Затеев 1975 — Затеев В. И. Национальные отношения при социализме: Сущность, формирование, закономерности развития. Улан-Удэ: Бурятское книжное издательство, 1975.

Затеев 1989 — Затеев В. И. Диалектика национальных процессов в СССР. Улан-Удэ: Бурятское книжное издательство, 1989.

Затеев 2003 — Затеев В. И. Этносоциальная структура и динамика ее изменения в Бурятии в XX веке // Вестник Бурятского государственного университета. Сер. 5. Философия, социология, политология, культурология. 2003. № 7. С. 89–123.

Затеев, Хараев 1999 – Затеев В. И., Хараев Б. В. Динамика изменений и взаимодействия этносоциальной и демографической структур региона. Улан-Удэ: Бурятский государственный университет, 1999.

Зубок 2011 — Зубок В. Неудавшаяся империя. Советский Союз в холодной войне от Сталина до Горбачева / авториз. пер. с англ. М. Ш. Мусиной. М.: РОССПЭН: Фонд «Президентский центр Б. Н. Ельцина», 2011.

Историко-культурный атлас 2001 — Историко-культурный атлас Бурятии / науч. ред. Н. Л. Жуковская. М.: Дизайн. Информация. Картография, 2001.

История 1951 — История Бурят-Монгольской АССР: в 2 т. / ред. А. П. Окладникова. Т. 1. Улан-Удэ: Бурят-Монгольское государственное издательство, 1951.

История 1954 — История Бурят-Монгольской АССР: в 2 т. / глав. ред. П. Т. Хаптаев. Т. 1. Улан-Удэ: Бурят-Монгольское книжное издательство, 1954.

История 1959 — История Бурят-Монгольской АССР: в 2 т. Т. 2. / глав. ред. П. Т. Хаптаев. Т. 2. Улан-Удэ: Бурят-Монгольское книжное издательство, 1959.

История Бурятии 1990–1992 — История Бурятии в вопросах и ответах / редкол., сост. Б. В. Базаров, Л. В. Курас, Ю. П Шагдуров. Вып. 1–3. Улан-Удэ: Министерство народного образования Бурятской АССР, 1990–1992.

История Бурятии 1993 — История Бурятии. Конец XIX в. — 1941 г. / ред. С. Д. Намсараев. Улан-Удэ: ОНЦ «Сибирь», 1993.

История бурятской литературы 1997 — История бурятской литературы: Современная бурятская литература (1956–1995): в 3 т. / отв. ред. М. И. Тулохонов Т. 3. Улан-Удэ: Бурятский научный центр СО РАН, 1997.

История бурятской советской литературы 1967 — История бурятской советской литературы / редкол. Ц.-А. Дугар-Нимаев и др. Улан-Удэ: Бурятское книжное издательство, 1967.

История коллективизации 1979 – История коллективизации сельского хозяйства в Восточной Сибири (1927–1937 гг.): Документы и материалы: Сборник / ред. А. П. Косых. Иркутск: Восточно-Сибирское книжное издательство, 1979.

Как исчезла 2004 — Как исчезла единая Бурят-Монголия (1937 и 1958 годы) / сост. Ш. Б. Чимитдоржиев. Улан-Удэ: Бурятское книжное издательство, 2004.

Калашников 1991 — Калашников И. Жестокий век. М.: Lexica, 1991.

Калмыков, Санжиева 2002 — Калмыков С. В., Санжиева Т. Е. Бурятский государственный университет: История и современность // Вестник Бурятского государственного университета. Сер. 4. История. 2002. № 4. С. 3–10.

Кларк 2002 — Кларк К. Советский роман. История как ритуал. Екатеринбург: Уральский университет, 2002.

Колмаков 2004 — Колмаков Д. В. Общественно-политическая жизнь БАССР во второй половине 1960–1970-х гг.: Дис. ... канд. ист. наук. Бурятский научный центр СО РАН, 2004.

Культура Бурятии 1983 — Культура Бурятии в условиях развитого социализма (в процессе взаимодействия с культурами других советских народов) / редкол. А. М. Герштейн и др. Новосибирск: Наука, 1983.

Культурное строительство 1983 — Культурное строительство в Бурятской АССР (1917–1981): Документы и материалы / сост. Г. Л. Санжиев и др. Улан-Удэ: Бурятское книжное издательство, 1983.

Курас 1998 — Курас Л. В. Очерки истории органов государственной безопасности Республики Бурятия. Улан-Удэ; Иркутск, 1998.

Кучмурукова 2002 — Кучмурукова Е. А. История книгоиздания Бурятии (вторая половина 1930-х – 1991 гг.). Улан-Удэ: Восточно-Сибирская государственная академия культуры и искусств, 2002.

Ламаизм 1983 — Ламаизм в Бурятии XVIII — начала XX века: Структура и социальная роль культовой системы / редкол. Г. Р. Галданова и др. Новосибирск: Наука, 1983.

Ламаханов 2006 — Ламаханов Ц. В. Население Бурятии: Этнодемографические процессы в 1960–1990 годах: Дис. ... канд. ист. наук. Бурятский государственный университет, 2006.

Ленин и Дальневосточная Республика 1985 — В. И. Ленин и Дальневосточная Республика: Сборник научных трудов / ред. А. И. Крушанов. Владивосток: Дальневосточный научный центр АН СССР, 1985.

Максанов 1978 — Максанов С. А. Идейно-политическая работа Коммунистической партии в Бурятии (октябрь 1917 г. — июнь 1941 г.). Улан-Удэ: Бурятское книжное издательство, 1978.

Мангадаев 1983 — Мангадаев М. Н. Об актуальных проблемах современной бурятской школы // Актуальные проблемы современной бурятской школы: Сборник материалов научно-практической конференции (Улан-Удэ, сент. 1979 г.) / ред. М. Н. Мангадаев. Улан-Удэ: Бурятское книжное издательство, 1983. С. 19–37.

Мангатаева 1978 — Мангатаева Д. Д. Городские поселения Бурятской АССР. Улан-Удэ: Бурятское книжное издательство, 1978.

Мангатаева 1995 — Мангатаева Д. Д. Население Бурятии: Тенденции формирования и развития. Улан-Удэ: Бурятский национальный центр СО РАН, 1995.

Мангутов 1959 — Мангутов Н. Р. Аграрные преобразования в Советской Бурятии до победы колхозного строя // История СССР. 1959. № 6. С. 30–39.

Мантыков, Маланов 2006 — Мантыков В. М., Маланов И. А. Обусинская средняя школа как модель бурятской национальной школы. Улан-Удэ: Бурятский государственный университет, 2006.

Мартин 2011 — Мартин Т. Империя «положительной деятельности». Нации и национализм в СССР, 1923–1939 / пер. с англ. О. Р. Щелоковой. М.: РОССПЭН, 2011.

Модогоев 2004 — Модогоев А. У. Годы и люди. Улан-Удэ: Бурятский государственный университет, 2004.

Модогоева, Серебряная 1990 — Модогоева Р. А., Серебряная М. Я. Книжное дело в Бурятии // Книга в автономных республиках, областях и округах Сибири и Дальнего Востока / ред. В. Н. Волкова. Новосибирск: Государственная публичная научно-техническая библиотека, 1990. С. 90–114.

Намжилова 2001 — Намжилова Д. Ц. Периодическая печать Бурятии: История становления и развития (II пол. XIX в. — 1937 г.). Улан-Удэ:

Восточно-Сибирская государственная академия культуры и искусств, 2001.

Намсараев 1959 — Намсараев Х. Н. На утренней заре. М.: Советский писатель, 1959.

Народы Бурятии 2001–2003 — Народы Бурятии в составе России: От противостояния к согласию (300 лет Указу Петра I). Улан-Удэ: Республиканская типография, 2001–2003.

Народы Сибири 1956 — Народы Сибири: Этнографические очерки / ред. М. Г. Левин, Л. П. Потапов. М.; Л.: АН СССР, 1956.

Нимаев 1993 — Нимаев Д. Д. Население Бурятии и формирование его национального состава // Республике Бурятия — 70 лет / отв. ред. Г. Л. Санжиев. Улан-Удэ: Газетно-журнальное издательство, 1993. С. 45–55.

Нимаев 2000 — Нимаев Д. Д. Буряты: Этногенез и этническая история. Улан-Удэ: Бурятский научный центр СО РАН, 2000.

Нимаев 2004 — Нимаев Д. Д. Этногенез и этническая история // Буряты / ред. Л. Л. Абаева, Н. Л. Жуковская. М.: Наука, 2004. С. 13–57.

Номтоев 1971 — Номтоев Д. Г. Интернациональное воспитание учащихся (Из опыта работы школ Бурятии). Улан-Удэ: Бурятское книжное издательство, 1971.

Основной закон 1921 — Основной закон (Конституция) Дальневосточной Республики. Чита, 1921.

Палхаева 2000 — Палхаева Е. Н. Становление и развитие Агинского и Усть-Ордынского Бурятских автономных округов как национально-государственных образований, 1937–1995 гг.: Дис. ... канд. ист. наук. Бурятский государственный университет, 2000.

Пархоменко 1972 — Пархоменко М. Рождение нового эпоса // Вопросы литературы. 1972. № 5. С. 3–28.

Первый съезд 1960 — Первый съезд женщин Бурятской АССР, 8–9 июля 1960 г.: Материалы съезда. Улан-Удэ: Бурятское книжное издательство, 1960.

Писатели Бурятии 1994 — Писатели Бурятии: Биографический справочник / сост. А. А. Содномов. Улан-Удэ: Наран, 1994.

Рандалов 1993 — Рандалов Ю. Б. О развитии социально-профессиональной структуры народов Бурятии // Республике Бурятия — 70 лет / отв. ред. Г. Л. Санжиев. Улан-Удэ: Газетно-журнальное издательство, 1993. С. 52–59.

Рандалов, Рандалова 2005 — Рандалов Ю. Б., Рандалова О. Ю. Влияние урбанизационных и модернизационных процессов на современное состояние бурятского этноса // Вестник Бурятского государственного университета. 2005. № 2. Вып. 16. С. 117–121.

Республика моя Бурятия 1998 — Республика моя Бурятия: Краткая хрестоматия по истории республики, 1946–1997 / гл. ред. Г. Л. Санжиев. Улан-Удэ: Комитет по делам архивов Республики Бурятия, 1998.

Сагаалган 1991 — Сагаалган / сост. Ш. Б. Чимитдоржиев. Улан-Удэ, 1991.

Сангадиева 2004 — Сангадиева Э. Г. Концепция мира и человека в бурятском романе 1960–1970-х годов: Дис. ... канд. филол. наук. Бурятский научный центр СО РАН, 2004.

Санжиев 1993 — Санжиев Г. Л. Образование и развитие республики, ее значение // Республике Бурятия — 70 лет / отв. ред. Г. Л. Санжиев. Улан-Удэ: Газетно-журнальное издательство, 1993. С. 14–21.

Санжиев, Санжиева 1999 — Санжиев Г. Л., Санжиева Е. Г. Бурятия: История (XVII–XIX вв.). Улан-Удэ: Бурятский государственный университет, 1999.

Семенова 1998 — Семенова Е. Е. Политическое и социально-экономическое развитие Бурятии в 1950-х годах: Дис. ... канд. ист. наук. Бурятский государственный университет, 1998.

Скрынникова, Батомункуев, Варнавский 2004 — Скрынникова Т. Д., Батомункуев С. Д., Варнавский П. К. Бурятская этничность в контексте социокультурной модернизации (советский период). Улан-Удэ: Бурятский научный центр СО РАН, 2004.

Слезкин 2008 — Слезкин Ю. Л. Арктические зеркала. Россия и малые народы Севера. М.: Новое литературное обозрение, 2008.

Строганова 2001 — Строганова Е. А. Бурятское национально-культурное возрождение. М.: Наталис, 2001.

Тармаханов, Дамешек, Санжиева 2003 — Тармаханов Е. Е., Дамешек Л. М., Санжиева Т. Е. История Усть-Ордынского Бурятского автономного округа. Улан-Удэ: Бурятский государственный университет, 2003.

Тумунов 1956 — Тумунов Ж. Т. Степь проснулась. М.: Советский писатель, 1956.

Тумунов 1993 — Тумунов Ж. Т. Ага и агинцы (1917–1990). Улан-Удэ: Бурятское книжное издательство, 1993.

Улан-Удэ 2001 — Улан-Удэ: История и современность / сост. А. Б. Иметхенов, Е. М. Егоров. Улан-Удэ: Бурятский научный центр СО РАН, 2001.

Халбаева 1999 — Халбаева М. М. Бурятия в 1960–1990 гг.: Тенденции и противоречия социально-экономического развития. Улан-Удэ: Бурятский государственный университет, 1999.

Халбаева-Боронова 2005 — Халбаева-Боронова М. М. Бурятия: Проблемы комплексного развития региона. Улан-Удэ: Бурятский государственный университет, 2005.

Хамутаев 2005 — Хамутаев В. А. Бурятское национальное движение. 1980–2000-е гг. Улан-Удэ: Бурятский научный центр СО РАН, 2005.

Хамутаев 2012 — Хамутаев В. А. Присоединение Бурятии к России: История и современная политика // Конгресс Бурятского народа. Улан-Удэ: Домино, 2012.

Хомхолов 1958 — Хомхолов Б. Х. Советская Бурят-Монголия в единой семье народов СССР. Улан-Удэ: Бурят-Монгольское книжное издательство, 1958.

Хубриков 2001 — Хубриков О. М. Социальные аспекты институционализации бурятского языка как государственного: Дис. ... канд. социол. наук. Бурятский государственный университет, 2001.

Цыбденова 2003 — Цыбденова Б. Ж. Особенности языковой ситуации национального региона Росийской Федерации (на примере Республики Бурятия): Дис. ... канд. социол. наук. Восточно-Сибирская государственная академия культуры и исскуств, 2003.

Цибиков 1950 — Цибиков Б. Д. К вопросу о добровольном присоединении Бурят-Монголии к России. Улан-Удэ: Бурятское книжное издательство, 1950.

Цибиков 1957 — Цибиков Б. Д. Нерушимая дружба бурят-монгольского и русского народов. Улан-Удэ: Бурятское книжное издательство, 1957.

Цыренова 2004 — Цыренова З. Е. Сохранение и развитие традиционной культуры коренных народов Восточной Сибири в годы советской власти (1920 — конец 1980 гг.). Улан-Удэ: Бурятский государственный университет, 2004.

Чимитдоржиев 2001 — Чимитдоржиев Ш. Б. Бурят-монголы: История и современность. Улан-Удэ: Институт монголоведения, буддологии и тибетологии СО РАН, 2001.

Шойнжонов 1983 — Шойнжонов Б. С. Из опыта осуществления перехода на русский язык обучения в бурятских школах района // Актуальные проблемы современной бурятской школы: Сборник материалов научно-практической конференции (Улан-Удэ, сент. 1979 г.) / ред. М. Н. Мангадаев. Улан-Удэ: Бурятское книжное издательство, 1983. С. 37–42.

Юинг 2011 — Юинг Е. Т. Учителя эпохи сталинизма: Власть, политика и жизнь школы 1930-х гг. М.: РОССПЭН, 2011.

Юрчак А. 2014 — Юрчак А. Это было навсегда, пока не кончилось: Последнее советское поколение. М.: Новое литературное обозрение, 2014.

Юшунев 1933 — Юшунев Н. Оседание кочевников Бурято-Монголии // Революция и национальности. 1933. № 12 (46). С. 25–28.

Amogolonova 2009 — Amogolonova D. Religious Revival in Modern Buryatia // Asiatische Studien Études Asiatiques. 2009. Vol. 63. № 2. P. 253–272.

Anderson, Silver 1992 — Anderson B. A., Silver B. D. Equality, Efficiency, and Politics in Soviet Bilingual Education // The Soviet Nationality Reader: The Disintegration in Context / Ed. by R. Denber. Boulder, CO: Westview Press, 1992. P. 353–386.

Atwood 2004 — Atwood C. P. Encyclopedia of Mongolia and the Mongol Empire. New York: Facts on File, 2004.

Balzer 1994 — Balzer M. M. From Ethnicity to Nationalism: Turmoil in the Russian Mini-Empire // The Social Legacy of Communism / Ed. by J. R. Millar, S. L. Wolchik. Cambridge: Cambridge University Press, 1994, 56–88.

Balzer 1999 — Balzer M. M. The Tenacity of Ethnicity: A Siberian Saga in Global Perspective. Princeton, NJ: Princeton University Press, 1999.

Bartels 1995 — Bartels D. A., Bartels A. L. When the North Was Red: Aboriginal Education in Soviet Siberia. Montreal: McGill Queen's University Press, 1995.

Bateson 2012 — Bateson I. Soviet Language Policy and Tatar-and-Russian-Language Schools in 1950s and 1960s. Kazan and the Tatar ASSR. MA thesis. Berlin: Free Universtiy of Berlin, 2012.

Batomunkuev 2003 — Batomunkuev S. Buryat Urbanisation and Modernisation: A Theoretical Model Based on the Example of Ulan-Ude // Inner Asia. 2003. Vol. 5. № 1. P. 3–15.

Beissinger 2002 — Beissinger M. R. Nationalist Mobilization and the Collapse of the Soviet State. Cambridge: Cambridge University Press, 2002.

Benn 1989 — Benn D. W. Persuasion and Soviet Politics. Oxford: Basil Blackwell, 1989.

Bernstein 2002 — Bernstein A. Buddhist Revival in Buryatia: Recent Perspectives // Mongolian Studies. 2002. № 25. P. 1–11.

Bilinsky 1962 — Bilinsky Y. The Soviet Education Laws of 1958–1959 and Soviet Nationality Policy // Soviet Studies. 1962. Vol. 14. № 2. P. 138–157.

Bilinsky 1981 — Bilinsky Y. Expanding the Use of Russian or Russification? Some Critical Thoughts on Russian as a Lingua Franca and the Language of

Friendship and Cooperation of the Peoples of the USSR // Russian Review. 1981. Vol. 40. № 3. P. 317–332.

Blitstein 2001 — Blitstein P. A. Nation-Building or Russification? Obligatory Russian Instruction in the Soviet Non-Russian School, 1938–1953 // A State of Nations: Empire and Nation-Making in the Age of Lenin and Stalin / Ed. by R. G. Suny, T. Martin. New York: Oxford University Press, 2001. P. 253–274.

Brown 1978 — Brown D. Soviet Russian Literature since Stalin. Cambridge: Cambridge University Press, 1978.

Brudny 1998 — Brudny Y. M. Reinventing Russia: Russian Nationalism and the Soviet State, 1953–1991. Cambridge, MA: Harvard University Press, 1998.

Buddhism in Buryatia 1998 — Buddhism in Buryatia / Ed by N. V. Abaev. Ulan-Ude: Buryat State University, 1998.

Bulag 1996 — Bulag U. E., Humphrey C. Some Diverse Representations of the Pan-Mongolian Movement in Dauria // Inner Asia. 1996. № 1. P. 1–23.

Burg 1992 — Burg S. L. Nationality Elites and Political Change in the Soviet Union // The "Nationality" Question in the Soviet Union / Ed. by G. W. Lapidus. New York: Garland Publishing, Inc., 1992. P. 334–352.

Cakars 2005 — Cakars J. Putting Buryatia on the Map. Transitions Online. 2005. September 7. URL: http://www.tol.org/client/article/14433-putting-buryatia-on-the-map.html?print (accessed July 2013).

Caute 2003 — Caute D. The Dancer Defects: The Struggle for Cultural Supremacy During the Cold War. Oxford: Oxford University Press, 2003.

Chakars, Sweet 2014 — Chakars M., Sweet E. L. Professional Women and the Economic Practices of Success and Survival Before and After Regime Change: Diverse Economies and Restructuring in the Russian Republic of Buryatia // Geojournal, 2014. DOI 10.1007/s1078-014-9522-5.

Chichlo 1987 — Chichlo B. Histoire de la formation des territoires autonomes chez les peoples turco-mongols de Siberie // Cahiers du Monde russe et sovietique. 1987. Vol. 28. № 3–4 (Juillet-Décembre). P. 361–401.

Chubarov 2001 — Chubarov A. Russia's Bitter Path to Modernity: A History of the Soviet and Post-Soviet Eras. New York: Continuum, 2001.

d'Encausse 1992 — d'Encausse H. C. The Great Challenge: Nationalities and the Bolshevik State, 1917–1930 / Transl. by N. Festinger. New York: Homes and Meier, 1992.

Dave 2007 — Dave B. Kazakhstan: Ethnicity, Language, and Power. London: Routlege, 2007.

Delusions 1997 — Delusions of Grandeur: The United Nations and Global Intervention / Ed. by T. G. Carpenter. Washington, D.C.: Cato Institute, 1997.

Dudziak 2002 — Dudziak M. L. Cold War Civil Rights: Race and the Image of American Democracy. Princeton, NJ: Princeton University Press, 2002.

Dugarov 2002 — Dugarov B. S. The Skylark Myth in Buryat Epic and the Siberian Tradition of the Bird-Shaman // Continuity and Change in Central and Inner Asia: Papers Presented at the Central and Inner Asian Seminar, 24–25 March 2000 and 4–5 May 2001 / Ed. by M. Gervers, W. Schlepp. Toronto: University of Toronto, 2002. P. 280–295.

Dugarova-Montgomery 1999 — Dugarova-Montgomery Y.-K., Montgomery R. The Buriat Alphabet of Agvan Dorzhiev // Mongolia and the Twentieth Century: Land locked Cosmopolitan / Ed. by S. Kotkin and B. Elleman. New York: M. E. Sharpe, 1999. P. 79–98.

Dunn 1962 — Dunn S. P., Dunn E. Directed Culture Change in the Soviet Union: Some Soviet Studies // American Anthropologist. 1962. Vol. 64. № 2. P. 328–339.

Edgar 2004 — Edgar A. L. Tribal Nation: The Making of Soviet Turkmenistan. Princeton, NJ: Princeton University Press, 2004.

Engel 2004 — Engel B. A Women in Russia, 1700–2000. New York: Cambridge University Press, 2004.

Faller 2011 — Faller H. M. Nation, Language, Islam: Tatarstan's Sovereignty Movement. Budapest: Central European University Press, 2011.

Feinberg, Soltis 2004 — Feinberg W., Soltis J. F. School and Society. New York: Teachers College Press, 2004.

Fierman 1991 — Fierman W. Language Planning and National Development: The Uzbek Experience. New York: Mouton de Gruyter, 1991.

Filtzer 2004 — Filtzer D. Women Workers in the Khrushchev Era // Women in the Khrushchev Era // Ed. by M. Ilic, S. E. Reid, L. Attwood. New York: Palgrave, 2004. P. 29–51.

Fitzpatrick 1994 — Fitzpatrick S. Stalin's Peasants: Resistance and Survival in the Russian Village After Collectivization. New York: Oxford University Press, 1994.

Fondahl 1997 — Fondahl G. Siberia: Assimilation and Its Discontents // New States, New Politics: Building Post-Soviet Nations / Ed. by I. Bremmer, R. Taras. Cambridge: Cambridge University Press, 1997. P. 190–232.

Forsyth 1992 — Forsyth J. A History of the Peoples of Siberia: Russia's North Asian Colony, 1581–1990. Cambridge: Cambridge University Press, 1992.

Fridman 2004 — Fridman E. J. N. Sacred Geography: Shamanism among the Buddhist Peoples of Russia. Budapest: Akadémiai Kiadó, 2004.

Gao 2010 — Gao F. Becoming a Model Minority: Schooling Experiences of Ethnic Koreans in China. New York: Rowman and Littlefield Publishers, 2010.

Ganley 1996 — Ganley G. D. Unglued Empire: The Soviet Experience with Communications Technologies. Norwood, NJ: Ablex Publishing Corporation, 1996.

Giuliano 2011 — Giuliano E. Constructing Grievance: Ethnic Nationalism in Russia's Republics. Ithaca, NY: Cornell University Press, 2011.

Goble 1990 — Goble P. A. Readers, Writers, and Republics: The Structural Basis of Non-Russian Literary Politics // The Nationalities Factor in Soviet Politics and Society / Ed. by L. Hajda, M. Beissinger. Boulder, CO: West-view Press, 1990. P. 131–147.

Graber 2012 — Graber K. E. Knowledge and Authority in Shift: A Linguistic Ethnography of Multilingual News Media in the Buryat Territories of Russia: PhD diss. University of Michigan, 2012.

Graber, Long 2009 — Graber K., Long J. The Dissolution of the Buryat Autonomous Okrugs in Siberia: Notes from the Field // Inner Asia. 2009. Vol. 11. № 1. P. 147–155.

Grant 1995 — Grant B. In the Soviet House of Culture: A Century of Perestroikas. Princeton, NJ: Princeton University Press, 1995.

Hamayon 1998 — Hamayon R. N. Shamanism, Buddhism, and Epic Heroism: Which Supports the Identity of the Post-Soviet Buryats? // Central Asian Survey. 1998. Vol. 17. № 1. P. 51–67.

Hirsch 2005 — Hirsch F. Empire of Nations: Ethnographic Knowledge and the Making of the Soviet Union. Ithaca, NY: Cornell University Press, 2005.

Hoffmann 2000 — Hoffmann D. L. European Modernity and Soviet Socialism // Russian Modernity: Politics, Knowledge, Practices. Ed. by D. L. Hofmann, Y. Kotsonis. London: Macmillan Press, 2000. P. 245–260.

Hoffmann, Laird 1982 — Hoffmann E. P., Laird R. F. The Politics of Economic Modernization in the Soviet Union. Ithaca, NY: Cornell University Press, 1982.

Hollander 1972 — Hollander G. D. Soviet Political Indoctrination: Developments in Mass Media and Propaganda since Stalin. New York: Praeger, 1972.

Holmes 1999 — Holmes L. E. Stalin's School: Moscow's Model School No. 25, 1931–1937. Pittsburgh, PA: University of Pittsburgh Press, 1999.

Holmes 2005 — Holmes L. E. School and Schooling under Stalin, 1931–1953 // Educational Reform in Post-Soviet Russia: Legacies and Prospects / Ed. by B. Eklof, L. E. Holmes, V. Kaplan. London: Frank Cass, 2005. P. 56–101.

Hopkins 1970 — Hopkins M. W. Mass Media in the Soviet Union. New York: Pegasus, 1970.

Humphrey 1971 — Humphrey C. Magical Drawings in the Religion of the Buryat: PhD diss. University of Cambridge, 1971.

Humphrey 1990 — Humphrey C. Buryats // The Nationalities Question in the Soviet Union / Ed. by G. Smith. New York: Longman, 1990. P. 290–303.

Humphrey 1996 — Humphrey C. Buryatiya and the Buryats // The Nationalities Question in the Post-Soviet States / Ed. by G. Smith. New York: Longman, 1996. P. 113–125.

Humphrey 1998 — Humphrey C. Marx Went Away — But Karl Stayed Behind. Updated edition. Ann Arbor, MI: The University of Michigan Press, 1998.

Hundley 1984 — Hundley H. S. Speransky and the Buriats: Administrative Reform in Nineteenth Century Russia: PhD diss. University of Illinois at Urbana-Champaign, 1984.

Hundley 2010 — Hundley H. S. Defending the Periphery: Tsarist Management of Buriat Buddhism // The Russian Review. 2010. Vol. 69. № 2. P. 231–250.

Hurelbaatar 1999 — Hurelbaatar A. A Survey of the Mongols in Present-Day China: Perspectives on Demography and Culture Change // Mongolia in the Twentieth Century: Landlocked Cosmopolitan / Ed. by S. Otkin, B. A. Elleman. New York: M. E. Sharpe, 1999. P. 191–222.

Ilic 2004 — Ilic M. Women in the Khrushchev Era: An Overview // Women in the Khrushchev Era / Ed. by M. Ilic, S.E. Reid, L. Attwood. New York, NY: Palgrave, 2004. P. 5–28.

Inkeles, Bauer 1959 — Inkeles A., Bauer R. A. The Soviet Citizen: Daily Life in a Totalitarian Society. Cambridge, MA: Harvard University Press, 1959.

Jones, Grupp 1992 — Jones E., Grupp F. W. Modernization and Traditionality in a Multiethnic Society: The Soviet Case // The "Nationality" Question in the Soviet Union / Ed. by G. W. Lapidus. New York: Garland Publishing, Inc., 1992. P. 244–260.

Jubulis 2001 — Jubulis M. A. Nationalism and Democratic Transition: The Politics of Citizenship and Language in Post-Soviet Latvia. New York: University Press of America, 2001.

Kaiser 1994 — Kaiser R. The Geography of Nationalism in Russia and the USSR. Princeton, NJ: Princeton University Press, 1994.

Kangaspuro 2006 — Kangaspuro M. The Bolshevik Modernisation Project // Modernisation in Russia since 1900 / Ed. by M. Kangaspuro, J. Smith. Helsinki: Finnish Literature Society, 2006.

Kappler 2001 — Kappler A. The Russian Empire: A Multiethnic History. London: Pearson Education Limited, 2001.

Khalbaeva-Boronova 2007 — Khalbaeva-Boronova M. M. Education and Development in Buryatia, 1960–1990. Paper given at the Central Eurasian Studies Conference at Indiana University on March 31, 2007.

Khilkhanova, Khilkhanov 2003 — Khilkhanova E., Khilkhanov D. The Changing Dynamics of Language and Ethnic Identity Link by Russian Minorities: The Buryat Case Study // Journal of Eurasian Research. 2003. Vol. 2. № 1. P. 26–30.

Kreindler 1979 — Kreindler I. The Changing Status of Russian in the Soviet Union. Jerusalem: Hebrew University of Jerusalem, 1979.

Kreindler 1989 — Kreindler I. Soviet Language Planning since 1953 // Language Planning in the Soviet Union / Ed. by M. Kirkwood. London: Macmillan Press, 1989. P. 46–63.

Latham 2000 — Latham M. E. Modernization as Ideology: American Social Science and "Nation Building" in the Kennedy Era. Chapel Hill, NC: University of North Carolina Press, 2000.

Lewin 1968 — Lewin M. Russian Peasants and Soviet Power: A Study of Collectivization. Evanston, IL: Northwestern University Press, 1968.

Lovell 1999 — Lovell S. The Russian Reading Revolution: Print Culture in the Soviet and Post-Soviet Eras. New York: St. Martin's Press, 1999.

Meyer 1961 — Meyer J. A. The Origins, Structure, and Nature of the Far Eastern Republic. MA thesis. Kent State University, 1961.

Mickiewicz 1981 — Mickiewicz E. P. Media and the Russian Public. New York, NY: Praeger, 1981.

Miller 1992 — Miller J. H. Cadres Policy in Nationality Areas: Recruitment of CPSU First and Second Secretaries in Non-Russian Republics of the USSR // The Soviet Nationality Reader: The Disintegration in Context / Ed. by R. Denber. Boulder, CO: Westview Press, 1992. P. 184–209.

Montgomery 1996 — Montgomery R. W. Buddhist Monastic Education in Prerevolutionary Buriatia // East/West Education. 1996. Vol. 17. № 1–2. P. 1–23.

Montgomery 2005 — Montgomery R. W. Late Tsarist and Early Soviet Nationality and Cultural Policy: The Buryats and Their Language. Lewiston, NY: Edwin Mellon Press, 2005.

Montgomery 2011 — Montgomery R. W. Buriat Political and Social Activism in the 1905 Revolution // Sibirica. 2011. Vol. 10. № 3. P. 1–28.

Morley 1957 — Morley J. W The Japanese Thrust into Siberia, 1918. New York: Columbia University Press, 1957.

Moses 1985 — Moses L, Halkovic S. A. Introduction to Mongolian History and Culture. Bloomington, 1985.

Moskoff 1984 — Moskoff W. Labour and Leisure in the Soviet Union: The Conflict between Public and Private Decision-Making in a Planned Economy. New York: St. Martin's Press, 1984.

Murray 2012 — Murray J. D. Building Empire Among the Buryats: Conversion Encounters in Russia's Baikal Region, 1860s–1917: PhD diss. University of Illinois at Urbana-Champaign, 2012.

Norton 1923 — Norton H. K. The Far Eastern Republic of Siberia. New York: Henry Holt and Company, 1923.

Olcott 1981 — Olcott M. B. The Collectivization Drive in Kazakhstan // The Russian Review. 1981. Vol. 40. № 2 (April). P. 122–142.

Osajima 2005 — Osajima K. Asian Americans as the Model Minority: An Analysis of the Popular Press Image of the 1960s and 1980s // A Companion to Asian American Studies. / Ed. by K. A. Ono. Oxford: Blackwell Publishing, 2005. P. 449–458.

Palumbo-Liu 1999 — Palumbo-Liu D. Asian/American: Historical Crossings of a Racial Frontier. Stanford, CA: Stanford University Press, 1999.

Philips 1942 — Philips G. D. R. Dawn of Siberia: The Mongols of Lake Baikal. London: Frederick Muller, 1942.

Platt, Brandenberger 2006 — Platt K. M. F., Brandenberger D. Introduction: Tsarist-Era Heroes in Stalinist Mass Culture and Propaganda // Epic Revisionism: Russian History and Literature as Stalinist Propaganda / Ed. by K. M. F. Platt, D. Brandenberger. Madison, WI: University of Wisconsin Press, 2006. P. 3–14.

Politics 2007 — Politics in the Russian Regions / Ed. by G. J. Gill. New York: Palgrave Macmillan, 2007.

Pool 1978 — Pool J. Soviet Language Planning: Goals, Results, Options // Soviet Nationality Policies and Practices / Ed. by J. R. Azrael. New York: Praeger, 1978. P. 223–249.

Poppe 1958 — Poppe N. N. The Buddhists // Genocide in the USSR: Studies in Group Destruction / Ed. by N. K. Deker, A. Lebed. New York: Scarecrow Press, 1958. P. 181–192.

Poppe 1983 — Poppe N. N. Reminiscences. Bellingham, WA: Center for East Asian Studies, 1983.

Quijada 2008 — What if We Don't Know Our Clan? The City Tailgan as New Ritual Form in Buriatiia // Sibirica. 2008. Vol. 7. № 1. P. 1–22.

Quijada 2012 — Quijada J. B. Soviet Science and Post-Soviet Faith: Etigelov's Imperishable Body // American Ethnologist. 2012. Vol. 39. № 1. P. 138–154.

Raeff 1969 — Raeff M. Speransky: Statesman of Imperial Russia, 1772–1839. The Hague: Martinus Nijhoff, 1969.

Rainey 1991 — Rainey T. Siberian Writers and the Struggle to Save Lake Baikal // Environmental History Review. 1991. Vol. 15. № 1. P. 46–60.

Rhodes 1977 — Rhodes M. S. "Letters to the Editor in the USSR: A Study of Letters, Authors, and Potential Uses": PhD diss. Michigan State University, 1977.

Rogers 1968 — Rogers R. How Russians Read their Press: Patterns of Selection in Pravda and Izvestia. Cambridge, MA: Center for International Studies, MIT, 1968.

Rorlich 1986 — Rorlich A-A. The Volga Tatars: A Profile in National Resilience. Stanford, CA: Hoover Institute Press, 1986.

Roth-Ey 2007 — Roth-Ey K. Finding a Home for Television in the USSR, 1950–1970 // Slavic Review. 2007. Vol. 66. № 2 (Summer). P. 278–306.

Roth-Ey 2011 — Roth-Ey K. Moscow Prime Time: How the Soviet Union Built the Media Empire that Lost the Cultural Cold War. Ithaca, NY: Cornell University Press, 2011.

Rupen 1964 — Rupen R. A. Mongols of the Twentieth Century. Bloomington: Indiana University Press, 1964.

Rupen 1979 — Rupen R. A. How Mongolia is Really Ruled: A Political History of the Mongolian People's Republic, 1900–1978. Stanford, CA: Hoover Institution, 1979.

Schoolbraid 1975 — Schoolbraid G. M. H. The Oral Epic of Siberia and Central Asia. Bloomington, IN: Indiana University, 1975.

Schroeder 1990 — Schroeder G. E. Nationalities and the Soviet Economy // The Nationalities Factor in Soviet Politics and Society / Ed. by L. Hajda, M. Beissinger. Boulder, CO: Westview Press, 1990. P. 43–71.

Shlapentokh 1986 — Shlapentokh V. Soviet Public Opinion and Ideology: Mythology and Pragmatism in Interaction. New York: Praeger, 1986.

Silver 1974 — Silver B. D. The Status of National Minority Languages in Soviet Education: An Assessment of Recent Changes // Soviet Studies. 1974. Vol. 26. № 1. P. 28–40.

Silver 1978 — Silver B. D. Language Policy and the Linguistic Russification of Soviet Nationalities // Soviet Nationality Policies and Practices / Ed. by J. R. Azrael. New York: Praeger, 1978. P. 250–306.

Simon 1991 — Simon G. Nationalism and Policy Toward the Nationalities in the Soviet Union: From Totalitarian Dictatorship to Post-Stalinist Society / Transl. by K. Forster, O. Forster. Boulder, CO: Westview Press, 1991.

Skrynnikova, Amogolonova 2010 — Skrynnikova T., Amogolonova D. Symbols and Stories of Post-Soviet Buryat National Revival // Dilemmas of

Diversity After the Cold War: Analyses of "Cultural Difference" by U.S. and Russia-Based Scholars / Ed. by M. Rivkin-Fish, E. Trubina. Washington, D.C.: Woodrow Wilson International Center for Scholars, 2010. P. 80–112.

Smidchens 2007 — Smidchens G. National Heroic Narratives in the Baltics as a Source for Nonviolent Political Action // Slavic Review. 2007. Vol. 66. № 3. P. 484–508.

Snelling 1993 — Snelling J. Buddhism in Russia: The Story of Agvan Dorzhiev Lhasa's Emissary to the Tsar. Rockport, MA: Element, 1993.

Snow 1977 — Snow R. E. The Bolsheviks in Siberia, 1917–1918. London: Associated University Press, 1977.

Stephan 1994 — Stephan J. J. The Russian Far East: A History. Stanford, CA: Stanford University Press, 1994.

Suny 1992 — Suny R. G. Nationalist and Ethnic Unrest in the Soviet Union // The "Nationality" Question in the Soviet Union / Ed. by G. W. Lapidus. New York, NY: Garland Publishing, Inc., 1992. P. 307–332.

Suny 1998 — Suny R. G. The Soviet Experiment: Russia, the USSR, and the Successor States. New York: Oxford University Press, 1998.

Sweet, Chakars 2010 — Sweet E. L., Chakars M. Identity, Culture, Land, and Language: Insurgent Planning in the Republic of Buryatia, Russia // Journal of Planning Education and Research. 2010. Vol. 30. № 2. P. 198–209.

Szporluk 1986 — Szporluk R. The Press and Soviet Nationalities: The Party Resolution of 1975 and its Implementation // Nationalities Papers. 1986. Vol. 14. № 1–2. P. 47–64.

The Far Eastern Republic 1922 — The Far Eastern Republic, Siberia and Japan: Together with a Discussion of their Relations to the United States. New York: Foreign Policy Association, 1922.

Treadgold 1957 — Treadgold D. W. The Great Siberian Migration: Government and Peasant in Resettlement from Emancipation to the First World War. Princeton, NJ: Princeton University Press, 1957.

Tsyrempilov 2008 — Tsyrempilov N. Samdan Tsydenov and His Buddhist Theocratic Project in Siberia // Biographies of Eminent Mongol Buddhists / Ed. by J. Elverskog. Halle: IITBS, 2008. P. 117–138.

Tuan 1998 — Tuan M. Forever Foreigners or Honorary Whites? The Asian Ethnic Experience Today. New Brunswick, NJ: Rutgers University Press, 1998.

Turpin 1995 — Turpin J. Reinventing the Soviet Self: Media and Social Change in the Former Soviet Union. London: Praeger, 1995.

Veltre D. W. Perspectives on Aleut Culture Change During the Russian Period // Russian America: The Forgotten Frontier / Ed. by R. J. Barnett, B. Sweetland Smith. Tacoma, WA: Washington State Historical Society, 1990. P. 175–183.

Walters 1993 — Walters P. A Survey of Soviet Religious Policy // Religious Policy in the Soviet Union / Ed. by S. P. Ramet. Cambridge: Cambridge University Press, 1993. P. 3–30.

Ward 2009 — Ward C. Brezhnev's Folly: The Building of BAM and Late Soviet Socialism. Pittsburgh, PA: University of Pittsburgh Press, 2009.

Weiss, Forsythe, Coate 2004 — Weiss T. G., Forsythe D. P., Coate R. A. The United Nations and Changing World Politics. Boulder, CO: Westview Press, 2004.

White 1990 — White A. De-Stalinization and the House of Culture: Declining State Control over Leisure in the USSR, Poland, and Hungary, 1953–1989. London: Routledge, 1990.

Wolfe 2005 — Wolfe T. C. Governing Soviet Journalism: The Press and the Socialist Person after Stalin. Bloomington, IN: Indiana University Press, 2005.

Wu 2002 — Wu F. H. Yellow: Race in America Beyond Black and White. New York: Basic Books, 2002.

Yaeger 2010 — Yeager T. N. The Drama of Enlightenment, the Discourse of Darkness: Buryat Grassroots Theater, 1908–1930: PhD diss. Indiana University, 2010.

Yu 2008 — Yu Y. J. China's Korean Minority: A Study in the Dissolution of Ethnic Identity. Saarbrucken: VDM Verlag, 2008.

Zhimbiev 2000 — Zhimbiev B. History of the Urbanization of a Siberian City: Ulan-Ude. Cambridge: The White Horse Press, 2000.

Zhukovskaya 1992 — Zhukovskaya N. L. Buddhism and Problems of National Cultural Resurrection of the Buryat Nation // Central Asian Survey. 1992. Vol. 11. № 2. P. 27–41.

Zhukovskaya 1995 — Zhukovskaya N. L. Religion and Ethnicity in Eastern Russia, Republic of Buryatia: A Panorama of the 1990s // Central Asian Survey. 1995. Vol. 14. № 1. P. 25–42.

Znamenski 1999 — Znamenski A. A. Shamanism and Christianity: Native Encounters with Orthodox Missions in Siberia and Alaska, 1820–1917. London: Greenwood Press, 1999.

Указатель

Августовский путч 1991 года 280, 282
Агинский Бурятский автономный округ (Агинский Бурят-Монгольский автономный округ) 63, 66, 68, 85–87, 104, 128, 255, 279, 294
Александр I, царь 45
Александров Георгий Федорович 158
Аляска 47
Андрианова Марта Федоровна 165
антирелигиозные кампании 86, 107
Аюшиев Д. 186
Бадиев Александр Алексеевич 235
Бадлуев Шираб-Сэнгэ Балдуевич 201, 206
Бадмаев Цырен-Базар 198
Байкало-Амурская магистраль (БАМ) 27, 101, 102, 170, 201, 207, 223, 236, 245, 246, 262
Балдано Намжил Гармаевич 189, 191, 192
Бальбуров Африкан Андреевич 206
Банзаров Доржи 52, 196, 198

Бардаханов Прокопий Федорович 151
Бельгаев Гомбо Цыбикович 190
Беляков Анатолий Михайлович 125, 254, 261, 262, 265–269, 271, 276, 278, 282
Берклавс Эдуард 147
Берлин 54
библиотеки 22, 42, 102, 109, 113, 151, 168, 169, 176, 182, 191, 212, 220, 240, 246, 254, 285
Богданов Михаил Леонидович 54–56, 61, 197
большевистская партия (большевики) 13–15, 57–59, 61–65, 67, 70, 83, 122, 158, 170, 295
Брежнев Леонид Ильич 20, 147, 202, 204
буддизм 26, 37, 39–41, 43, 54, 55, 60, 67–69, 84, 85, 214, 258, 268, 269, 274, 277, 278, 292, 293
Бумбеев Д. 261
Бурнацком (Бурятский национальный комитет) 57, 58, 60, 61, 70, 82, 123, 184, 295
Буряад-Монголой Унэн (Буряад Унэн) (газета) 89, 92, 93, 172, 178, 216–219, 222–226, 228, 229, 231, 240, 258–261, 269–271, 279–281

Бурят-Монгольская правда (Правда Бурятии) (газета) 89, 93, 142, 143, 167, 172, 185, 209, 215–229, 231–233, 235, 237, 240, 259, 260, 261, 265, 266, 269–271, 274, 279–281

Бурят-Монгольская народная партия (БМНП) 275–278, 282, 283

Бурятская государственная сельскохозяйственная академия (Бурятский сельскохозяйственный институт) 135, 223

Бурятские съезды, 1905, 53–56, 117, 184

Бурятский государственный университет (Бурятский педагогический институт) 66, 72, 136, 142

Бурятский наркомат просвещения (Бурят-Монгольский наркомат просвещения, Министерство просвещения БАССР) 94, 95, 145, 146, 148, 150–153, 155–157, 159, 163, 164, 264

бурятский язык 18, 22, 25, 33, 36, 53, 56, 65, 66, 88–92, 95, 107, 109, 112, 131, 133, 139–155, 163, 165, 167, 181, 185, 200, 205, 208–211, 213, 215, 217, 219, 220, 229–232, 240, 243, 245, 248, 250, 253, 256–258, 260, 261, 263, 264, 270, 271, 274–278, 285, 288, 289, 294, 296

Внутренняя Монголия 82, 108, 129, 280

Восточно-Сибирская государственная академия культуры и искусств (Восточно-Сибирский государственный институт культуры) 136, 192

Восточно-Сибирский государственный университет технологий и управления (Восточно-Сибирский технологический институт) 136

Всебурятская ассоциация развития культуры (Центр бурятской национальной культуры) 278

Всебурятский съезд, 1917 56–58

Всебурятский съезд, 1991 277–279

Вторая мировая война (Великая Отечественная война) 9, 13, 16–18, 30, 84–86, 93, 97–99, 102–104, 107, 112, 118, 122, 126, 127, 131, 134, 135, 139, 158, 160–162, 173, 181, 185–188, 193–195, 201, 252, 256, 259, 262, 271, 272, 288

Галсанов Цэдэн Галсанович 191, 245

гласность 153, 210, 249, 253, 258, 260, 261, 263, 264, 267, 269, 271, 276, 283

Горбачев Михаил Сергеевич 20, 33, 153, 210, 238, 249, 252, 258, 268, 276,

Гражданская война 57, 58, 63, 64, 66, 67, 71, 81, 82, 158, 195

грамотность 17, 26, 27, 43, 118, 139, 181, 215

Гэсэр 112, 183–195, 198, 211, 214, 254, 257, 263, 269, 273–275, 280, 290, 291, 296

Далай-лама 40, 41, 68, 270, 280

Дальневосточная республика (ДВР) 61–63
Дамдинов Николай Гармаевич 177
Дамдинова Хандама 159, 163,
дацаны (буддийские монастыри) 9, 26, 40–43, 47, 49, 52, 54, 67, 68, 69, 84, 85, 173
Дашибылов Георгий Цыреновйн 245
Джебдзун-Дамба-хутухта 41
Дондокова Цырен-Дулма 201
Дондубон Цыдендап Дондупович (Ц. Дон) 82
Доржиев Агван 40, 68–70, 84
дружба народов (дружба русского и бурятского народов, интернационализм) 14, 24, 91, 95, 132, 133, 144, 155–157, 159, 160, 161, 174, 176, 188, 196, 197, 200, 206, 225, 227, 228, 240, 241, 258–260, 262, 272, 274, 290
Дугаров Баир Сономович 246
Дугаров Даша-Дэмбрэл 204, 205
Дугаров Дашинима Дугарович 273, 278
Елизавета, императрица 41, 268
Ербанов Михей Николаевич 65, 67, 83, 123, 125, 187, 254
Жалсабон Дамдин 23
Жамцарано Цыбен Жамцаранович 54–56, 61, 68, 82, 184
Жамьянова Дарижап 9–11, 17, 30, 121, 122
ждановщина 186, 191
Жигжитов Михаил Ильич 158, 201, 204
Жимбиев Цыденжап Арсаланович 201

Забадаев Сергей Табитуевич 150
Забайкалье (Забайкальская область) 41, 55, 59, 62, 169, 295
Зугеев Н. Д. 190
Игнатьев Семен Денисович 83, 125, 147, 254
Измайлов А.П. 77
индустриализация 11, 12, 14, 27, 32, 36, 64, 71, 73, 74, 96, 97, 286, 295
Институт востоковедения АН СССР 191, 193
Иркутск 53–58, 62, 63, 87, 198, 260, 279
казаки 38, 43, 44, 242
Казань 52
Казахстан 77, 254, 271, 291
Калашников Исай Калистратович 205, 206
Карнышев Константин Григорьевич 198
Кафтырев Христофор 43
КГБ (ОГПУ, НКВД) 75–77, 79, 80, 85, 173, 188
Китай 10, 20, 36, 39, 44, 60, 63, 71, 80, 82, 86, 108, 129, 257, 273, 274, 277
коллективизация 14–16, 31, 32, 71–81, 83, 84, 86, 88, 93, 96, 100, 107, 134, 199, 215, 216, 251, 257, 295
коллективные хозяйства (колхоз, совхоз) 15, 30, 71–75, 77–81, 84, 86, 97, 99, 110, 111, 113, 116, 117, 201, 214, 219, 223, 224, 241, 287
коммунистическая партия 75, 78, 81, 123, 127, 168, 169, 221, 226, 241

комсомол 75, 127, 160, 179, 229
коренизация 14–16, 27, 64–67, 89, 90, 97, 128
кочевничество 15, 71, 76
Кудрявцев Александр Васильевич 83, 125, 187, 189, 190, 193, 254, 290, 291
кулаки 9, 74, 79–81, 85, 86
Куломзин Анатолий Николаевич 48
Кунаев Динмухамед Ахмедович 254
Кяхта (Троицкосавск) 52, 162,
Ленин Владимир Ильич 63, 64, 73, 89, 147, 157, 169, 180, 226, 228, 241
межнациональные браки (смешанные браки) 46, 105, 106, 132, 201, 259
Модогоев Андрей Урупхеевич 106, 124, 125, 129, 146–148, 151, 206, 267
Молодежь Бурятии (газета) 216, 228–231, 270, 271
Монголия 10, 36, 39, 41, 50, 59–61, 63, 71, 77, 80, 86, 91, 123, 129, 193, 242, 244, 257, 258, 273, 274, 276, 277
монголы 10, 36, 38, 39, 43, 44, 60, 91, 108, 129, 130, 183, 186, 256, 257, 269, 270, 287
монгольское письмо 42, 89–92, 214, 261, 270, 276
Москва 63–65, 78, 79, 83, 87, 88, 93, 133, 155, 163, 177, 185–187, 191–194, 199, 205, 228, 229, 234, 235, 247, 255, 256, 261, 274, 275, 280, 283
Мохосоев Маркс Васильевич 265

музеи 23, 84, 109, 112, 161, 162, 168–172, 180, 290
Мунгонов Барадий Мункуевич 201
Мустафаев Имам 147
Намсараев Хоца Намсараевич 96, 100, 157, 177, 178, 180, 186, 187, 191, 193, 195, 196
Невский Александр 184
Нейсе-Геген 60
Николай II, царь 50, 55, 56
нойон 39, 46, 53, 72, 74, 79, 81, 85
Номтоев Д. Г. 156, 158–162
Номтоев Цокто Номтоевич 159
озеро Байкал 27, 36, 37, 41, 51, 54, 58, 61, 62, 63, 87, 94, 104, 184, 204, 205, 245, 246, 255, 271
Организация Объединенных Наций 13, 129
Очиров Бато-Далай 55
Очиров Михаил Надмитович 275
Очиров Цырен Очирович 187, 188, 215, 216, 235
Пандито Хамбо Лама 41, 85, 293
панмонголизм (панмонголист) 23, 58, 60, 72, 82, 87, 91, 92, 214, 257, 258
Первая мировая война 35, 59,
перестройка 249, 258, 260, 261, 263, 267, 270, 271, 274, 276, 283
Петр Великий 43, 184
Поппе Николас 185, 188
Потапов Леонид Васильевич 125, 265–269, 272, 273, 276, 278, 282–284
Приамурский генерал-губернатор 49
публикации 20, 56, 112, 175, 177, 182, 189, 190, 193, 197–199, 202,

203, 207, 208, 210, 211, 217, 219, 223, 238, 278, 281
Путин Владимир Владимирович 282, 294, 295
радио 9–11, 22, 23, 33, 112, 165, 166, 172, 177, 212–215, 222, 231–248, 257, 261–263, 271, 284, 289, 290
Раднаева Галина Жигмытовна 154, 199
Раднаева Л. 261
репрессии и террор 18, 31, 72, 73, 78, 79, 81, 83, 86, 88, 91, 96, 99, 107, 126, 185, 188, 189, 216, 251, 271
романы 31, 95, 112, 158, 175–177, 195, 196, 198, 201, 205, 211, 290
Российская империя 12, 27, 31, 36, 38, 41, 43–45, 47, 50–53, 56, 57, 63, 69, 86, 195, 197, 258, 268
Россия 10, 12, 14, 24, 35, 36, 41, 44, 48, 53, 56, 58–60, 62, 63, 69, 70, 99, 139, 144, 148, 158, 160, 171, 176, 197, 232, 238, 242, 251, 252, 257, 268, 269, 273, 281–283, 285, 290, 292, 294
Румянцев Георгий Никитич 190
Русская православная церковь 26, 40, 44, 51, 69, 172, 201
русские 11, 19, 21, 24, 27–29, 32, 33, 35, 38, 44, 47, 52, 64–66, 70, 76–78, 83, 95, 96, 99, 102, 105, 107, 109–111, 115–117, 118, 120, 121, 123, 125, 136–138, 158–160, 181, 188, 191, 197, 205–207, 217, 221, 224, 225–227, 231, 236, 237, 241, 242, 248, 254, 255, 258, 259, 265, 266, 271, 274, 290–292

русский язык 17, 25, 26, 31, 33, 44, 72, 88–91, 93–95, 104, 107, 108, 112, 118, 131, 133, 139–152, 154, 155, 159, 160, 167, 174, 175, 177, 180, 181, 185, 196, 198, 208–211, 213, 215–217, 219, 220, 223, 224, 229–232, 240, 243, 245, 247, 256, 258, 288, 289, 290
Сагаалган (монгольский лунный Новый год) 263, 270, 272
Саганов Владимир Бизьяевич 265, 266, 278, 282
Сампилов Цыренжап Сампилович 169, 170
Санкт-Петербург 45, 50, 54, 55, 68
Сахьянова Мария Михайловна 58, 83, 122, 123, 125
сельское хозяйство 14, 15, 32, 37, 48, 67, 71, 73, 75, 81, 107, 113, 114, 121, 136, 137, 216, 218, 235, 243, 259, 295
Семенов Григорий Михайлович (атаман Семенов) 58–62, 70, 82, 295
Советский Союз 9–15, 18, 20–24, 27, 28, 31, 33, 64, 73, 77, 82, 83, 85–87, 89–91, 94, 95, 98, 99, 101–106, 112, 116, 122, 125, 128, 129, 131–135, 137–139, 145, 147, 148, 152–154, 160, 162, 174–177, 180, 183, 185–189, 191, 193, 195, 197, 202, 206, 211, 213, 215, 218, 220, 225, 232–234, 238, 239, 247, 249–254, 256, 258, 261, 264, 268, 270, 272, 274, 276, 277, 280, 281–285, 287, 289, 290, 292, 296
Соединенные Штаты 22, 29, 47
социалистический реализм 95, 179, 183, 184, 202

социальная мобильность 10, 11, 16, 19–21, 30–33, 100–102, 118, 119, 139, 174, 195, 225, 251, 252, 273, 286, 289, 292, 294

Союз бурятских писателей (Союз бурят-монгольских писателей) 72, 95, 177, 180, 192, 199, 206, 208, 210, 246

Сперанский Михаил Михайлович 45–47, 49, 51, 53, 55, 56, 69

Сталин Иосиф Виссарионович 14, 15, 27, 32, 35, 36, 69–71, 73, 74, 77, 78, 81, 85–88, 93, 94, 97, 99, 100, 126, 135, 144, 184–186, 192, 198, 201, 206, 251, 254, 269, 295

Степанов Михаил Николаевич 186, 206

Степные думы 26, 46, 49

телевидение 11, 22, 23, 31, 165, 166, 212–215, 222, 231–237, 239, 240, 245–248, 257, 261, 262, 266, 284, 289

территориальные изменения 86–88, 107, 216, 251, 255, 277, 279, 280

Тибет 41, 60, 61, 258

Тимофеев, профессор 156

Транссибирская магистраль 47, 48, 50, 59, 70, 276

Трубачеев Василий Ильич 83, 122, 125

Тумунов Жамсо Тумунович 66, 195, 196

Туя Солбонэ (Петр Никифорович Дамбинов) 96, 201

Тюрюханов П. И. 77

Улан-Удэ (Верхнеудинск) 9, 28, 31, 49, 50, 57, 58, 63, 64, 66, 83, 85, 92, 96–98, 101, 103–107, 115, 119, 122, 123, 127, 136, 138, 143, 154, 163–167, 169, 180, 182, 198, 205, 206, 217, 221, 224, 227, 228, 233, 234, 243, 244, 253, 254, 265, 267, 273, 275, 277, 291

Уланов Алексей Ильич 186, 190, 192, 193

урбанизация 11, 12, 19, 21, 26, 71, 98, 102, 106, 107, 118, 119, 128, 129, 286, 288, 291

Усть-Ордынский Бурятский автономный округ (Усть-Ордынский Бурят-Монгольский автономный округ) 63, 86, 87, 104, 128, 255, 279, 294

учреждения высшего образования (высшие учебные заведения) 29, 52, 104, 106, 108, 112, 134, 136, 137, 139, 141, 149, 154, 159, 244

Федоров Тимофей Изотович 166

Филиппов Василий Родионович 125

Хамутаев Владимир Андреевич 155, 197, 254, 257, 261–264, 266, 271, 275, 276, 279, 280, 283, 287

Хахалов Александр Уладаевич 124, 125, 141–143, 146, 193, 291

Хомонов Михаил Петрович 192, 193

Хомхолов Бажей Ханхараевич 197

Хрущев Никита Сергеевич 20, 129, 144, 147, 201, 202

Хутанов Леонид Александрович 279

цензура 56, 189, 190, 192, 194, 197–199, 203, 206, 217, 231, 238, 260
Центральная Азия 15, 63, 91, 108, 192, 269
Цибиков Бимба Доржиевич 197
Цыдендамбаев Чимит Цыдендамбаевич 195, 196, 198, 209
Цыденов Сандан 61
Цюрих 54
Ченкиров Иван Васильевич 242
Чимитдоржиев Шираб Бодиевич 100, 129, 261, 262, 273, 280, 287
Чингисхан 36, 188, 190–192, 205, 270, 291

Чита 53, 54, 56–60, 62, 63, 260
шаманизм 39, 43, 84, 214, 258, 277, 292, 293
Шаракшинова Надежда Осиповна 193
Шулукшин Максим Ильич 191
Эмегеев Маншуд 184
Эрдынеев Доржи Осорович 245
Якутия 78, 137
Япония 59, 60, 62, 82
японцы 59, 62, 63
ясак (система налогообложения в Российской империи) 38–43, 45, 69

Содержание

Введение 9
    Модернизация и советский успех 11
    Институты и культура прогресса 21
    Исключительность бурят и их прогресс 25
    Краткая характеристика глав 31

Глава 1. Буряты Сибири: От царской России
до Советского государства 35
    Монголы Сибири и русская экспансия 36
    Буддизм в Бурятии 39
    Буряты и царское правительство 43
    Интеллектуальная и политическая деятельность бурят 52
    Гражданская война и соперничество из-за Сибири 57
    Автономия и коренизация 64
    Заключение 69

Глава 2. Сталинизм в Бурятии 71
    Коллективизация и конец кочевой жизни 73
    Репрессии и чистки бурятской элиты 81
    Территориальные изменения, направленные
    на разделение бурят 86
    Создание основ новой культуры 88
    Промышленные иммигранты 97
    Заключение 99

Глава 3. Новые буряты 101
    Послевоенная миграция бурят 103
    Буряты-профессионалы 107
    Бурятские женщины 115
    Политическое руководство 122
    Заключение 128

Глава 4. Образование для изменений 131
    Создание системы советского образования
        в Восточной Сибири 134
    Национальные бурятские школы 139
    Воспитание веры в прогресс, патриотизм
        и дружбу народов 155
    Учителя и родители 162
    Образование и высокая культура для молодежи
        и старшего поколения 168
    Заключение 174

Глава 5. Бурятская литература для нового общества 175
    Высокая культура через литературу 176
    «Гэсэр»: история национального эпоса 183
    Сделать все, как надо: цензура и допустимые сюжеты ... 194
    Упадок книгоиздания и литературы на бурятском языке 208
    Заключение 211

**Глава 6. Пути к современности: газеты, радио
    и телевидение** 212
    Местная печать на бурятском и русском 215
    Развитие вещательных СМИ 232
    Программы радио и телевидения 239
    Заключение 248

Глава 7. Реформировать, но как? 249
    Гласность и бурятское национальное движение:
        1986–1989 годы 253
    Напряжение нарастает: 1990 год 265
    Буряты и конец СССР: 1991 год 277
    Заключение 283

Заключение 285
Библиография 297
Указатель 319

Научное издание

Мелисса Чакарс
СОЦИАЛИСТИЧЕСКИЙ ОБРАЗ ЖИЗНИ В СИБИРИ
Преобразования в Бурятии

Директор издательства *И. В. Немировский*
Заведующая редакцией *М. Вальдеррама*

Ответственный редактор *И. Знаешева*
Дизайн *И. Граве*
Редактор *Е. Дубянская*
Корректоры *М. Левина, Е. Гайдель*
Верстка *Е. Падалки*

Подписано в печать 13.12.2021.
Формат издания 60 × 90 $^1/_{16}$. Усл. печ. л. 20,5.
Тираж 500 экз.

Academic Studies Press
1577 Beacon Street, Brookline, MA 02446 USA
https://www.academicstudiespress.com

ООО «Библиороссика».
190005, Санкт-Петербург, 7-я Красноармейская ул., д. 25а

Эксклюзивные дистрибьюторы:
ООО «Караван»
ООО «КНИЖНЫЙ КЛУБ 36.6»
http://www.club366.ru
Тел./факс: 8(495)9264544
e-mail: club366@club366.ru

Книги издательства можно купить
в интернет-магазине: www.bibliorossicapress.com
e-mail: sales@bibliorossicapress.ru

Знак информационной продукции согласно
Федеральному закону от 29.12.2010 № 436-ФЗ

www.ingramcontent.com/pod-product-compliance
Ingram Content Group UK Ltd.
Pitfield, Milton Keynes, MK11 3LW, UK
UKHW022229200326
4878IPUK00006B/17